Diesen hat er sich auch nach seinem Leiden
in vielen sicheren Kennzeichen lebendig dargestellt,
indem er sich ***vierzig Tage*** *hindurch von ihnen sehen ließ*
und über die Dinge redete, die das ***Reich Gottes*** *betreffen.*
Apostelgeschichte 1, 3

Impressum
40 Tage Reich Gottes

3. Auflage 2021
Missionswerk „Strahlen der Freude“ e.V.
Pforzheim

Verlag: epubli GmbH, Berlin, www.epubli.de
ISBN 978-3-7529-5909-3

Soweit nicht anders angegeben, wurden alle zitierten Bibelstellen aus der Elberfelder Bibel 1984 entnommen.

Die **Youtube-Videos** zu den Botschaften aus diesem Buch findet man hier:
https://www.youtube.com/playlist?list=PLH5mJZkbYI57DkrBQawsigxFNOs_M2Sb6

Vorwort von Dr.h.c. Maria L.Prean

Vor mehr als 10 Jahren hatte Pastor Daniel Exler den Eindruck vom Heiligen Geist, in seiner Gemeinde "Strahlen der Freude" 40 Tage lang nur über Reich Gottes Prinzipien zu predigen.
Er hat dazu seine Geschwister in der Gemeinde eingeladen, daran mitzuwirken und das haben sie auch getan. Damals fand das Buch nur sehr schwache Aufmerksamkeit. Pastor Daniel Exler glaubte schon, dass er nicht richtig von Gott gehört habe.

Als ich im Jahr 2020 dieses Buch in die Hände bekam, sagte mir der Heilige Geist, dass die Zeit jetzt "reif" sei für dieses Buch. Ich habe die wunderbaren Botschaften gelesen, umgesetzt und an alle unsere Kontakte in Europa als Weihnachtsgeschenk geschickt. Wir bekamen sooooo viele positive und auferbauende Rückmeldungen. Dieses Buch war und ist noch immer solch ein Segen für viele unserer lieben Freunde.

Inzwischen ist das Buch auch auf Englisch von unserer lieben Schwester Margaret Kahlberg und auf russisch von unserem lieben Pastor Edmund Exler übersetzt worden.
Es gibt auch 40 YouTube-Botschaften dazu, die Pastor Daniel und ich in Uganda aufgenommen haben.

Ich bin gewiss, dass Dich die Ermutigung zum neuen Denken als Reich-Gottes-Bürger sehr segnen wird. Es wird Dich auch herausfordern, Deine Herzenseinstellung und Dein Denken auf "Reich-Gottes-Kurs" einzustellen. Denn wie der Mensch denkt, so ist er.

So danken Pastor Daniel und ich allen Mitwirkenden für ihren Gehorsam, dieses Buch zusammenzustellen. Wir preisen den Herrn für die guten Übersetzer, die "Drucker" und die Leser, dass wir gemeinsam auf dem Weg sind, Reich-Gottes-Denken in unserem Leben umzusetzen und heilende Veränderung in unsere Welt zu bringen.

Nicht mehr: "Ich, mich, meiner, mir, Herr segne doch uns vier!"
Sondern: "Christus in mir, die Hoffnung auf Herrlichkeit!"

Und jetzt zitiere ich Pastor Daniel Exler:
"Vergiss nie: Du bist von Gott höchst begünstigt, tief geliebt und mächtig gesegnet!!!!

Dr. h.c. Maria L. Prean
Gründerin von Vision for Africa Intl., Autorin und internationale Sprecherin

Vorwort von Dr. Christoph Häselbarth

Wir haben uns zu Jesus Christus bekehrt und er hat uns unsere Sünden vergeben und uns als seine Jünger angenommen. Als wir uns dann einer Gemeinde angeschlossen haben, sind wir unter den Schutz und Segen, aber oft auch unter die Gemeindequerelen gekommen.
Und nun? Wie geht es weiter?

Gott ruft uns auf, Bürger des Reiches Gottes zu sein.

Reich Gottes ist nicht nur eine allgemeine Überschrift für das Leben der Christen untereinander, sondern ein Auftrag Gottes an uns. Es geht darum, die Königsherrschaft Jesu in alle Lebensbereiche unseres Alltags in der Welt hineinzutragen.

Jesus sprach immer über das Reich Gottes und er beauftragte uns, zuerst nach dem Reich Gottes und nach Gottes Gerechtigkeit zu trachten (Matthäus 6, 33).
Jesus sagte zu Nikodemus: Durch die Wiedergeburt kannst du das Reich Gottes sehen und durch die Taufe aus Wasser und Geist wirst du in das Reich Gottes eingehen (Johannes 3, 3+5).

Jesus befahl uns, unser ganzes Leben unter den Reich-Gottes-Auftrag zu stellen - sowohl unser Leben in der Welt, im Berufsalltag, als auch unser Leben am Sonntag in der Gemeinde. Es ist anstrengend und ermüdend, ein gespaltenes Leben zu führen, indem wir mal in der weltlichen und mal in der geistlichen Welt leben. Das heißt, jeder Lebensbereich soll geistlich gelebt werden und vom Licht und Salz des Evangeliums durchdrungen sein. Damit sollen alle Lebens- und Arbeitsbereiche unter der Berufung stehen, Reich Gottes auszuweiten.

Jeder Mensch hat von Gott Gaben bekommen, die zum Bau des Reiches Gottes beitragen können. Jeder setzt nun seine, von Gott gegebenen Gaben im weltlichen wie im geistlichen Bereich zum Bau des Reiches Gottes ein. Die Christen, d.h. die Jünger sollten möglichst in ihren Gaben von der Gemeinde bestätigt und zum Bau des Reiches Gottes berufen und eingesetzt werden. Ich denke, es sollte "normal" sein, dass Menschen im Berufsalltag durch Gebet der Christen geheilt werden. Die Gaben werden sich ergänzen und wir werden mit anderen Personen und Gruppen die Gesellschaft mit einem Reich- Gottes-Netz durchdringen. Ganz selbstverständlich werden alle Konfessionen über dieses Reich-Gottes-Netz zusammenarbeiten, um die Endzeiternte einzuholen.

Dr. Christoph Häselbarth (01.05.1937 – 19.06.2020)
Gründer des JOSUA-DIENST e.V., Autor und internationaler Konferenzsprecher

Kurz-Exposé Daniel Exler

Nachdem Jesus von den Toten auferstanden ist, hat er **40 Tage** lang über das **Reich Gottes** gelehrt (Apostelgeschichte 1, 3). Danach fuhr er in den Himmel, Pfingsten kam und die Gemeinde entstand.
Jesus wusste, dass ein **Bewusstsein** von den Dingen des **Reiches Gottes** demnach sehr wichtig für die Zukunft der weltweiten Gemeinde war. Dieser Gedanke ist der Ansporn des dir vorliegenden Buches.

Jesu Dienst auf Erden begann (Markus 1, 14-15) und endete (Apostelgeschichte 1, 3) mit der Verkündigung des Reiches Gottes.

Jesus selbst lehrt uns zu beten (Matthäus 6, 10), dass Sein Reich kommen soll, wie im Himmel so auch auf Erden. Das Reich Gottes, in dem es keine Krankheit, keine Arbeitslosigkeit, keine Verdammnis, keine Minderwertigkeit, keine Armut, keine Strafe, keinen Fluch und keinen Tod gibt. Gottes Reich ist ein Reich, das aus Heilung, Gesundheit, Reichtum, Kraft, Errettung, Segen, Gerechtigkeit, Frieden und ewigem Leben besteht. Um die Kraftquelle des Reiches Gottes hier auf Erden freizusetzen, müssen wir erkennen, wie die Prinzipien des Reiches Gottes funktionieren. Denn Gottes Reich ist nicht von dieser Welt (Johannes 18, 36). Die Gesetzmäßigkeiten des Reiches Gottes sind absolut nicht mit unserer Welt hier vergleichbar. Um das Reich Gottes zu erklären verwendet Jesus verschiedene Gleichnisse, die in diesem Buch aufgegriffen sind.
Jünger Jesu sind dazu berufen, das Reich Gottes in der Welt aufzurichten und ein Werkzeug von Gottes Wirken hier auf der Erde zu sein. Oft ist der momentane Zustand aber so, dass viele Jünger Jesu das Reich Gottes von außen anzapfen wollen, um ihre Probleme zu lösen oder um aufzutanken. So kommt man im Reich Gottes aber nicht zum Erfolg und die Folge ist, dass viele Jünger Jesu resignieren und enttäuscht sind.
Um die Fülle des Reiches Gottes zu erleben, müssen wir die Prinzipien Seines Reiches erkennen. Es geht nicht um das Verstehen, sondern um das Erkennen. Mit der Erkenntnis (genauer: „einem erlebnismäßigen Eindringen“) verändert sich unser Denken, unser Handeln und demnach auch unser ganzes Leben. Durch das

Erkennen der Wahrheit werden wir freigesetzt (Johannes 8, 32) und zu effektiven Werkzeugen Gottes, die in ihrer Berufung leben. Schließlich fordert uns Jesus auf, nach dem Reich Gottes zu trachten. Hier liegt auch eine Verheißung für unser Leben, nämlich „und dies alles wird euch hinzugefügt werden“ (Matthäus 6, 33).

Als Missionswerk „Strahlen der Freude“ e.V. in Pforzheim haben wir uns in der Zeit vom 19.04.2014 - 28.05.2014 täglich getroffen, um über die Dinge des Reiches Gottes zu sprechen.
Dieses Buch heißt "40 Tage Reich Gottes" und besteht aus 40 Kapiteln mit eben den 40 Predigten, die wir in dieser Zeit angeschaut und erlebt haben.

Ich bete, dass du beim Lesen dieses Buches ein Bewusstsein vom Reich Gottes empfängst, das Jesus ursprünglich weitergeben wollte. Ich bete, dass du zu einem Kind Gottes wirst, das im Reich Gottes lebt und das seine Herrlichkeit in der Welt umsetzt, so dass sich das Reich Gottes hier auf Erden ausbreitet und noch viele gerettet werden.

Euer
Daniel Exler

Tag 01 - Kühnheit in der Erwartung der Vollendung des Reiches Gottes

Edmund Exler

Da kam Joseph von Arimathia, ein angesehener Ratsherr, der selbst auch auf das Reich Gottes wartete; und er wagte es, ging zu Pilatus hinein und bat um den Leib Jesu.
Markus 15, 43

Joseph von Arimathia war ein reicher Jude und wahrscheinlich ein Mitglied des Sanhredins, des altjüdischen Gerichts in Jerusalem. Anhand der Bibelstelle können wir erkennen, dass Joseph mangelnde Erkenntnis von der Gegenwart des Reiches Gottes hatte, obwohl Jesus das Evangelium vom Reich Gottes predigte. Davon lesen wir im Evangelium von Markus.

Und nachdem Johannes überliefert war, kam Jesus nach Galiläa und predigte das Evangelium Gottes und sprach: Die Zeit ist erfüllt, und das Reich Gottes ist nahe gekommen. Tut Buße und glaubt an das Evangelium.
Markus 1, 14-15

Da predigte Jesus die frohe Botschaft von der Chance auf ein verändertes Leben. Buße ist das Erste, was ein Mensch tun soll, um in das Reich Gottes kommen zu können. Die Bibelstelle macht deutlich, dass nur der, der zu Gott mit Reue für seine Sünden kommt und ihn um Vergebung bittet, Zutritt in sein Reich hat.

Auch in seinem Gespräch mit Nikodemus im Johannesevangelium machte Jesus deutlich, dass der Mensch anders werden soll. Aber weil ein Mensch sich auch aus eigenen Anstrengungen verändern könnte, verglich Jesus die Veränderung mit der Geburt, bei der ein Mensch zum Leben geboren wird. So wird auch ein Sünder neu geboren zum Leben im Reich Gottes, mit neuer Denkweise und neuem Verstand und nicht nur in antrainiertem Verhalten.
Aus diesen Worten Jesu können wir erkennen, dass das Reich Gottes sich ausbreitete.

So sah das Wirken von Jesus aus: Er predigte, er sprach die Botschaft aus, Herzen wurden berührt und verändert. Auch Josef hörte das Evangelium vom Reich Gottes.
Er war erfüllt mit der Hoffnung des kommenden Reiches Gottes und er wartete auf das Reich Gottes. Durch die Erwartung des Reiches Gottes wuchs in seinem Herzen auch das Verlangen danach und ebenso Mut. Weil Jesus Christus das Evangelium vom Reich Gottes predigte, wurde er auch als Person verbunden mit den Vorstellungen vom Reich Gottes. Als diese Vorstellung von Jesus Christus als König des Reiches Gottes in Israel durch seine Kreuzigung zerschlagen wurde, waren viele seiner Nachfolger enttäuscht.
Die Kühnheit im Herzen Josefs bewegte ihn mutig zu Pilatus zu gehen, den Leib Jesu zu nehmen und ins zu Grab legen. Als Gläubige können wir lernen, dass Hoffnung und Kühnheit uns zum Handeln bewegen, auch wenn alles kompliziert scheint und schwierig zu verstehen ist.
Auch in unseren täglichen Herausforderungen sind Hoffnung und Kühnheit wichtig.
Wichtig für unser richtiges Handeln im Reich Gottes.

*Als er aber von den Pharisäern gefragt wurde: Wann kommt das Reich Gottes?, antwortete er ihnen und sprach: Das Reich Gottes kommt nicht so, dass man's beobachten kann; man wird auch nicht sagen: Siehe, hier ist es! Oder: Da ist es! Denn siehe, das **Reich Gottes ist mitten unter euch.***
Lukas 17, 20-21

Die Botschaft vom Reich Gottes steht in einer Spannung zwischen "Schon" und "Noch nicht". Im Handeln und Reden von Jesus ist das "Reich Gottes" schon sichtbar, die endgültige Vollendung steht aber noch aus. Das Reich Gottes ist gegenwärtig und zukünftig zugleich.
Das Reich Gottes ist mit dem Kommen Jesu angebrochen.
Dieses Reich, in dem Gottes Wille allein herrscht, ist noch lange nicht fertig.
Es ist in unserer Mitte und breitet sich auf dieser Erde aus.
Das zu verstehen und gemäß dieser Erkenntnis auch zu handeln, ist auch bei uns gefragt. Die globale Arbeit des Heiligen Geistes zu

sehen und zusammen mit dem Heiligen Geist das Reich Gottes zu bauen, ist ein Vorrecht, das wir als Kinder Gottes bekommen haben. Zur Erfüllung dieser großen Aufgabe, die uns damit anvertraut ist, müssen wir noch vieles lernen. Das wusste der Apostel Paulus und darum bemüht er sich in den Gemeinden das Verständnis für das Reich Gottes aufzubauen.

Sie befestigten die Seelen der Jünger und ermahnten sie, im Glauben zu verharren und sagten, dass wir durch viele Trübsale in das Reich Gottes eingehen müssen.
Apostelgeschichte 14, 22

Reich Gottes beginnt dort, wo ein Mensch den Tod Jesu für sich persönlich in Anspruch nimmt, ihn als seinen Herrn und Retter anerkennt und somit unter Gottes Herrschaft kommt.
Der Heilige Geist ist einer der Beweise dafür, dass das Reich Gottes schon heute hier ist.
Apostel Paulus, erfüllt mit dem Heiligen Geist, baute dieses Reich Gottes mit tiefer Überzeugung. Er sah die geistliche Welt, er wandelte im Geist.

Er (Paulus) aber blieb zwei ganze Jahre in seiner eigenen Mietwohnung und nahm alle auf, die zu ihm kamen; er predigte das Reich Gottes und lehrte die Dinge, die den Herrn Jesus Christus betreffen, mit aller Freimütigkeit ungehindert.
Apostelgeschichte 28, 30-31

Durch Kühnheit geschehen Veränderungen in unserer Umgebung.
Apostel Paulus lehrte mit allem Freimut. Obwohl Apostel Paulus unter schwierigen Umständen lebte, brannte es in seinem Herzen, die große Aufgabe, die Gott ihm anvertraut hatte, auch auszuführen. Alle die zu ihm kamen nahm er auf und lehrte sie, damit sie das Reich Gottes weiter verkündigen konnten.
Der Apostel beugte sich nicht unter dem Druck der schwierigen Umstände, sondern öffnete seinen Mund, lehrte und predigte mit allem Freimut.
Weil das Reich Gottes so herrlich ist, so stark, so notwendig für die Menschen auf dieser Erde, darum hat Paulus die Zeit, die ihm noch zu Verfügung stand, ausgekostet mit mutigen Predigten über das

Evangelium vom Reich Gottes. Paulus wusste, dass man nur mit mutigem Verhalten alle schwierigen Widerstände im Leben überwinden kann.
Auch Josef wusste nach dem Tod Jesu, dass nur das mutige Handeln den großen Druck gelockert hat, der auf allen Jüngern lastete. Josef wagte es und ging zu Pilatus hinein. Dann lesen wir:

Als es aber Abend geworden war, kam ein reicher Mann von Arimathäa, mit Namen Joseph, der auch selbst ein Jünger Jesu war. Dieser ging hin zu Pilatus und bat um den Leib Jesu. Da befahl Pilatus, [den Leib] zu übergeben. Und Joseph nahm den Leib und wickelte ihn in ein reines Leinentuch und legte ihn in seine neue Gruft, die er in den Felsen ausgehauen hatte; und er wälzte einen großen Stein an die Tür der Gruft und ging weg
Matthäus 27, 57-60

Josef legte den Leib Jesu in sein eigenes Grab. So vollbrachte er eine mutige, starke Tat. So erfüllte sich auch die Prophetie, die über Jesus ausgesprochen wurde.
Kühnheit macht uns fähig, Dinge zu verändern. Durch mutiges Auftreten wird das Wort ausgesät, fällt auf den Boden des Herzens und wächst und wächst und wächst.
Dann kommt immer Frucht hervor. Unsere Devise sollte immer sein: Mit Kühnheit dienen, keine Angst zulassen und so Umstände verändern.
In diesem Bereich ist Jesus ein Beispiel für uns alle.

Wenn ich aber durch den Geist Gottes die Dämonen austreibe, so ist also das Reich Gottes zu euch gekommen.
Matthäus 12, 28

Mit Kühnheit geht Jesus die Zerstörungskraft des Feindes an. Jesus sagte damit, dass die Herrschaft des Teufels nicht mehr lange bestehen wird, denn er selbst ist gekommen, um die Macht des Teufels zu zerstören und er hatte damit schon angefangen.
Auch wir als Kinder Gottes, erfüllt mit dem Heiligen Geist, haben diese Vollmacht, durch die Wirkung von Gottes Kraft Befreiungen durchzuführen und das Reich Gottes in unserer Umgebung zu

demonstrieren. Das ist ein Vorrecht der Erfüllten mit dem Heiligen Geist.

Wer die Sünde tut, ist aus dem Teufel, denn der Teufel sündigt von Anfang an. Hierzu ist der Sohn Gottes geoffenbart worden, damit er die Werke des Teufels vernichte.
1. Johannes 3, 8

Auch hier können wir von Jesus lernen. Jesus hatte durch Austreibung der Geister das Reich Gottes hineingebracht in die Orte, an denen er predigte. Jesus ist erschienen, um die Werke des Teufels auch heute noch zu zerstören. Dafür gebraucht er seinen Leib, seine Gemeinde.
Mein Herz ist voller Freude und Dankbarkeit. Jesus ist auch heute noch am Wirken.
Durch den Heiligen Geist ist uns Kraft und Vollmacht verliehen, die Werke des Teufels zu zerstören. Im Reich Gottes herrscht Gesundheit, Freiheit und Harmonie.
Als Jesus auf dieser Erde umherging und lehrte, sandte er seine Jünger aus, damit sie, genauso wie er, den Leuten Befreiung bringen und die Menschen heilen sollten.
Im Reich Gottes passieren Wirkungen von seiner Kraft.

..und heilt die Kranken darin und sprecht zu ihnen: Das Reich Gottes ist nahe zu euch gekommen.
Lukas 10, 9

Nimm diesen Auftrag Gottes an, predige das Evangelium, heile die Kranken und treibe die Dämonen aus. Der Heilige Geist schenkt den Kindern Gottes auch heute noch diese Gaben.

..und dass die meisten der Brüder im Herrn Vertrauen gewonnen haben durch meine Fesseln und viel mehr wagen, das Wort Gottes ohne Furcht zu reden.
Philipper 1, 14

Apostel Paulus berichtet über Brüder, bei denen eine Veränderung in ihrem Leben passiert ist. Wenn Männer und Frauen in der Gemeinde Zuversicht gewinnen und dadurch kühner in ihren

Handlungen und ihrer Verkündigung werden, ist das für die gesamte Gemeinde eine große Freude. Ich glaube, dass auch Paulus voller Freude war. Diese Veränderung der Brüder ist zustande gekommen, weil sie sahen, wie sich Paulus während seiner Gefangenschaft verhalten hat. Paulus war mutig und stark.
Werde auch du mutig und stark in deinen täglichen Herausforderungen.
Es ist alles vorbereitet für uns, damit wir mit Mut das Wort predigen.

..nach dem ewigen Vorsatz, den er verwirklicht hat in Christus Jesus, unserem Herrn. In ihm haben wir Freimütigkeit und Zugang in Zuversicht durch den Glauben an ihn.
Epheser 3, 11-12

Apostel Paulus lebte uns das als Vorbild vor.

Er ging aber in die Synagoge und sprach freimütig drei Monate lang, indem er sich unterredete und sie von den Dingen des Reiches Gottes überzeugte.
Apostelgeschichte 19, 8

In unserem Wachstumsprozess sind wir nicht immer fähig, überall mit Freimut zu predigen. Es gibt auch Situationen, wo der Druck auf uns sehr stark wird und wir dem Druck nachgeben.
Auch Paulus war in solchen Situationen. So können wir von ihm lernen, wie wir damit umgehen sollen. Er bittet die Gemeinde für ihn zu beten.

..und auch für mich, damit mir Rede verliehen werde, wenn ich den Mund auftue, mit Freimütigkeit das Geheimnis des Evangeliums bekanntzumachen - für das ich ein Gesandter in Ketten bin -, damit ich in ihm freimütig rede, wie ich reden soll.
Epheser 6, 19-20

So konnte er seine Aufgabe wieder weiter mit Erfolg ausführen und seine Berufung fest machen.

Darum, Brüder, befleißigt euch umso mehr, eure Berufung und Erwählung festzumachen; denn wenn ihr diese Dinge tut, werdet ihr niemals straucheln. Denn so wird euch reichlich gewährt werden der Eingang in das ewige Reich unseres Herrn und Heilandes Jesus Christus.
2. Petrus 1, 10-11

Lieber Leser, mit dem Reich Gottes und dessen Gerechtigkeit bekommen wir auch starke Zusagen für die alltägliche Versorgung durch Gott.

Denn nach diesem allen trachten die Nationen; denn euer himmlischer Vater weiß, dass ihr dies alles benötigt. Trachtet aber zuerst nach dem Reich Gottes und nach seiner Gerechtigkeit, und dies alles wird euch hinzugefügt werden.
Matthäus 6, 32-33

Hier wird unsere Hoffnung gestärkt. Unser Vater weiß, was wir benötigen.
Wenn jeder von uns sich nach dem Reich Gottes und seiner Gerechtigkeit ausstreckt und bereit zum Gehorsam ist, dann ist es das Wollen und Handeln unseres Vaters, uns das zu geben, was wir benötigen. Darauf zu vertrauen und dafür zu danken, bringt Veränderung in unserem Leben hervor. „Alles hinzugefügt was wir benötigen."
Liebe Eltern, das gilt für die ganze Familie. Liebe Jugendliche, ist hier nur Materielles oder sind auch unsere Fähigkeiten und unsere Gesundheit gemeint?
Liebe Gemeinde, lasst euch eure Hoffnung mit dieser Zusage Jesu erfüllen.
Wir wollen für das Reich Gottes und seine Gerechtigkeit leben. Darum wollen wir fleißig und alle gemeinsam als Leib Jesu das Reich Gottes bauen, denn unser Vater hat große Pläne mit seinem Reich.

Und in den Tagen dieser Könige wird der Gott des Himmels ein Königreich aufrichten, das ewig nicht zerstört werden wird. Und das Königreich wird keinem anderen Volk überlassen werden; es wird all jene Königreiche zermalmen und vernichten, selbst aber wird es ewig bestehen.

Daniel 2, 44

So wollen wir mit Freude und Mut dabei sein. Gottes Segen euch, Geliebte des Herrn.

Tag 02 - Wahre Größe im Reich Gottes

Artur Schuh

Wir leben in einer Gesellschaft, die von Stellungen und von Machtpositionen geprägt wird. Vermögen, gutes Aussehen, Ansehen, Macht und Erfolg sind die Dinge, auf die besonders viel Wert gelegt wird und die oft als erstrebenswert vermittelt werden. Diesem Einfluss kann sich der Einzelne kaum entziehen – denn jeder Mensch genießt die Anerkennung seiner Mitmenschen. Die Medien und die Werbung nähren ebenfalls täglich dieses Verlangen. So unterwandert dieses Denken sehr schnell selbst die besten Vorsätze, die Menschen haben können. So manche Philosophie, die versucht, eine gerechtere gesellschaftliche Ordnung zu bewirken, ist an diesem menschlichen „Ego" gescheitert.

Auch zu der Zeit, als Jesus als Mensch auf der Erde lebte, waren diese Dinge für die Menschen wichtig – vielleicht sogar noch wichtiger als für uns heute. Vor allem die römische Gesellschaft war geprägt vom Streben nach Ehre und Macht. Ehre zu haben war vielen sogar wichtiger als ihr Vermögen, und wenn sie hätten wählen müssen, hätten sie eher auf das Vermögen verzichtet als auf ihren Stand und ihr Ansehen in der Gesellschaft. So gab es unter anderem die Sitte, dass man Geschenke erwidern musste – und zwar mit Geschenken von zumindest dem gleichen Wert. Wollte also jemand einem anderen schaden und hatte selbst genug Vermögen, so schenkte er dem Betroffenen etwas, was dieser sich selbst kaum hätte leisten können. Dann blieb dem Beschenkten nur die Wahl zwischen dem Verlust seines Vermögens – um das Geschenk zu erwidern – oder dem Verlust seines Ansehens, wenn er es nicht tat. Es gab klare Rangordnungen und Positionen in der Gesellschaft, die von den freien Bürgern geschätzt wurden und um die man beneidet wurde. Sklaven, Frauen und Kinder dagegen hatten keinerlei Möglichkeit, solche Ehre zu erlangen, (es sei denn, die Frauen waren mit einflussreichen Männern verheiratet und genossen so eine gewisse Stellung, durch die sie wiederum Einfluss auf andere nehmen konnten). So wählten Männer bewusst politische oder militärische Aufgaben, bei denen sie sich diese Anerkennung verdienen konnten und dadurch in der Gesellschaft einen höheren

Rang einnahmen. Diesen trugen sie auch bei allen Anlässen zur Schau, und nicht selten schrieben vor allem die Kaiser Loblieder über sich selbst, nur um ihren Stand hervorzuheben.
Zusätzlich zu ihrem eigenen menschlichen Denken hatte natürlich auch diese Haltung das jüdische Volk beeinflusst, das unter der römischen Herrschaft stand und täglich damit konfrontiert wurde. Wer ein gutes Leben haben wollte, der musste zum Beispiel mit dem, was die Sadduzäer vorlebten, kooperieren. So war es nicht verwunderlich, dass selbst unter den Jüngern die Gedanken aufkamen, wer unter ihnen wohl der Größte sein würde im Reich Gottes. Welches Amt und welche Stellung würde Jesus wohl dem Einzelnen zuteilen? Ihre Vorstellung von einem funktionierenden Reich waren geprägt von den menschlichen Vorbildern – und das mächtigste Vorbild war das Römische Reich mit einer für damalige Zeiten sehr gut funktionierenden Struktur.
Doch selbst bis in die religiösen Handlungen hinein reichte dieses Verlangen nach Ansehen von den Mitmenschen. Jesus kritisierte dieses Verhalten im Volk mit sehr deutlichen Worten:

Und wenn ihr betet, sollt ihr nicht sein wie die Heuchler, denn sie lieben es, in den Synagogen und an den Ecken der Straßen stehend zu beten, damit sie von den Menschen gesehen werden. Wahrlich, ich sage euch, sie haben ihren Lohn dahin.
Matthäus 6, 5
Jesus fing an, seinen Jüngern ein ganz neues Bild seines Reiches zu vermitteln. Sie sollten verstehen, dass dieses menschliche Verlangen nach Macht und Ansehen nicht die Triebfeder für das Handeln der Kinder Gottes sein darf. Gott hat andere Maßstäbe und Wertvorstellungen.

In jener Stunde traten die Jünger zu Jesus und sprachen: Wer ist denn der Größte im Reich der Himmel? Und als Jesus ein Kind herbeigerufen hatte, stellte er es in ihre Mitte und sprach: Wahrlich, ich sage euch, wenn ihr nicht umkehrt und werdet wie die Kinder, so werdet ihr keinesfalls in das Reich der Himmel hineinkommen. Darum, wenn jemand sich selbst erniedrigen wird wie dieses Kind, der ist der Größte im Reich der Himmel.
Matthäus 18, 1-4

Jesus aber rief sie heran und sprach: Ihr wisst, dass die Regenten der Nationen sie beherrschen und die Großen Gewalt gegen sie üben. Unter euch wird es nicht so sein; sondern wenn jemand unter euch groß werden will, wird er euer Diener sein, und wenn jemand unter euch der Erste sein will, wird euer Sklave sein, gleichwie der Sohn des Menschen nicht gekommen ist, um bedient zu werden, sondern um zu dienen und sein Leben zu geben als Lösegeld für viele.
Matthäus 20, 25-28

Der Größte aber unter euch soll euer Diener sein. Wer sich selbst erhöhen wird, wird erniedrigt werden; und wer sich selbst erniedrigen wird, wird erhöht werden.
Matthäus 23, 11-12

Jesus zeigte seinen Jünger deutlich, dass in Gottes Augen ganz andere Dinge einen Menschen auszeichnen als in der menschlichen Gesellschaft. Nicht die Stellung über dem Nächsten, sondern der Dienst für den Nächsten ist das, was in Gottes Augen wertvoll ist. Er benutzte als Bild für sie ein Kind, das er in ihre Mitte stellte. Ein Kind hatte zur damaligen Zeit keinerlei Rechte und keinen Anspruch auf eine Position. Kinder waren auf die Versorgung durch ihre Eltern oder Vormünder angewiesen, und wenn diese dazu nicht in der Lage waren, dann wurden sie zu Dienern anderer oder sie bettelten. Im schlimmsten Fall wurden sie sogar als Sklaven verkauft. Jesus zeigte den Jüngern, dass jeder im Reich Gottes diese Abhängigkeit von Gott braucht. Dementsprechend soll jeder mit einer Wertschätzung seinem Nächsten begegnen, die unabhängig von dessen Stellung ist. Keiner hat von sich aus einen Anspruch auf irgendeine Stellung oder Position im Reich Gottes, denn jeder ist von ihm abhängig. Wahre Größe im Reich Gottes zeigt sich nicht darin, anderen überlegen zu sein, sondern darin, andere erheben und achten zu können.
Paulus beschrieb das mit klaren Worten in seinem Brief an die Philipper:

Tut nichts aus Eigennutz oder eitler Ruhmsucht tut, sondern dass in der Demut einer den anderen höher achtet als sich selbst; ein jeder sehe nicht auf das Seine, sondern ein jeder auch auf das der anderen! Habt diese Gesinnung in euch, die auch in Christus Jesus war, der in Gestalt Gottes war und es nicht für einen Raub hielt, Gott gleich zu sein. Aber er machte sich selbst zu nichts und nahm Knechtsgestalt an, indem er den Menschen gleich geworden ist und der Gestalt nach wie ein Mensch befunden, erniedrigte er sich selbst und wurde gehorsam bis zum Tod, ja, zum Tod am Kreuz.

Darum hat Gott ihn auch hoch erhoben und ihm den Namen verliehen, der über jeden Namen ist, damit in dem Namen Jesu jedes Knie sich beuge, der Himmlischen und Irdischen und Unterirdischen, und jede Zunge bekenne, dass Jesus Christus Herr ist, zur Ehre Gottes, des Vaters.
Philipper 2, 3-11

Jesus selbst lebte dies den Jüngern vor. Trotz seiner Fähigkeiten und seiner Beliebtheit zeigte er nicht das geringste Interesse daran, irgendeine Stellung oder ein Amt anzunehmen. Er zog es vor, durch das Land zu ziehen und von dem zu leben, was man ihm gab. Manche Stadt jagte ihn davon, und es gab viele, die ihn töten wollten. Er, der alle Weisheit und Fähigkeiten hatte, machte sich selbst abhängig von seinen Mitmenschen. Und er ging noch weiter - als die Jünger beim letzten gemeinsamen Abendmahl zusammen saßen, da tat Jesus etwas, was selbst die Jünger niemals erwartet hätten:
Da stand er von dem Abendessen auf und legt die Oberkleider ab; und er nahm ein leinenes Tuch und umgürtete sich. Dann gießt er Wasser in das Waschbecken und fing an, die Füße der Jünger zu waschen und mit dem leinenen Tuch abzutrocknen, mit dem er umgürtet war. Er kommt nun zu Simon Petrus; der spricht zu ihm: Herr, du wäschst meine Füße?
Johannes 13, 4-6

Obwohl Petrus schon so lange mit Jesus zusammen war, war er doch von dieser Tat überrascht. Es widersprach jeder gesellschaftlichen Norm. Jeder Mensch strebt danach, sich anderen Menschen gegenüber zumindest nicht „unter seinem gesellschaftlichen Niveau" zu präsentieren. Wenn überhaupt, dann würde man es vielleicht hinnehmen müssen, dass man durch andere erniedrigt wird, weil diese mehr Macht haben. Doch Jesus legte sein Obergewand ab und nahm die Stellung eines Dieners oder eines Sklaven ein. Er erniedrigte sich sichtbar vor seinen eigenen Jüngern – er, der Messias – und wusch seinen Jüngern die Füße!!

Das war selbst für Petrus zuviel. Er empfand es als absolut unangebracht und protestierte auch dagegen – doch Jesus zeigte ihnen hier noch einmal deutlich, was wahre Größe im Reich Gottes ist. Die Bereitschaft, für andere auf sein eigenes Wohl und Ansehen zu verzichten, ist das, was uns groß macht in Gottes Augen. Schnell wird uns da klar, dass wir das aus eigener Kraft nicht schaffen werden. Sich selbst zu verleugnen und Jesus nachzufolgen (nach Lukas 9, 23) widerspricht dem „alten Menschen“. Doch wer Christus als den Herrn in seinem Leben erfahren hat, der weiß, dass alles möglich ist dem, der da glaubt (Markus 9, 23). Paulus, der selbst ein aufstrebender Gelehrter mitten in diesem System war und die Vorrechte eines römischen Bürgers hätte genießen können, begegnete Christus und erlebte, wie alles andere plötzlich seinen Wert verlor. Er ging in seiner Aussage sogar noch weiter:

Ja wirklich, ich halte auch alles für Verlust um der unübertrefflichen Größe der Erkenntnis Christi Jesu, meines Herrn, willen, um dessentwillen ich alles eingebüßt habe und es für Dreck halte, damit ich Christus gewinne
Philipper 3, 8

Das Reich Gottes soll nicht geprägt sein von Starken und Angesehenen, sondern von Dienern, die sich demütigen können und das vorleben, was in Gottes Augen wahre Größe ist.

Tag 03 - Das Gleichnis vom Sämann

Kathleen Wahl

Und wieder fing er an, am See zu lehren. Und es versammelt sich eine sehr große Volksmenge zu ihm, so dass er in ein Boot stieg und auf dem See saß; und die ganze Volksmenge war am See auf dem Land. Und er lehrte sie vieles in Gleichnissen; und er sprach zu ihnen in seiner Lehre: Hört! Siehe, der Sämann ging hinaus, um zu säen. Und es geschah, indem er säte, fiel das eine an den Weg, und die Vögel kamen und fraßen es auf. Und anderes fiel auf das Steinige, wo es nicht viel Erde hatte; und es ging sogleich auf, weil es nicht tiefe Erde hatte. Und als die Sonne aufging, wurde es verbrannt, und weil es keine Wurzel hatte, verdorrte es. Und anderes fiel unter die Dornen; und die Dornen sprossten auf und erstickten es, und es gab keine Frucht. Und anderes fiel in die gute Erde und gab Frucht, indem es aufsprosste und wuchs; und es trug eines dreißig-, eines sechzig- und eines hundertfach. Und er sprach: Wer Ohren hat zu hören, der höre! Und als er allein war, fragten ihn die, die um ihn waren, samt den Zwölfen nach den Gleichnissen. Und er sprach zu ihnen: Euch ist das Geheimnis des Reiches Gottes gegeben, jenen aber, die draußen sind, wird alles in Gleichnissen zuteil, «damit sie sehend sehen und nicht wahrnehmen und hörend hören und nicht verstehen, damit sie sich nicht etwa bekehren und ihnen vergeben werde». Und er spricht zu ihnen: Begreift ihr dieses Gleichnis nicht? Und wie wollt ihr all die Gleichnisse verstehen? Der Sämann sät das Wort. Die an dem Weg aber sind die, bei denen das Wort gesät wird und, wenn sie es hören, sogleich der Satan kommt und das Wort wegnimmt, das in sie hineingesät worden ist. Und ebenso sind die, die auf das Steinige gesät werden, die, wenn sie das Wort hören, es sogleich mit Freuden aufnehmen, und sie haben keine Wurzel in sich, sondern sind <Menschen> des Augenblicks; wenn nachher Bedrängnis oder Verfolgung um des Wortes willen entsteht, ärgern sie sich sogleich. Und andere sind die unter die Dornen Gesäten, es sind die, die das Wort gehört haben, und die Sorgen der Zeit und der Betrug des Reichtums und die Begierden nach den übrigen Dingen kommen hinein und ersticken das Wort, und es bringt keine Frucht. Und die auf die gute Erde Gesäten sind jene, die das Wort hören und aufnehmen und Frucht bringen: eines dreißig- und eines sechzig- und eines hundertfach.

Markus 4, 1-20 (siehe auch Matthäus 13, 1-23)

Das Königreich Gottes war das Hauptthema von Jesu Lehrdienst, als er auf der Erde lebte. Jesus hat meistens Gleichnisse benutzt, um über dieses Thema zu lehren. Obwohl Jesus diese Gleichnisse als „Geheimnis" des Reiches Gottes beschrieb, hat er gleichzeitig klar gemacht, dass wir durch ihn und seine Lehre das Reich Gottes erkennen sollen. Er wollte damit sagen, eine Voraussetzung, um in das Reich Gottes hineinzukommen, ist, dass wir ernsthaft nach der Wahrheit suchen. Dazu gehören ein offenes Herz und eine demütige Haltung.

Jesus erklärt uns in diesem Gleichnis, dass unser Herz der Boden ist, wohin Gottes Wort als Saat gesät wird, damit das Reich Gottes wie eine Pflanze in uns wachsen kann.

Jesus beschreibt vier verschiedene Böden, die ein Bild für den Zustand unseres Herzens sind. Das vierte Bild ist der einzige Boden, wo die Pflanze des Königreichs Gottes wächst und Frucht bringt. Interessanterweise ist die Menge der Früchte nicht wichtig (30, 60 oder 100fach), sondern nur die Aussaat an sich und die Fruchtbarkeit des Bodens. Das zeigt uns, dass das Leben im Königreich Gottes nicht durch gute Werke oder eigene Anstrengung zu erreichen ist. Es kann sogar denen gehören, die „geistlich arm" sind, wie Jesus in seiner Bergpredigt gelehrt hat: *„Glückselig sind die geistlich Armen, denn ihrer ist das Reich der Himmel."* (Matthäus 5, 3).

In diesem Gleichnis über das Reich Gottes geht es um den Zustand unseres Herzens, die Auswirkung auf unser geistliches Wachstum und die Fruchtbarkeit.

Pflege dein Herz

Wenn wir das Königreich Gottes in uns haben wollen, müssen wir unser Herz wie einen Garten pflegen. In diesem Gleichnis sehen wir drei Bilder von ungepflegten Böden und die Konsequenzen daraus im Vergleich zu unserem Herzenszustand. Wir können sehen, dass diese drei Bilder uns als Warnung gegeben wurden für das, was passieren wird, wenn wir den Boden unseres Herzens nicht pflegen. Wir nehmen an, dass das Königreich Gottes nur in unsere Herzen kommen kann, wenn es so wie im vierten Bild gepflegt ist. Dort wird das Wort Gottes angenommen, wächst und wird fruchtbar.

Wie pflegen wir unser Herz?

1. Das Herz sauber halten durch Erkenntnis der Sünde

Wenn wir sagen, wir haben keine Sünde, so betrügen wir uns selbst, und die Wahrheit ist nicht in uns. Wenn wir aber unsere Sünden bekennen, so ist er treu und gerecht, dass er uns die Sünden vergibt und uns reinigt von aller Ungerechtigkeit
1. Johannes 1, 8-9

Wir können uns nicht selber ändern. Eigene Anstrengung ist nicht genug. Uns zu demütigen und unsere Sünden zu bekennen ist der einzige Weg, unser Herz sauber zu halten. Nur Jesus Blut kann uns von allen Sünden reinigen und befreien. Durch ihn allein werden wir gerecht vor Gott, um in seinem Königreich zu leben (1.Korinther 6, 9-11).

Jeden Tag sollen wir im Gebet unsere Herzen vor Gott bringen, ihn die Sünden aufdecken lassen und um Verzeihung bitten. Dies wird auch die demütige Haltung in uns bewahren, die wir brauchen, um uns von ihm verändern zu lassen.

2. Das Herz weich halten durch Gemeinschaft

Habt Acht, ihr Brüder, dass nicht in einem von euch ein böses, ungläubiges Herz sei, das im Begriff ist, von dem lebendigen Gott abzufallen! Ermahnt einander vielmehr jeden Tag, solange es „heute" heißt, damit nicht jemand unter euch verstockt wird durch den Betrug der Sünde! Denn wir haben Anteil an dem Christus bekommen, wenn wir die anfängliche Zuversicht bis ans Ende standhaft festhalten.
Hebräer 3, 12-14

Jeder von uns braucht Ermutigung. Es sind die Entmutigungen im täglichen Leben, die unser Herzen hart machen. In der Gemeinschaft hören wir das Wort Gottes und Zeugnisse von seiner Güte und Gnade. Dort empfangen wir Liebe und erfahren Fürsorge und Gebet.

Das tut uns gut. Unser Herz wird weicher und empfänglicher für sein Wort.

3. Das Herz bewässern durch die Wirkung des Heiligen Geistes

Der Heilige Geist ist ein „Gentleman". Er wartet auf unsere Einladung. Wenn wir Gott vom ganzen Herzen anbeten und Jesu Namen hochheben, ist das die Einladung für ihn, in unsere Herzen hinein zu kommen und zu wirken. Der Geist Gottes fließt von dem Thron des Königs aller Könige wie ein Wasserstrom, um unsere Herzen zu beleben.

Und er zeigte mir einen reinen Strom vom Wasser des Lebens, glänzend, wie Kristall, der ausging vom Thron Gottes und des Lammes. In der Mitte zwischen ihrer Straße und dem Strom von dieser und von jener Seite aus war der Baum des Lebens, der zwölf mal Früchte trägt und jeden Monat seine Frucht gibt, jeweils eine; und die Blätter des Baumes dienen zur Heilung der Völker.
Offenbarung 22, 1-2

In Epheser 5, 19 und Kolosser 3, 16 steht: *„Redet miteinander in Psalmen und Lobgesängen und geistlichen Liedern; singt und spielt dem Herrn in eurem Herzen".* Diese drei verschieden Formen von Liedern, die in dieser Reihenfolge zweimal in der Bibel erwähnt werden, zeigen uns, wie unser Herz eine große Rolle in der Anbetung Gottes spielt. Wir sollen in unseren Herzen dem Herrn singen und spielen, nicht nur mit unseren Lippen und Händen. Diese Lieder sind es, die den Heiligen Geist zum Wirken einladen... Die „geistlichen Lieder" sind dann höchstwahrscheinlich die Lieder, die von unserem Geist durch den Heiligen Geist ganz spontan gesungen werden. Entweder handelt es sich um Lieder in verständlichen Worten oder in Zungen, wie sie der Heilige Geist uns gibt. Diese Art von Liedern bauen uns in einer besonderer Weise auf und errichten den Thron Gottes in unseren Herzen.

4. Den Boden des Herzens durch Ausharren vertiefen

Schwierigkeiten, Leiden, Schmerz und Trauer gehören zum Leben auf dieser Erde. Wir sehnen uns nach dem Tag, wenn Jesus wiederkommt und sein Reich im Sichtbaren in Erfüllung bringt. Dann werden diese schrecklichen Dinge ein Ende haben (Offenbarung 21, 3-4).

Dennoch kann das Ausharren durch Schwierigkeiten, Leid, Schmerz und Trauer auch eine starke, positive Wirkung in unseren Herzen haben und Wachstum hervorbringen. Es ist, als ob unser Herzensboden durchs Ausharren tiefer aufgelockert wird, damit das Wort Gottes tiefere Wurzel schlagen und die Pflanze des Glaubens in unserem Herzen kräftiger wachsen kann.

Leiden kann unser Leben entweder **bitter** oder **besser** machen. Das hängt von unserer Beziehung zu Gott ab. Wenn wir Gottes Hand halten und ihm vertrauen, auch wenn wir nicht verstehen, warum wir durch ein finsteres Tal gehen müssen, wird er uns durchtragen und sogar stärken.

Wir rühmen uns auch in den Drangsalen, weil wir wissen, dass die Drangsal Standhaftigkeit bewirkt, die Standhaftigkeit aber Bewährung, die Bewährung aber Hoffnung; die Hoffnung aber lässt nicht zuschanden werden; denn die Liebe Gottes ist ausgegossen in unsere Herzen durch den Heiligen Geist, der uns gegeben worden ist.
Römer 5, 3-5

Was bewirkt die Pflege unseres Herzens?

Die Realität des Reiches Gottes wird in unserem Leben sichtbar, weil wir fruchtbar werden.
Andere werden das Reich Gottes durch unser Leben erkennen und dadurch zum Glauben kommen.
Die Frucht des Geistes (siehe Galater 5, 22-23) wird wachsen und sich in unserem Leben vermehren.
Jesu Gebet für uns (siehe Johannes 15) wird erfüllt: Wir werden Frucht, mehr Frucht und viel Frucht hervorbringen, dadurch den Vater verherrlichen und wahre Jünger Jesu sein.

Tag 04 - Jeder dringt mit Gewalt hinein

Ralph Glöckner

Aber von den Tagen Johannes des Täufers an bis jetzt wird dem Reich der Himmel Gewalt angetan, und Gewalttuende reißen es an sich.
Matthäus 11, 12

Das Gesetz und die Propheten [gehen] bis auf Johannes; von da an wird das Evangelium des Reiches Gottes verkündigt, und jeder dringt mit Gewalt hinein.
Lukas 16, 16

Mit Jesus sind wir auf einer Reise, den Himmel neu zu entdecken, und zwar aus seiner Sicht, da er die himmlischen Örter kennt. Er öffnet uns Wege, den Segen und die Gnade Gottes zu bekommen, die den bekannten religiösen Formen nicht entsprechen. Mehrere Beispiele der Schrift zeigen uns, dass es möglich ist, durch Christus eine solche Stellung vor Gott einzunehmen, wo Gott auf unser Gebet und Verlangen letztendlich eingeht. Und Jesus ermutigt uns zu dieser „Gewalt", ja er liebt es, wenn wir Gott so ernst nehmen, dass wir nicht nur passiv seine Gunst abwarten, sondern aktive Schritte machen und die Angebote bzw. Möglichkeiten eines Glaubenslebens ausschöpfen.

Hintergrund: Der religiöse Weg, um Gottes Segnungen zu finden

Bis hin zum letzten Propheten des Alten Bundes, Johannes dem Täufer, wurden die alten Schriften ausgelegt und auch immer wieder neu interpretiert. Die Pharisäer sowie auch die Schriftgelehrten waren sehr gottesfürchtige Menschen, die einen großen Eifer für Gott und Gottes Wort hatten. Sie wollten es genau richtig machen und auch das ganze Volk in ihre Überzeugungen hineinbringen.
Was waren es für Wege, die dem Volk bis dahin verkündigt worden waren, wie sie Gottes Gunst auf sich ziehen konnten?
Zuerst hieß es: die Gesetze bzw. die Gebote halten. Jedoch nur wer auch alle Gebote in seiner Gesamtheit einhalten konnte, dem wurde Gerechtigkeit von Gott zugesprochen. Dann wies das Alte Testament

auf die vielen Opfergaben hin, die eingerichtet wurden, um Erlösung zu haben und von Gott angenommen zu sein.
Auch die regelmäßige Anbetung, bzw. die regelmäßigen Gottesdienstbesuche am Sabbat im Gotteshaus gehörten zu den Grundsteinen einer religiösen Person. Dazu zählten der Respekt vor dem System sowie die Ehrung der religiösen Führer, die eine solche Ehrerbietung ihnen gegenüber nur zu gerne sahen. Nicht zuletzt sollte man sich von Sündern, Ehebrechern und auch den Steuereintreibern, ja von allen anderen gottlosen Menschen fernhalten, um eine persönliche Reinheit zu bewahren.

Der radikale Weg, um Gottes Segnungen zu finden

Da passte Jesus mit seiner Andersartigkeit und seinen radikalen Aussagen nicht dazwischen. Während die Pharisäer jeden in eine religiöse Struktur zwingen wollten, zeigte Jesus einen neuen Weg hin zu Gott. Er gab Hoffnung zur Veränderung der Unreligiösen, der Abgelehnten und der Sünder. Er trat in ihre Welt und suchte ihre Gemeinschaft, damit er sie berühren konnte und sie Vertrauen fanden, um die Zentnerlast ihres verbauten Lebens ablegen und völlig hinter sich lassen zu können.
Jesus ist derselbe gestern, heute und in alle Ewigkeit. Bis heute fordert er keine Lebensveränderung als Bedingung, um Gottes Gnade zu empfangen. Im Gegenteil, für ihn ist Veränderung das Ergebnis der göttlichen Berührung.
Deshalb lädt er kontinuierlich zu sich ein: „Kommt zu mir alle, ... ich will euch erquicken!" –damit meint er die von Sünden Beladenen, die Kranken – auch wenn es selbstverschuldet ist, die Zerschlagenen – auch wenn es eigene Konsequenzen sind, die Gebundenen – auch wenn man Warnungen nicht ernst genommen hatte. Jesus verspricht allen Freiheit – weil er die echte Wahrheit ist.
Die Erlösung durch Christus dürfen wir nicht als Endprodukt des religiösen Mühens sehen, sondern sie ist Anfang und Ausgangspunkt für ein Gott wohlgefälliges Leben. So spricht Jesus von der Rettung als einem Ergebnis, das wir mit der Neugeburt der Seele, des neuen Menschen, gleichsetzen. Durch die Umkehr von Sünde und die Hinwendung im Glauben zu Jesus hat ein neues Leben begonnen. Also geht es um den Glauben an eine Person, an Jesus Christus; und er ist die Tür zu den Segnungen Gottes, nicht die religiösen Rituale. Hallelujah!

Die Gunst des Himmels mit Gewalt an sich reißen - Buße anstatt Beichte

Was Jesus in erster Linie mit diesem revolutionären Gedanken von Gewalt im Himmel anspricht, ist nichts anderes als die Buße eines Sünders. Sie ist eine radikale Wende eines Menschen, der gegen Gottes Prinzipien gelebt hatte. Das Bekenntnis von Sünde wendet jedoch das Todesurteil in einen Gnadenspruch um (Römer 6, 23). Buße löst den geistlichen Reinigungsprozess aus, der durch das Blut Jesu stattfindet und das Herz völlig rein wäscht (1.Johannes 1, 9). Der einst Gottlose wird mit einer Gerechtigkeit ausgestattet, die vor Gott Akzeptanz hat. „Das Alte ist vergangen, siehe, es ist alles neu geworden." (Hebräer 13, 5). Nach diesem Werk, das der Heilige Geist in relativ kurzer Zeit ausführt, folgen Schritte des Glaubens, nämlich ein sich bewusstes Abwenden von den alten Wegen und ein Wandel des neuen Menschen auf den Wegen des Lichts. Paulus beschreibt diesen notwendigen Schritt folgendermaßen: „Legt von euch ab den alten Menschen mit seinem früheren Wandel, der sich durch trügerische Begierden zugrunde richtet. Erneuert euch aber in eurem Geist und Sinn und zieht den neuen Menschen an, der nach Gott geschaffen ist in wahrer Gerechtigkeit und Heiligkeit." (Epheser 4, 20-24).

Beispiele:

- In Lukas 18, 13 beschreibt uns Jesus das lange Gebet eines selbstgerechten Pharisäers im Gegensatz zum 5-Worte Gebet eines bußfertigen Zöllners. Jesus hieß den Zöllner gerechter als den Pharisäer. Die langwierigen Anstrengungen religiöser Dienste machten jenen eher hochmütig.
- Die Geschichte des verlorenen Sohnes gibt uns einen ähnlichen Einblick in dieses Eindringen mit Gewalt. In den Augen des älteren Sohnes war der Gnadenerweis des Vaters gegenüber dem gedemütigten Rückkehrer „ein Dorn im Auge". Hatte er doch sein Leben lang für den Vater geschuftet, aber nie eine Party gekommen! Der Vater konnte nur auf sein Verständnis hoffen, damit er den Grund seines Jubels verstehen würde: „Du solltest fröhlich und guten Mutes sein; denn dieser dein Bruder war tot und ist wieder lebendig geworden, er war verloren und ist wieder gefunden." (Lukas 15, 21-32).

- Der Besuch der Sünderin im Haus des Pharisäers, wo Jesus zu Gast war, bewirkte eine schockierende Szene. Jesus akzeptiert ihre verschwenderische Liebesgeste mit Salböl zum Empören des Gastgebers. Auch hier betonte Jesus, dass die Vergebung ihrer großen Sünden einen Segen mit sich brachte, nämlich eine große Liebe, durch die sie dem Herrn näher kommen konnte als jeder andere.

Gebet und Fürbitte – den Himmel stürmen
Das Neue Testament lehrt uns nicht nur beten, sondern fordert uns förmlich heraus, Gebet als eine Waffe zu benutzen, um Menschen und Situation um uns herum zu beeinflussen und zu verändern. „Das Gebet des Gerechten vermag viel, wenn es ernstlich ist." (Jakobus 5, 16). Gott will etwas auf der Erde tun und sucht nach Menschen, die in seinem Willen beten können, bis er es ausgeführt hat. Er verheißt, das Gebet des Einswerdens mit ihm zu erwidern (Matthäus 18, 19). Wenn wir ausdauernd beten, so kann das System Gottes in den himmlischen Örtern in Bewegung gesetzt werden und die Gebetserhörung ausführen. „Betet ohne Unterlass!" Das war die Überzeugung des Paulus, der selbst für die Gemeinden betete, bis ... ja bis er Sicherheit hatte, oft durch Zeugnisse und Rückmeldungen, dass sein Gebet auch erhört wurde.
<u>Beispiele</u>

- Erstaunlicherweise finden wir schon eine außergewöhnliche Gebetserhörung im Alten Testament. Damals lebte Mose, der das Volk Israel aus Ägypten geführt hatte und auf dem Weg ins verheißene Land war. Das Volk versündigte sich jedoch. Mose trat vor Gott für sie ein, tat Buße an ihrer Statt, und bewegte das Herz Gottes, sie nicht zu verdammen, sondern sie weiterhin mit seiner Gegenwart zu führen. Gott wollte aufgeben, nicht aber Mose, der in den Riss trat!
- Viel später finden wir Daniel auf den Knien in Babylon, wo er eine hohe amtliche Stellung hatte. Er erinnerte sich an die Worte des Propheten und ging mit Fasten in ein 21-Tage-langes Fürbittegebet für die Zukunft seines im Exil lebenden Volkes. Er blieb dran, bis er Antwort bekam. Gott sandte niemand Geringeren als den Erzengel Gabriel, der diesem Gebetsgeneral die Antwort seines Beschlusses übermitteln sollte (Daniel 9, 2-23).

- Zeugnisse aus unserer heutigen Zeit ermutigen uns ebenfalls, auch heute den Thron Gottes zu stürmen. Der Vater unserer Mitarbeiterin in Indien fiel durch einen Gehirnausfall in ein Koma und lag auf der Intensivstation. Die Geschwister wechselten sich ab, 24 Stunden am Bett um das Leben des Vaters zu ringen, während die Mutter zuhause das Gebetskämmerchen nicht verließ, bis sie die gute Nachricht bekam. Nach mehreren Tagen kam er zu sich und weitere Tage darauf war er über dem Berg. Langsam stellten die einzelnen Funktionen des Körpers wieder ein. Preis den Herrn.

An die Himmelstür klopfen

Wir kennen alle den Vers aus Matthäus 7, 7 gut: „Bittet, so wird euch gegeben; suchet, so werdet ihr finden; klopfet an, so wird euch aufgetan." Wir sollen anklopfen, Gott will es so. Das heißt, dass die Tür auch zu sein kann, vielleicht auch lange; eine Tür, die nur schwierig aufgeht. Ich denke an Situationen des Lebens, wo man in eine Not gerät und Hilfe braucht. Eigentlich steht sie uns auch zu und doch scheint sie so weit weg zu sein. Dann brauchen wir Geduld, aber auch die Überzeugung dessen, was uns zusteht oder was wir haben können. Das ist dann eine Glaubensprüfung, in der Gott das eine oder andere an uns schleifen kann.

Beispiele:

- Jesus erzählt die Begebenheit eines Freundes, der unerwartet am Abend noch Gäste bekam. Er hatte nichts, um sie zu bewirten, doch er hatte einen guten Freund. Jedoch wollte der Freund seine Hilfe verweigern, weil schon alle schliefen, wohl alle auf dem Boden in einer Ein-Zimmer-Wohnung. Doch das unverschämte Bitten des Freundes bewirkte dann das Wunder und er bekam das erbetene Brot. Wenn wir Christus als unseren Freund kennen, dann sollten wir uns auch nicht scheuen und schon gar nicht aufgeben.
- Mit einer anderen Geschichte fordert Jesus uns zu so einem unverschämten Bitten auf. Es handelte sich um eine Witwe, die auf ihr Recht pochte. Sie lief täglich zum Richter, der ihr das Recht aber verweigerte. Ihre unablässliche Geduld jedoch ging dem Richter so auf die Nerven, dass er zuletzt ihr Flehen erhörte und ihr Recht verschaffte. Zu oft geben wir mit dem

Gedanken auf, dass der Herr es wohl nicht will, und wir eben lernen müssen, den Kürzeren zu ziehen.

Auf den Verheißungen stehen

Schon das erste Buch der Bibel führt uns in das Geheimnis von Verheißungen. Gott sagt uns voraus, was er für seine Kinder tun will, da er ein Gott des Bundes ist. Wie sollen wir darauf eingehen? Zuerst wollen wir die Verheißungen annehmen und sie in Christus für uns als „Ja" und „Amen" in Anspruch nehmen. Dann heißt es, sich mit diesem ausgesprochenen Willen Gottes zu vereinen, indem wir im Gebet die Verheißungen zitieren, als ob wir Gott daran erinnern würden. Das lernen wir von den Glaubensvätern aus dem Altertum wie z.B. Nehemia, der sich in seinem Gebet für Jerusalem an Gottes Zuspruch für das Volk Israel erinnert. In Hebräer 6, 12 heißt es unmissverständlich: „Damit ihr nicht träge werdet, sondern Nachfolger derer, die durch Glauben und Geduld die Verheißungen ererben."

Beispiele

- Abraham wusste von Gott, dass er ein Vater der Nationen sein und von seiner Frau Sara einen Sohn haben würde. Selbst im hohen Alter ließen sie nicht locker, sondern „hielten den für treu, der es verheißen hatte." (Hebräer 11, 11). Und so wurde Isaak geboren.
- Als ich mich auf meine erste Reise nach Indien vorbereitete, gab mir der Herr Philipper 4, 13 mit auf den Weg. „Ich vermag alles durch den, der mich mächtig macht, Christus." Schon bald sollte ich lernen, wie diese Verheißung praktisch in jeder neuen, ungewohnten Situation angewandt werden sollte. Und tatsächlich gab mir der Herr Stärke für alles, was mir begegnete und was ich so tun sollte, ob im Physischen oder auch Geistlichen. Ich konnte mich schnell anpassen, aber auch in jeder Situation dienen, ohne Strom, ohne Licht, ohne Vorbereitung, selbst ohne Dinge vorher gesehen oder geübt zu haben. Der Herr gab sowohl Weisheit als auch Erfolg.
- Das Zeugnis von Daniel Exler ist ein weiteres Beispiel. Als er mit einer unheilbaren Krankheit schwer kämpfte, lehrte ihn der Geist Gottes, täglich die Verheißungen über Heilung auszusprechen und ihre Aussagen zu bekennen, auch wenn die Realität noch so deprimierend aussah. Sein ungebrochener

Glaube wurde mit einer kompletten Heilung erwidert. Gelobt sei Gott.

Durch Glaubenshaltung mit Gott ringen

Glauben hat etwas mit Vision zu tun; das heißt, den veränderten Zustand oder zukünftige Dinge durch eine geistliche Schau wahrzunehmen. Dann kann man an diesem Bild festhalten und ähnlich wie Mose Glauben investieren. Er hatte die Stiftshütte schon auf dem Berg Sinai in der geistlichen Welt im Detail in Existenz gesehen, um sie dann auf der Erde umsetzen zu können. So eine Vision spricht von der Existenz einer Sache in der geistlichen Welt, die durch ein festes Vertrauen auf den Wunder wirkenden Gott dann auch Wahrheit wird. Das nenne ich dann: Glauben investieren. Dabei geht es nicht um eine persönliche Bereicherung, sondern um Gottes Reich, seine Herrlichkeit.

Beispiele:

- Jabez hatte eine Gebietserweiterung vor Augen, die das Objekt seines außergewöhnlichen Gebetes wurde. „Und Gott ließ kommen, worum er bat." (1.Chronik 4, 10).
- Jakob war auf dem Rückweg in seine Heimat. Er hatte Gottes Offenbarung und Gegenwart durch die Himmelsleiter Jahrzehnte zuvor gesehen. Aber sollte es nur Vision bleiben? Er brauchte Gott nun mehr als zuvor, um als Erbe Abrahams das Volk zu sein, das Gott ehrt. Er rang die ganze Nacht hindurch mit dem Engel des Herrn mit der Überzeugung: „Ich lasse dich nicht, du segnest mich denn." Und den Segen bekam er im vollen Maß (1.Mose 32, 24-28).
- Vor mehreren Jahren waren Renuka und ich empört über die Trockenheit im Februar. Es sollte nicht nur geistlich über Agra regnen, sondern auch physisch. Wir proklamierten Regen im Glauben. Und Regen kam eine ganze Woche lang, der den ausgetrockneten Boden grünen und bis zur Regenzeit im Juli nicht wieder austrocknen ließ. Seither verging kein Jahr ohne Regenschauer in dieser Jahreszeit.
- Unsere Gemeinde in Delhi hatte die Vision für ein Gemeindehaus schon lange ins Gebet genommen. In allen Details wurden Vision, Planung und Ausführung drei Jahre lang

durchgebetet, bis der Herr die Finanzen dafür freigesetzt hatte. Das Gebäude wurde 2013 eingeweiht.

Aus Verzweiflung die Norm durchbrechen

Ich sehe noch einen weiteren Weg, wie der Himmel Gewalt leidet. Hier geht es um Menschen, die in ihrer Not zur Verzweiflung gedrängt werden. In dieser ausweglosen Situation wenden sie sich an Gott, der das Unmögliche möglich machen kann, selbst wenn es keinen Weg gibt und es ihnen noch nicht einmal zusteht. Doch Gott in seiner Gnade erlaubt es, jegliche Norm zu durchbrechen, wenn er den Samen des Glaubens an seine Allmacht in Menschen sehen kann.

<u>Beispiele</u>:

- Als David vor Saul fliehen musste, kam er voller Hunger zum Priester Gottes und bat ihn um Brot. Auch er hatte nichts zu geben. David bat dann um das Brot, das im Zelt Gottes auf dem Tisch vor dem Herrn ausgelegt wurde. Obwohl es ihm nicht zustand, drängte der Geist Gottes den Priester, David als eine reine Person anzusehen, und er gab ihm das Brot mit auf den Weg (1.Samuel 21, 3-6).
- In Markusevangelium war es eine blutflüssige Frau, der die ganze Christenheit für das Vorbild ihres außergewöhnlichen Glaubens zu danken hat. Trotz ihrer Unreinheit ließ sie ihre Vision von Heilung durch die Berührung des Gewandes Jesu nicht aus den Augen. Obwohl sie alle Normen durchbrach, lobte der Herr sie mit den Worten: „Dein Glaube hat dich gesund gemacht." (Markus 5, 24-34).
- Einmal wurde Jesus von einer heidnischen Frau angehalten. Er sollte ihre Tochter von einem bösen Geist befreien. Das war nicht gemäß Jesu Auftrag, der zu den verloren Schafen Israels gesandt worden war. Obwohl Jesus unsanft ablehnte, konnte er dem außergewöhnlichen Glauben dieser Frau nicht widerstehen und heilte die Tochter spontan (Markus 7, 24-30).

Schlussfolgerung:

Glaube ist der Schlüssel, der die Fenster des Himmels öffnet. Gott freut sich, der Herr ist begeistert, denn nichts ist unmöglich dem, der da glaubt.

Lasst die vielen Beispiele ein Ansporn für uns sein, ernst und bewusst mit dem Himmel bzw. mit der Gegenwart des Reiches Gottes zu leben. Wir müssen Gewalt anwenden, um den Schlüssel im richtigen Schloss umzudrehen und dann die Tür aufzustoßen.

Tag 05 - Gleichnisses vom Sauerteig

Michael Dreher

Sauerteig – der Vergleich mit dem Reich Gottes

Und wieder sprach er: Wem soll ich das Reich Gottes vergleichen? Es gleicht einem Sauerteig, den eine Frau nahm und unter drei Maß Mehl mengte, bis es ganz durchsäuert war.
Lukas 13, 20-21

Ein anderes Gleichnis redete er zu ihnen: Das Reich der Himmel gleicht einem Sauerteig, den eine Frau nahm und unter drei Maß Mehl mengte, bis es ganz durchsäuert war.
Matthäus 13, 33

Einige der Bilder, mit denen Jesus in den Evangelien das Reich Gottes beschreibt, sind der Sauerteig, das Licht, das Salz und die Samen. Was ist das Verbindende aller dieser Elemente? So unterschiedlich die Bilder sind, jedes muss mit der realen physischen Welt in Berührung kommen, um in seine Bestimmung zu finden. Der Sauerteig muss den Rest des Teiges durchdringen. Das Licht muss die Finsternis erleuchten. Das Salz ist zum Konservieren und Würzen da und die Saat keimt inmitten des Bodens.

Das Beispiel Nehemia

Die Bibel ist durchzogen von Geschichten, wie sich das Reich Gottes entfaltet und wie seine Herrschaft im Alltag des Volkes Israel und der jungen christlichen Gemeinde Gestalt annimmt. Als Nehemia nach der langen Exilzeit in das Land seiner Väter zurückkommt, trifft er auf ein Gemeinwesen, das am Boden liegt. Im Buch Nehemia wird sehr schnell deutlich, dass es nicht nur um die Errichtung des Tempels geht, damit das Volk dort die Gottesdienste feiern kann. Nehemia ging es um den Wiederaufbau des gesamten öffentlichen Lebens. Wenn man die Erfahrung aus dem Buch Nehemia auf unsere heutige Situation überträgt, geht es u.a. um folgende Bereiche:

- Gott möchte nicht nur unsere Gemeinden (nur den Tempel) aufbauen, sondern auch das öffentliche Leben mit den Bereichen der Wirtschaft, der Bildung, der Politik und der Kultur.
- Die Gemeinde, das Volk Gottes, darf sich nicht länger aus den Bereichen des öffentlichen Lebens zurückziehen und sich „fast ausschließlich" um bessere Gottesdienste und Angebote für Christen bemühen.

Wenn die Gemeinde den Rückzug aus der „Welt" über mehrere Jahre und auch Generationen praktiziert, stellt sie ihr Erbe aufs Spiel. Was ist ihr Erbe? Es besteht darin, die Gemeinde für alle Lebensbereiche zu sein, da Gott der Herr aller Lebensbereiche ist, nicht nur der Gemeinde. Der Schöpfungsauftrag, den Gott dem Menschen gibt, lautet: „Füllt" die Erde, „macht sie euch untertan" und „herrscht" über sie (1.Mose 1, 28). Man könnte auch diesen Auftrag mit dem Bild des Sauerteigs ausdrücken: „Durchdringt sie!"

Die Herausforderung vieler Christen heute ist, dass sie den Glauben verloren haben und nach Vorbildern suchen, an denen sie sehen, dass Gott durch sie auch im öffentlichen Leben wirken kann und will (2. Korinther 5, 20, Epheser 4, 1).
Die Aufforderung des Apostels Paulus halten sie zwar theoretisch für richtig, wenn er schreibt: *„So ermahne ich euch nun, dass ihr der Berufung würdig lebt, mit der ihr berufen seid."* (Epheser 4, 1), oder *„So sind wir nun Botschafter an Christi Statt, denn Gott ermahnt durch uns; so bitten wir nun an Christi Statt: Lasst euch versöhnen mit Gott!"* (2. Korinther 5, 20). Woran es oft fehlt sind die Anleitung und die Vorbilder, wie dies geschehen kann.

Reich Gottes Berufung jedes Christen – Historische Prägung

Um die Frage nach dem „Wie" unsere Berufung aussehen kann, beantworten zu können, müssen wir zuerst auf das schauen, „wozu" wir berufen sind. Im Wesentlichen sind es **drei Elemente** bzw. Bereiche, die unsere Berufung als Christen ausmachen:

1. Gott lieben und alle Menschen lieben

Das Doppelgebot der Liebe stellt das erste Element der Berufung dar. Es findet sich an vielen Stellen in der Bibel. Zum einen in der Tora: „Du sollst den Herrn, deinen Gott, lieben mit ganzem Herzen, mit ganzer Seele und mit ganzer Kraft. Du sollst deinen Nächsten lieben wie dich selbst" (5. Mose 6, 5). Jesus greift dies an verschiedenen Stellen in den Evangelien auf: „Ein neues Gebot gebe ich euch, dass ihr euch untereinander liebt." (Johannes 13, 34-35) (Parallelstellen: 3.Mose 19, 18; Matthäus 22, 37-39; Markus 12, 29-31; Lukas 10, 27). Schließlich nimmt auch der Apostel Paulus dies auf: *„Lebt in der Liebe, wie auch Christus uns geliebt hat. "* (Epheser 5, 2).

2. Allen Menschen das Evangelium Jesu Christi und sein Reich übermitteln

Das zweite Element der Berufung ist in der Sendung des Heiligen Geistes zu wandeln, die sich an der Sendung Jesu orientiert. *„Friede sei mit euch! Wie mich der Vater gesandt hat, so sende ich euch."* (Johannes 20, 21). Dies wird unterstrichen in dem so genannten Missionsbefehl: *„Gehet hin in alle Welt und predigt das Evangelium aller Kreatur"* (Markus 16, 15), oder der Aufforderung des Apostels Paulus, Botschafter an Christi Stelle zu sein (2.Korinther 5, 20).

3. Unter Gottes Herrschaft im persönlichen Leben regieren – Verantwortung übernehmen

Das dritte und letzte Element der Berufung ist die Herrschaft Gottes, die sich im persönlichen Leben verwirklicht. Die Herrschaft Gottes bringt die Freiheit, Verantwortung in seinem eigenen Leben zu übernehmen (Römer 5, 17, Offenbarung 5, 9-10). Hier geht es darum, Verantwortung für die Welt zu übernehmen. Wie ein Sauerteig den restlichen Teig durchdringt, sollen die Nachfolger Jesu ihr Umfeld durchdringen. Hier klingt wieder der Schöpfungsauftrag aus 1.Mose 1, 28 an, in dem es heißt: *„Seid fruchtbar und mehret euch und füllet die Erde und machet sie euch untertan und herrschet über die Erde."*

Alle drei Elemente der „Reich Gottes Berufung" gehören für jeden Christen zusammen. Diese müssen unter Jesus, dem Herrn, geführt vom Heiligen Geist (Römer 8, 14) ganzheitlich ausgelebt werden. Das bezieht sich auf einzelne Gläubige ebenso wie auf die gesamte Kirche.

<u>Historische Prägung:</u>
Es ist im Folgenden nur skizziert, aber wichtig zu reflektieren, dass wir heute in großen Teilen der evangelikal-christlichen Welt mit einem innewohnenden Dualismus umgehen müssen, der unsere Welt in „geistlich“ und „säkular“ geteilt hat. Der Dualismus ist das Ergebnis einer historischen Entwicklung, die auch Baden-Württemberg, vor allem durch den Pietismus, geprägt hat. Bis vor ca. 150 Jahren waren in den älteren Formen der evangelikalen Tradition (z.B. im deutschen Altpietismus, den Methodisten und anglikanischen Bewegungen) alle Aspekte der „Reich Gottes Berufung" ganzheitlich zusammen. Das Erbe, das über Generationen innerhalb christlicher Gemeinden in den letzten 120 Jahren weitergegeben wurde, führte zu einer Abkehr vom Ganzheitlichen hin zu einer einseitigen Fokussierung, deren Schwerpunkte die Elemente der Bereiche eins (das Doppelgebot der Liebe) und zwei (Evangelisation als Umsetzung des Missionsbefehls) waren. Das 3. Element, im persönlichen Leben zu regieren und vor allem Verantwortung für die Welt wahrzunehmen, wurde von vielen weitgehend verworfen. Die Berufung der Christen wurde auf Evangelisierung (inkl. Gemeindebau und Gemeindewachstum), persönliche Heiligung (Gebet, Bibel, Seelsorge), und Sorge für Bedürftige (Diakonie) verkürzt und als „geistlich“ definiert. Die anderen alltäglichen Angelegenheiten des Lebens und der Gesellschaft galten mit ihren Bereichen als „säkular“.

Im Altpietismus spielte das Element der gesellschaftlichen Verantwortung für Christen eine wesentlich größere Rolle, was viele Beispiele bestätigen (z.B. Friedrich Wilhelm Raiffeisen – Sozialreformer und Gründer der genossenschaftlichen Bewegung, Christian Adam Dann – Tierschutzpionier, Gustav Werner – Gründer eines „Rettungshauses“ für Waisenkinder und eines Handwerksbetriebs - heutige „Bruderhaus Diakonie“, Johann Christoph Blumhardt u.a.).

Wo stehen wir heute? Heute glauben wir als Christen zu wissen, wie man betet, evangelisiert und Gemeinden entwickelt. Es gelingt uns häufig aber nicht, die Mission Gottes im öffentlichen Leben an Christi Stelle zu leben und Verantwortung für die Welt zu übernehmen. Ist es möglich, ein persönliches, privates Christsein in einem „geistlichen" Raum zu genießen, ohne Verantwortung für den Teil der Welt zu übernehmen, in der ich als Christ lebe? Was ist bloß aus dem Sauerteig geworden, wenn er nicht den Rest des Teiges durchdringt?

Wie kommen wir aus diesem Dualismus heraus, der das Leben in einen geistlichen und weltlichen Bereich teilt? Die Befreiung vom entstandenen Dualismus, der Unterscheidung eines „geistlich frommen Gemeindelebens" von der „säkularen Welt", die man nicht mehr vereint bekommt, kann nur durch die Entdeckung eines ganzheitlichen „Reich Gottes Verständnisses" und der dazu gehörigen Vision geschehen.

Verständnis des Reiches Gottes

Das Ziel der Sendung Gottes, der *Missio Dei,* ist die Veränderungen der Welt. Teil der Veränderung zu sein, die Gott schafft, bedeutet, in der Sendung Gottes zu sein. Die Welt zu verändern heißt, sie zu durchdringen. Das Wort, das in den letzten Jahren dafür gebraucht wurde, ist „missional" zu leben. „Missional" in allen Bereichen und Aspekten des Lebens zu leben heißt, das Evangelium von seinem Reich zu verkündigen. Das geht nicht im luftleeren Raum, auch nicht in einer rein christlich geprägten Umgebung. Dabei muss ich mit dem Kontext, in dem ich lebe, in „Berührung" kommen.
So kann die Botschaft des Reiches Gottes dieses Umfeld durchdringen, darin leuchten, es erhalten, und die Saat aufgehen.

Das Wort „Evangelium" ist den meisten Christen bekannt. Es bedeutet „Gute Nachricht". Im Matthäus-Evangelium wird vom „Evangelium vom Reich" gesprochen: „Jesus predigte das Evangelium vom Reich und heilte alle Krankheiten und Gebrechen" (Matthäus 4, 23; 9, 35). Wort und Tat bildeten bei Jesus eine Einheit. Das Evangelium vom Reich ist die „Heilsbotschaft von Tod und

Auferstehung Jesu zu unserer Rettung und zu erneuerter Gemeinschaft untereinander und mit Gott." Es ist eine Nachricht, die das Reich Gottes ankündigt. Wo das Evangelium ankommt, wird die Königsherrschaft Gottes etabliert. Und wo es angenommen wird, da stellen sich die Menschen unter diese Herrschaft und vollziehen damit einen Herrschaftswechsel. Gottes Herrschaft und Reich sind das zentrale Thema. Mit Roland Hardmeier lässt sich sagen:

> „Nach dem Zeugnis des Neuen Testaments ist das Reich Gottes da, wo das Evangelium von Jesus Christus, seinen Taten, seinem Tod und seiner Auferstehung verkündet wird, wo das Reich sich durch Zeichen und Wunder Bahn bricht und wo Menschen durch den Heiligen Geist neu werden." (Hardmeier 2009:214)

Das Motiv und der Antrieb für die Proklamation des Evangeliums ist Liebe – Gott ist in der Welt missionarisch aktiv, weil er die Welt, die er geschaffen hat, liebt, retten und verändern möchte. In Johannes 3, 16 wird Jesus als das Liebesgeschenk Gottes an die Welt bezeichnet. Die Nachfolger Jesu werden durch den Heiligen Geist befähigt:

- *Denn die Liebe Gottes ist ausgegossen in unsere Herzen durch den Heiligen Geist, der uns gegeben worden ist.*
  Römer 5, 5b

- *Aber ihr werdet Kraft empfangen, wenn der Heilige Geist auf euch gekommen ist; und ihr werdet meine Zeugen sein.*
  Apostelgeschichte 1, 8

Das Ziel ist die Wiederherstellung seiner Herrschaft in der Welt, und dass seine Herrlichkeit sichtbar wird:

- *Er hat sich in Christus mit ihr versöhnt*
  2. Korinther 5, 18ff

- *Tut Buße, denn das Reich der Himmel ist nahe gekommen!*
  Matthäus 4, 17

Jesus selbst predigt die Nähe und Königsherrschaft und proklamierte ihre Gegenwart in seiner eigenen Person. In ihm ist Gottes Herrschaft vollkommen. Er redet, handelt und tut, was er seinen Vater im Himmel tun sieht und etabliert damit den Willen Gottes auf Erden.

Gott baut sein Reich – lädt Menschen ein, sich seiner Herrschaft zu unterstellen. Menschen, die das tun und aus einer Christus-Identität leben, werden nichts anderes als das Reich Gottes bauen. Es ist normal, dass ein ganzheitlicher Prozess der Veränderung (Transformation) „in einen Zustand, den Gott ursprünglich wollte," beginnt. Die Zeichen des Reiches Gottes folgen, wenn aus der „Christus-Identität" gelebt wird und damit die Beziehungen und Aspekte des alltäglichen Lebens durchdrungen werden:

- Auf den Herrschaftswechsel – heraus aus dem Reich der Finsternis und hinein in das Reich des Sohnes – folgt die Erneuerung der Gedanken (Römer 12, 1-2), bei denen die göttlichen, höheren Gedanken mehr und mehr zu denen seiner Nachfolger werden.

- Die göttliche und Gott gewollte Transformation des alten in den neuen Menschen findet statt. Als Folge davon kommt Licht in alle Lebensbereiche, Transformation in alle Alltagssituationen. Alle Gesellschaftsschichten werden so beeinflusst bzw. durchdrungen. Daraus resultiert die veränderte Lage von Lebens- und Gesellschaftsbereichen, die wiederum alle Bereiche des öffentlichen Lebens beeinflusst und durchdringt.

- Dämonenaustreibungen finden wieder vermehrt, auch an bisher ungewohnten Orten – allerorts – statt.

- Heilungen, Zeichen und Wunder kennzeichnen die „Reich-Gottes-Bürger" überall und zu jeder Zeit.

- Kraftwirkungen, Wunder – Übernatürliches – gehören zum Alltag eines Christen im öffentlichen Leben dazu.

So wie Jesus praktisch in seinem Alltag tat, was er seinen Vater im Himmel tun sah, werden wir, seine Jünger, die Gemeinde, dieselben Werke und sogar noch größere als er tun. Es sind – nicht mehr und nicht weniger - die guten Früchte, für die Jesus Christus seine Nachfolger bestimmt hat, an welchen sie in der Welt als seine Nachfolger erkannt werden (Matthäus 7, 16; Johannes 15, 16).

Tag 06 - Trachten nach dem Reich Gottes

Kathleen Wahl

Trachtet vielmehr zuerst nach dem Reich Gottes und nach seiner Gerechtigkeit, so wird euch dies alles hinzugefügt werden!
Matthäus 6, 33 (Schlachter Übersetzung)

Von unnützen Sorgen

Diese Überschrift steht in meiner Bibel über Matthäus Kapitel 6. Jesus ist als Mensch auf diese Erde gekommen und hat sich genauso wie wir mit den täglichen Sorgen des Lebens auseinandersetzen müssen.

Dieser Vers ist wie ein Rezept von Gott selbst an uns. Ein Rezept, das gegen die Sorgen wirkt, die uns plagen. Ein Rezept für die ausgewogene Nahrung, um in unserem geistlichen Leben stark zu werden.

Jesus gibt uns die Geheimrezeptur, wie wir Sorgen überwinden und wie wir Gottes Fürsorge und Versorgung in unserem täglichen Leben erfahren können. Jesus hat es selbst ausprobiert und auf der Erde ausgelebt. Er hat uns damit gezeigt, wie es praktisch anzuwenden ist.

„Trachte **zuerst** nach dem **Reich Gottes** und nach **seiner Gerechtigkeit**"

Es sind 3 wichtige Zutaten in dem Rezept gegen Sorgen enthalten:

Das Wort **„zuerst"** zeigt uns, dass es um unsere Prioritäten geht. Das Reich Gottes soll Nummer eins sein in allen Bereichen unseres Lebens. Das heißt, Nummer eins in unseren Beziehungen (Familie, Ehe, Kinder, Freunde, Kollegen, Feinde), in unseren Berufen, in unserer Freizeit, in unseren Finanzen, usw.

Was ist das Reich Gottes?

Das Reich Gottes ist ein Königreich.

Jesus ist nicht nur als Mensch, sondern auch als Gott, als König aller Könige in die Welt gekommen, um uns das Reich Gottes nahe zu bringen.

In Matthäus 3, 2 kündigte Johannes der Täufer als erster das Reich Gottes an: „Tut Buße, denn das Reich Gottes ist nahe gekommen."

In Markus 1, 14+15 lesen wir: „Nachdem aber Johannes gefangen genommen worden war, kam Jesus nach Galiläa und verkündigte das Evangelium vom Reich Gottes und sprach: „Die Zeit ist erfüllt, und das Reich Gottes ist nahe. Tut Buße und glaubt an das Evangelium!"

Die Juden als Volk Gottes glaubten, dass der Messias der Nachkomme Davids sein würde und käme, um das unsichtbare Reich Gottes sichtbar unter ihnen aufzurichten.
Eines der vielen Zeichen, wodurch wir erkennen, dass Jesus tatsächlich der erwartete Messias war, ist, dass ihm der Titel „Sohn Davids" und „König der Juden" gegeben wurde.

Das Reich Gottes ist keine Demokratie!

Im Reich Gottes regiert Gott und sein Wille wird getan. Er hat Recht und er hat die Führung. Er ist der Versorger und er entscheidet, was wann und wie gemacht wird. Dies bedeutet völlige Hingabe und Gehorsam für diejenigen, die in seinem Reich leben. Die Richtlinien sind in seinem Wort zu lesen und durch seinen Geist zu verstehen. Was er sagt, wird gemacht, und was er verspricht, kommt in Erfüllung. Er hat die Macht, Dinge zu ändern und zu bestimmen.

Was ist „seine Gerechtigkeit"?

Erstens ist es wichtig zu wissen, dass seine Gerechtigkeit nicht unsere Gerechtigkeit ist. Im Reich Gottes hat demnach Selbstgerechtigkeit keinen Platz. Seine Gerechtigkeit ist ein Geschenk für uns durch Jesu stellvertretenden Tod am Kreuz. Wir sind allein durch sein Blut vor Gott, dem Vater, gerecht gemacht.

Wenn wir wahre Jünger Jesu sind, werden wir nach Gerechtigkeit hungern und dürsten. Das griechische Wort heißt: *dikaiosune* und beschreibt die Charaktereigenschaft des „Gerechtseins vor Gott". Das Wort kommt oft im Matthäusevangelium vor und ist ein zentrales Thema im Königreich. Gerecht sein heißt einfach, „sich Gottes Herrschaft und seinem offenbarten Willen anzupassen." (Matthäus 3, 15; 5, 6+10+20; 21, 32; Johannes 16, 8+10; Römer 6, 12-23; Epheser 6, 14; Jakobus 1, 20; 3, 18). Mit anderen Worten zeigt sich unser Hunger und Durst nach Gerechtigkeit darin, dass wir Gott gefallen möchten. Deshalb ordnen wir uns seinem Willen unter.

Wie können wir nach dem Reich Gottes und seiner Gerechtigkeit trachten?

In diesem Trachten ist eine Mischung seines „gegenwärtigen" Königreiches und dem, was in der Zukunft bei Jesu Wiederkunft „noch kommen wird", enthalten. Beides gehört jetzt schon uns. Römer 5, 1 erwähnt die Gabe der Gerechtigkeit, mit der wir aus Glauben gerecht gemacht sind. Jeder Jünger Jesu hat schon die Versöhnung mit Gott empfangen.
2. Korinther 3, 9-18 beschreibt eine ständig wachsende Gerechtigkeit in uns.
2. Petrus 3, 13 spricht vom neuen Himmel und der neuen Erde, wonach wir uns sehnen. Dort gibt es nur noch Gerechtigkeit und keine Ungerechtigkeit mehr.

Trachten durch Gebet

Wir sollen unsere Prioritäten jeden Tag im Gebet überprüfen und von Gott neu erstellen lassen. Jesus hat seine Jünger gelehrt, wie sie beten sollen. Wir können das im bekannten „Vater unser" lesen, das wir auch im Kapitel 6 des Matthäusevangeliums finden. In dem einfachen Gebet sehen wir, dass es zuerst um unsere Beziehung zu Gott, „unserem Vater im Himmel", seine Herrschaft und seinen Willen in unserem Leben geht, bevor das Bitten um unsere täglichen Bedürfnisse kommt. Das ist ja das Rezept gegen Sorgen, von dem wir reden! Also zeigt dieses Gebet, was wir tun sollen, um das Rezept richtig anzuwenden.

Gebet ist wie eine Verbindung zwischen Himmel und Erde. Wenn wir beten, „dein Reich komme", hat dies, wie schon zuvor erwähnt, die beiden Bedeutungen seines Königreiches „jetzt" und dem, was zukünftig „noch kommen wird". Wir haben das Recht, jetzt als Königskinder wegen unserer Beziehung zum Vater durch Jesus Christus zu bitten und zu erwarten, dass Gott in unserem Leben wirkt. Er hat versprochen, dass er uns mit allem, was wir brauchen, versorgt. Aber wir beten in erster Linie, dass sein Reich kommt und richten unsere Augen auf das Unvergängliche, das Ewige, das vollkommene Reich Gottes, das, was wir noch nicht sehen, aber im Glauben erwarten.

Wenn wir unsere Gedanken immer mehr auf die Ewigkeit richten, was in der Ewigkeit Bedeutung hat und was ewig besteht, dann werden uns die vergänglichen Dinge dieser Erde nicht mehr so wichtig erscheinen und uns nicht mehr so viele Sorgen bereiten. Unsere Werte und Ansichten werden sich immer mehr an das Wort Gottes und an seinen Willen für unser Leben angleichen.

Trachten durch das Wort Gottes

Das Wort Gottes soll Priorität in unseren Gedanken haben über allen anderen Worten, die wir gehört, geglaubt oder gelesen haben. Das heißt, wir müssen das Wort Gottes lernen, hören, aussprechen, üben, weitergeben, praktisch anwenden und ausleben. Das ist eine zweite, wichtige Komponente des Trachtens nach dem Reich Gottes. Sein Wort hat die Kraft, uns und unsere Umstände zu verändern!

Trachten durch den Heiligen Geist

In Römer 8, 26 steht: „Ebenso kommt aber auch der Geist unseren Schwachheiten zu Hilfe. Denn wir wissen nicht, was wir beten sollen, wie sich's gebührt; aber der Geist selbst tritt für uns ein mit unaussprechlichen Seufzern."

Ohne den Heiligen Geist werden unsere Gebete schwach und selbstsüchtig, und unser Verständnis vom Wort Gottes wird oberflächlich und kraftlos sein. Das Rezept wird dann so verdünnt, dass es nicht mehr wirksam ist.

"So wird euch dies alles hinzugefügt werden!"

Wenn wir ehrlich sind, neigt jeder von uns dazu, sich „von unnützen Sorgen" über „dies alles" (Essen, Trinken, Kleidung, Gesundheit, Beziehungen, Finanzen, Zukunftspläne usw.) plagen zu lassen. Lasst uns Jesu Rezept annehmen, das uns davon befreit, damit wir täglich in seinem Reich des „Friedens, der Freude und der Gerechtigkeit", (Römer 14, 17) leben können.

Tag 07 - Binden und Lösen auf der Erde

Renuka Glöckner

Und ich werde dir die Schlüssel des Reiches der Himmel geben; und was immer du auf der Erde binden wirst, wird in den Himmeln gebunden sein, und was immer du auf der Erde lösen wirst, wird in den Himmeln gelöst sein.
Matthäus 16, 19

Jesus spricht an dieser Stelle von den Schlüsseln des Reiches Gottes. Das ist wohl ein sehr wichtiges Thema, ein Geheimnis, das der Herr seinen Jüngern nicht verschweigen will. Nein, es ist notwendig, um die Dinge des Reiches Gottes zu tun, um erfolgreich zu sein. Wir wollen uns mit diesen Schlüsseln beschäftigen, die geistliche Türen aufschließen sowie auch zuschließen können: Binden und Lösen.

Was bedeutet: *auf der Erde*
Es geht um unser physisches Dasein auf der Erde, wo wir uns mit unserem Leib befinden. Jesus sagt, dass die Autorität von Binden und Lösen hier auf der Erde von uns ausgeführt werden kann. Dabei geht es um unseren Umgang mit Menschen, sowie mit der Gesellschaft oder unserem Land. Es geht um unsere Rede sowie unser Tun, durch das wir bewusst für den Herrn während unserer Lebenszeit auf Erden wirken.

Was bedeutet: *im Himmel*
Das Wort, das Luther mit *Himmel* übersetzt, kann auch *"Lüfte"* heißen; wir verstehen dabei den Ort, wo sich geistliche Wesen bzw. Mächte bewegen oder wo sie *wohnen*. Die Bibel benutzt das Wort auch, wenn sie davon spricht, dass wir in Christus eingesetzt sind in himmlische Örter. (Epheser 2, 6) Hier ist nicht die Rede von dem Himmel, der uns erwartet nach unserem Abscheiden hier auf Erden. Es ist eher ein geistliches Wirkungsfeld, in dem sich auch Engel bewegen. Wir sind durch Christus geistlich zu einem Leben erweckt, das sich ebenfalls in derselben geistlichen Ebene bewegen soll, mit Christus – wohlbemerkt. Wir brauchen uns aber

nicht zu wundern, dass sich auch die Mächte der Finsternis in ähnlicher Weise an geistlichen Örtern aufhalten. In Epheser 6, 12 benutzt Paulus dasselbe Wort dafür: "... mit den bösen Geistern unter dem Himmel." Satan selbst wird als Prinz der Lüfte bezeichnet.

Was bedeutet: *Binden*

Der Dienst von Binden und Lösen hat genau in diesem geistlichen Bereich seine Auswirkungen. Mächte der Finsternis sollen gebunden werden, und uns ist dazu die Fähigkeit gegeben worden. Das Binden ist eine vorrübergehende Lahmlegung der Wirkungskräfte. Wenn man dämonische Mächte bindet, dann ist das so, als wenn man sie mit Seilen oder einer Kette funktionsunfähig macht. Wir können nicht den Willen eines Menschen binden, doch können wir die beeinflussenden Geister binden, die einen Druck auf die Seele, die Gedanken, bzw. die Tätigkeiten einer Person ausüben. Binden ist auf jeden Fall nicht das Gleiche wie Dämonen austreiben. Denn beim Austreiben bewirken wir ein andauerndes Ergebnis, nämlich die Befreiung einer Person von jenem Geist. Binden ist aber zeitlich begrenzt und muss, wenn notwendig, wiederholt werden.

Binden als eine Waffe für Evangelisation

Ist es möglich, den geistlichen Akt des Bindens für unseren evangelistischen Dienst einzusetzen, damit wir mehr Erfolg haben? Dazu sollten wir uns fragen, was es wohl ist, das eine Person davon abhält, Jesus anzunehmen.

Der Gott dieser Welt, der durch eine Armee von Dämonen arbeitet, verblendet den Verstand, dass sie die Wahrheit nicht sehen und erkennen kann. So heißt es:

Den Ungläubigen, bei denen der Gott dieser Welt den Sinn verblendet hat, damit sie den Lichtglanz des Evangeliums von der Herrlichkeit des Christus, der Gottes Bild ist, nicht sehen.
2. Korinther 4, 4

Wenn wir nun einem Menschen Zeugnis geben vom Herrn, doch derjenige zeigt kein Interesse für das Evangelium, dann können wir etwas unternehmen gegen diese beeinflussenden Mächte, die die Person zurückhalten. Durch das Gespräch sowie Umstände kann man auf Hinweise achten, die Aufschluss geben, was diese Person am meisten beschäftigt, ablenkt, verwirrt, bzw. was seine Priorität ist. Hinter diesen Dingen stecken Machtstrukturen, die wir dann binden können, indem wir sie direkt ansprechen und mit einem Befehl binden. Dadurch findet die Person dann eine freiere Atmosphäre, und es fällt uns leichter, ihr das Evangelium zu bringen.

Es gibt Mächte und Gewalten unter dem Himmel, die Menschen in aller Art von Bindungen halten. Bob Larson, ein respektierter Mann Gottes, sagt, dass man Satan nicht hauptsächlich in den schweren Sachen wie Satanismus und Zauberei findet, sondern in den Umständen von Selbsthass, Ablehnung, Missbrauch, Unsicherheit, Rebellion, Unvergebenheit, usw. – die eher gewöhnlichen Dinge im Leben eines Menschen. Es ist nun wichtiger zu erkennen, warum Menschen in Satanismus und Zauberei verwickelt werden, als ob Dämonen darin herumschwirren. So ist z.B. Ablehnung einer der Hauptgründe, warum Jugendliche in Satanismus abdriften und Rebellion und Unsicherheit unter den Ursachen, die sie in Zauberei verwickeln.

Bevor wir jemanden auf den Herrn ansprechen wollen, fangen wir mit Gebet an. Wir lassen uns vom Heiligen Geist zeigen, welche Bindungen durch Mächte der Finsternis vorliegen. Es gibt verschiedene Lügen Satans, Kräfte, die Abhängigkeit verursachen, sowie schlechte Angewohnheiten, fleischliche Lüste oder auch wiederholte Sünden, etc. Wenn wir solche Dinge identifizieren können, dann können wir sie auch adressieren als jene dämonischen Mächte, die die Person gefangen halten. Das tun wir dann während wir im Gebet bzw. in der Fürbitte für diese Person stehen. Auch kurz vor dem Treffen mit der Person kann man diese Mächte noch einmal binden. So erleben wir dann eine größere Offenheit, das Evangelium zu hören und auf Jesus einzugehen. Zu oft stellen wir fest, dass jemand buchstäblich blind ist oder seine Ohren taub sind gegenüber der Wahrheit Gottes. Die Verblendung kommt von den Lügen Satans, Verführungen, Philosophien, etc.

Deshalb übt Paulus seine geistliche Autorität mit Selbstbewusstsein aus; er schreibt (2.Korinther 10, 5): "Wir zerstören [mit den Waffen unseres Kampfes] Gedanken und alles Hohe, das sich erhebt gegen die Erkenntnis Gottes und nehmen gefangen alles Denken in den Gehorsam gegen Christus."

Was verstehen wir unter: Lösen

Als Jesus seine Salbung vom Heiligen Geist beschrieb, erklärte er, dass seine Auswirkung zugunsten von Gefangenen sein wird, dass sie *frei sein sollen*, und Zerschlagene, dass sie *frei und ledig sein sollen.* Jesus kam, um Menschen frei zu setzen, sie zu lösen von Bindungen, von Gefangenschaften. Das Lösen hier auf der Erde wird dann auch seinen Effekt im Geistlichen haben.
Wir meinen also das Lösen von Menschen von den Bindungen, in die sie durch dämonische Beeinflussungen hineingeraten sind. Die Dämonen binden wir und die Gebundenen lösen wir. Solche Bindungen können sich auch in Form von Krankheiten auswirken. Das zeigt sich in der Geschichte der blutflüssigen Frau. Jesus sagte ihr zu: "Frau, sei frei von deiner Krankheit." Er musste sie also förmlich von der Krankheit lösen, um gesund zu sein und zu bleiben.

Die Bibel redet auch von Festungen, die eingerissen werden sollen. Festungen im Geistlichen sind Verführungen, Lügen und falsche Religionen. Menschen werden in sie hineingeboren oder hineingezogen. Wir müssen da hinein die Wahrheit des Wortes Gottes bringen, es ist schärfer als ein zweischneidiges Schwert. Wenn wir Gottes Wahrheiten aussprechen, zitieren, in unseren Gesprächen mit einflechten, dann können wir zugleich Menschen von gewissen Lügen und Verwirrungen lösen; das hat sogar übergreifende Auswirkung auf eine ganze Gesellschaft. Lügen des Teufels sollten eindeutig konfrontiert werden mit Wahrheitsaussagen, gegründet im ausgesprochenen Willen Gottes. Im 2.Korinther 10, 4 heißt es: "Denn die Waffen unseres Kampfes sind nicht fleischlich, sondern mächtig im Dienste Gottes, Festungen zu zerstören." Wir haben ein Schwert, das Wort Gottes;

damit können wir gebundene Menschen freisetzen und sie in den Segen Gottes hineinbringen.

Satans Angriffe gegen Christen

Dass der Teufel aktiv ist, ist uns kein Geheimnis. Jedoch ist er besonders interessiert, Christen in seine Machenschaften zu verwickeln, um sie zu lähmen, bzw. sie vom Glauben abzuziehen. Wir müssen also wach sein und wissen auf welche Weise Satan kommen kann, um uns zu Fall zu bringen. Paulus sagt: "..., dass wir nicht übervorteilt werden vom Satan; denn uns ist wohl bewusst, was er im Sinn hat." Und an einer anderen Stelle: "Gebt nicht Raum dem Teufel." (Epheser 4, 27) Wenn wir jedoch nicht wachsam sind, dann kann er uns gefangen nehmen. Meistens geht das schleichend, Stück für Stück. Die leichten Fäden werden zu einer Gebundenheit, die durchbrochen werden muss, indem wir die Autorität des Lösens ergreifen. Dazu ist die Hilfe eines starken Christen bzw. eines Leiters hilfreich bzw. notwendig, damit diese Bindungen erfolgreich gelöst werden.

Einige Angriffe näher betrachtet:

Schlaflosigkeit: Durch das ständige Wachsein werden die Sinne allmählich geschwächt. Müdigkeit macht kraftlos, lustlos und aktionslos. Die Körperfunktionen fangen ebenfalls an, beeinflusst zu werden. Schlaf ist Gottes Einrichtung für einen gesunden Körper, Seele und Geist. Lasst uns den Schlaf nicht rauben.

Faulheit, Trägheit: Zuerst muss man achtgeben woher es kommt. Ist es Schlaflosigkeit, Wetterumstände, mangelnde Diät, Druck oder Stress? Wenn nichts dergleichen vorliegt, dann ist das ein Angriff Satans - eine beliebte Waffe wohlbemerkt. Er kommt dann mit schlechten Gedanken, Unmoral, faulen Tricks, etc. Das Wort warnt uns stark vor Untätigkeit: "Wer nicht arbeitet, soll nicht essen."

Druck der Pflichten: Das kann einen schnell müde machen, bzw. überfordern. Da muss man Ausschau halten nach Frustration, Überreaktionen z.B. im Verkehr oder mit lauten Kindern. Gott will uns in seine Ruhe führen, dass wir aus einem inneren Frieden fungieren können. "Wirf alle deine Sorgen auf ihn!"

Gedankengespinste: Wenn man sich Zeit nimmt, besonders in der Zeit des Nichtstuns, Gedanken freien Lauf zu lassen, kommt man schnell auf verkehrte Gedankengänge. Man nimmt komische Eindrücke wahr und entwickelt zusammenhanglose Ideen. Man sagt: ein Mann ist so, wie ihn seine Gedanken machen. Jedoch in Römer 12, 2 werden wir klar aufgefordert, Gedanken unter Kontrolle zu nehmen, die Sinne zu erneuern und zu prüfen, was Gottes Wille ist.

Schlechte Träume: Auf ähnliche Weise wirken solche Träume recht negativ auf das Gemüt und Verhalten, wenn wir ihnen weitere Gedanken schenken bzw. über ihre eventuelle Herkunft oder ihren Einfluss nachdenken. Wir können uns am Morgen sofort selbst von ihnen lösen und ihren Einfluss binden. Im Gegenzug müssen wir dann unsere Gedanken mit Bibelworten füllen. Sie werden unsere Gedanken auf positive Bahnen lenken.

Gemütsschwankungen: So gewöhnlich das für Menschen ist, so einfach ist es auch für den Teufel, es auszunutzen. Wir sollten nicht dem Gemüt nach spontane Entscheidungen treffen und dementsprechend gut oder schlecht reagieren. Die Schrift betont die Fähigkeit der Selbstbeherrschung, und Eigenkontrolle (siehe Galater 5, 23 und 2.Timotheus 1, 7). Auch hier ist ein Lösen von einer Gemütsabhängigkeit notwendig, um täglich den Sieg in jeder Situation feiern zu können.

Geldgier/Materialismus: Das ist eine mächtige Waffe Satans und sie ergreift jeden, arm oder reich, indem er die Unzufriedenheit fördert, nie genug zu haben. Manche meinen, sie haben nie genug Geld und rennen danach, sei es durch unerhebliche Weise oder durch Arbeitswahn. Andere finden ihre Lust am Ausgeben, immer das Neueste, Teuerste oder Größte haben zu müssen und fallen in das bodenlose Fass der Kreditangebote. Jesus sagt: Man kann nicht zwei Herren dienen: entweder Gott oder diesem unersättlichen Mammon. Wie notwendig ist es für jeden Gläubigen, von dieser Bindung loszukommen!

Mode: Es scheint nie aufzuhören. Es gibt immer etwas Neues. Das mag auch sehr schön sein. Auch Gott liebt Neues und schafft Neues. Jedoch das Gefühl nicht "in" zu sein, ist die Ursache, die einen Menschen abhängig von der Mode machen und ihn somit in einen Bann ziehen kann, der viel Zeit, Aufwand und Geld verschluckt. "Seid nicht der Welt gleich", so ertönt die Warnung für den Neugeborenen.

Kritik/Kritisieren: Kritik kann sehr einschüchternd und hemmend wirken und dabei jede Selbstsicherheit stehlen. "Was werden die anderen sagen?", so lautet der Grundgedanke, der das individuelle Verhalten unter verschiedenen Gesellschaftsgruppen beherrscht. Man ist kritikabhängig, anstatt sich von Gottes Meinung aufbauen und bestätigen zu lassen. Kritik jedoch kann dann positiv sein, wenn man sie zur Verbesserung von Mängeln und Fehlern sieht und sie gerne akzeptiert. Was aber nicht zutrifft, das lässt man einfach hinter sich. Deshalb heißt es: "Prüfet alles, und das Gute behaltet." Andere zu kritisieren, ist eine Lust, den anderen schlechter zu machen, um sich dabei selbst zu bestätigen. Das kann mit Hochmut zu tun haben oder mit Mangel an Selbstwertgefühl. Beides ist nicht Gott gewollt, es ist zerstörerisch. Eine betroffene Person braucht unbedingt Befreiung von diesen kontrollierenden Mächten.

Schlussfolgerung:

Die Liste von Satans hinterlistigen Plänen könnte fast endlos weitergeführt werden. Wir stellen fest, dass wir alle diese Lügen Satans mit dem Wort Gottes konfrontieren können, mit der Waffe der Wahrheit. Das Lösen hängt davon ab, ob die Person ihre Fehler bzw. ihre Gebundenheit erkennt und bekennt. Ebenso braucht es ihre Bereitschaft, sich selbst davon loszusagen. Danach wirkt die Autorität des Lösens auf effektive Weise.

Noch ein Zeugnis zum Abschluss:
Auf der Bibelschule kam am Ende des Unterrichts ein Schüler auf mich zu, der ein Seelsorgegespräch suchte. Er war der Beste der Schule. Doch es stellte sich heraus, dass er geplagt war von der Lust zu masturbieren. Das gab ihm kontinuierlich ein schlechtes Gewissen. Er versuchte deshalb, der Beste zu sein, um als Heiliger und Gerechter annahmefähig zu werden. Was dem zugrunde lag, ging über meinen Erfahrungsstand hinaus. In seinem Heimatort in Kerala herrschte ein Geist der Unmoral. Es ist dort “normal”, dass Männer und Frauen die Partner tauschen und mit jedem einmal ins Bett steigen. Ich konnte ihn darauf von der Bindung dieser Macht lösen. Von diesem Tage an war er frei, was er mir Monate später auch bestätigen konnte. Dem Herrn sei Lob und Dank.

Tag 08 - Heilung

Daniel Exler

*Als er aber die Zwölf zusammengerufen hatte, gab er ihnen Kraft und Vollmacht über alle Dämonen und zur **Heilung** von Krankheiten. Und er sandte sie, das **Reich Gottes** zu predigen und die Kranken **gesund** zu machen.*
Lukas 9, 1-2

*Als aber die Volksmengen es erfuhren, folgten sie ihm; und er nahm sie auf und redete zu ihnen vom **Reich Gottes**, und die **Heilung** brauchten, machte er **gesund**.*
Lukas 9, 11

*...und **heilt** die Kranken darin und sprecht zu ihnen: Das **Reich Gottes** ist nahe zu euch gekommen.*
Lukas 10, 9

Jesus verbindet die Botschaft des Reiches Gottes mit der Heilung von Krankheiten und gibt uns als seinen Jüngern den Auftrag, sowohl das Reich Gottes zu verkündigen, als auch die Kranken zu heilen. Die Verkündigung des Reiches Gottes ist von der Botschaft der Heilung nicht zu trennen.

Heilung der Beziehung zu Gott

Die wichtigste Botschaft ist nicht die Heilung von körperlichen oder seelischen Krankheiten, sondern die Heilung der Beziehung zu Gott. Dafür ist Jesus gestorben, dafür hat er sein Blut vergossen. Gott geht es in allererster Linie um uns und darum, dass wir auf ewig gerettet sind. Dennoch gehört zum vollkommenen Erlösungswerk Jesu nicht nur die Vergebung der Sünden und somit die Wiederherstellung der Beziehung zum himmlischen Vater, sondern genauso auch die Heilung von körperlichen und seelischen Krankheiten. Beides gehört zusammen und ist Bestandteil des Erlösungswerks Jesu, als er ausrief: „Es ist vollbracht“ (Johannes 19, 30). Da dies zusammenhängt, kann aus dem Grundtext das Wort „geheilt“ auch sehr oft mit „gerettet“ übersetzt werden (vgl. Apostelgeschichte 14, 9). Jesus sah, dass zur damaligen Zeit viele Leute den Zusammenhang zwischen der Sündenvergebung und der Heilung von Krankheiten nicht herstellen konnten. Und genau deswegen provozierte er die Schriftgelehrten und Pharisäer in Lukas 5, 17-26 genau damit und zeigte, dass Sündenvergebung und Heilung zusammengehören. Genauso ist es heute immer noch.

Zwei Arten der Heilung

Neben der Geistesgabe der Heilung bzw. Gnadengaben der Heilungen (1. Korinther 12, 9) gibt es auch die Heilung durch Glauben.

Die Gnadengaben der Heilungen sind wie jede Geistesgabe darauf gerichtet, der Gemeinde zu dienen, sie zu ermutigen und sie für Jesu Kommen zuzubereiten. Diese Geistesgabe dient jedoch der Gemeinde bzw. dem anderen, also nicht dem Gabenträger selbst. Der Vergleich mit einem Baum, der Frucht trägt, veranschaulicht es. Dieser Baum isst seine Frucht auch nicht selber, sondern der Segen besteht darin, dass andere Leute davon essen und gestärkt werden. So ist es auch mit dieser Geistesgabe.
Ähnlich verhält es sich auch bei unserem Auftrag für andere zu beten und sie gesund zu machen (z.B. in Jakobus 5, 14-16). Es dient der Person, für die gebetet wird.

Auf der anderen Seite sagte Jesus sehr oft: „Dein **Glaube** hat dich **geheilt.**“ (vgl. Matthäus 9, 22; Markus 5, 34; Markus 10, 52; Lukas 8, 48; Lukas 18, 42) und verbindet die Heilung mit dem persönlichen Glauben des Geheilten. Diese Art ist im Gegensatz zur Geistesgabe auf einen selbst gerichtet.

Demnach werden andere Menschen oft durch die Geistesgabe der Heilung oder das übernatürliche Eingreifen Gottes geheilt. Eine kranke Person, die jedoch selbst Heilung benötigt, wird sehr oft aufgrund ihres Glaubens geheilt.

Beide Bereiche wirken in der geistlichen Welt absolut unabhängig voneinander. Die Gnadengaben der Heilungen wirken, auch wenn der Gabenträger selbst krank ist. Diese Tatsache verstehen viele Menschen nicht, wenn sie z.B. Gabenträgern begegnen, die andere in Jesu Namen heilen, jedoch selber noch in dem Prozess der eigenen Heilung stehen und noch krank sind. Gottes Wille und Wunsch ist es aber, dass jede Person gesund und geheilt ist (3. Johannes 1, 2).

Meine Geschichte

In meinem Leben hatte ich selten mit diesem Thema zu tun, bis ich eines Tages selbst unheilbar krank wurde. Im Jahr 2003 diagnostizierten Ärzte, dass ich MS (Multiple Sklerose) hatte. MS ist eine chronisch-entzündliche Entmarkungserkrankung des zentralen Nervensystems, die schubweise auftritt. Drei solcher Schübe (Funktionsausfälle) hatte ich bereits gehabt (Sehstörung, Koordinations- und Sensibilitätsbeeinträchtigungen). Der erste Schub veranlasste, dass meine Sehfähigkeit enorm eingeschränkt wurde. Der zweite Schub hatte meine rechte Hand lahm gelegt, so dass ich nicht mehr schreiben oder richtig greifen konnte. Parallel dazu war eine Hälfte meines Körpers wie betäubt, so dass ich so gut wie nichts mehr spüren konnte. Der dritte Schub setzte plötzlich meine Gehfähigkeit außer Kraft. Ich konnte mich nur noch humpelnd fortbewegen, kein Auto mehr fahren,... Es folgte die Einlieferung ins Krankenhaus und die Diagnose: MS.

Als ich vom Krankenhaus nach Hause kam, war meine Familie sehr betroffen. Als Familie beteten wir sehr viel und sahen diese Krankheit nicht als eine persönliche Sache von mir an, sondern wir sahen dies als einen Angriff gegen unsere Familie. Entsprechend haben wir gebetet, gefastet und geglaubt. Viele Gemeindemitglieder und Beter standen mit mir im Gebet ein. Das war sehr wertvoll und wichtig.
Parallel entdeckte ich mich in einer neuen Phase, in der ich alleine war. Obwohl viele Menschen für mich da waren, war ich innerlich doch alleine. Ich wusste auf Anhieb, dass es sehr wichtig ist, wie ich mit dieser Einsamkeit umgehe und welche Gedanken ich hier zulasse. Es war ein Kampf in der Gedankenwelt, in der ich die Gedanken unter Jesu Gehorsam gefangen nehmen musste (2. Korinther 10, 4-5).

In all diesen Umständen führte Gott mich in sein Wort. Das war der Schlüssel zur Heilung. Er zeigte mir die Bibelstellen über Heilung, die ich aufschrieb und täglich ausgesprochen habe. Immer wenn ich diese Bibelstellen laut ausgesprochen und mir selber vorgelesen habe, habe ich gemerkt, wie mein Glaube gewachsen ist (Römer 10, 17).
Daneben musste ich mich über diese (für mich) neue Krankheit informieren und las ebenfalls diese medizinischen Bücher über MS mit allen Beschreibungen, Bildern und Folgen, die im Krankheitsverlauf auftreten können. Jedes Mal wenn ich diese Bücher gelesen habe, ist mein Glaube gesunken. Jedes Mal wenn ich die Bibelstellen über Heilung gelesen und ausgesprochen habe, ist meine Glaube gewachsen.

Ich habe verstanden, dass der **Schlüssel** der **Heilung** im **Glauben** liegt.

Mein Körper hat sich nicht verändert. Ich konnte zu diesem Zeitpunkt schlecht laufen. Aber ich habe angefangen, täglich die Bibelstellen auszusprechen und mir selbst laut vorzulesen. Ich merkte richtig, wie der Glaube wuchs. Nach 2 Wochen war ich so voller Glauben, dass ich wusste, dass ich bereits geheilt bin - nicht erst geheilt werde.

Anschließend ging ich zur Kernspintomografie, und das Ergebnis war erstaunlich. Man fand keinen aktiven MS-Herd mehr. Die Ärzte waren durcheinander und haben nochmals eine solche Aufnahme angeordnet; das Ergebnis war gleich. Da die Ärzte diese Tatsache nicht zuordnen konnten, schickten sie mich jährlich in diese Kernspintomografie mit dem Ergebnis, dass keine Multiple Sklerose mehr nachweisbar ist. Mein Körper folgte dem Wort Gottes und stellte sich nach einem halben Jahr wieder vollkommen her; ich konnte wieder laufen, alles spüren, wieder greifen und vollständig sehen. Gott hat mich zu 100% wieder hergestellt und geheilt.

In dem Moment, als Gott mir den Glauben gegeben hatte, war die Wurzel der Krankheit besiegt. Bis es allerdings körperlich sichtbar wurde, hat es in meinem Fall ein halbes Jahr gedauert. Wichtig war aber der Glaube. Denn Jesus hat immer gesagt: „Dein Glaube hat dich geheilt" (Matthäus 9, 22). Heute bin ich schon seit über 17 Jahren vollständig von MS geheilt und das ist ein medizinisches Wunder.

Reich Gottes und Heilung

Durch den Glauben können wir viel mehr als nur Heilung empfangen. Es gibt Tatsachen und Realitäten im Leben (Krankheit, Armut,...), die jedoch den geistlichen Gesetzen von Gott unterliegen. Ich habe verstanden, dass wir durch den Glauben und die Wahrheit Gottes jede Tatsache und Realität auf dieser Erde verändern können.

Im Reich Gottes gibt es keine Krankheit. Viele Menschen versuchen das Reich Gottes irgendwie anzuzapfen und zu beten, wenn sie Probleme haben. Meistens erbarmt Gott sich auch und schenkt eine Lösung. Jedoch leben solche Menschen weit unter dem Standard des Reiches Gottes. Um Heilung durch Glauben zu erhalten, müssen wir nicht etwas anzapfen oder herunterholen, sondern wir müssen im Reich Gottes leben. Plötzlich wird durch den Glauben alles möglich (Markus 9, 23). Um die Fülle des Reiches Gottes zu erleben, müssen wir die Prinzipien Seines Reiches erkennen. Es geht nicht um das Verstehen, sondern um das Erkennen. Mit der Erkenntnis (genauer: „ein erlebnismäßiges Eindringen") verändert sich unser Denken, unser Handeln und demnach auch unser ganzes Leben. Durch das Erkennen der Wahrheit werden wir freigesetzt (Johannes 8, 32) und zu effektiven Werkzeugen Gottes, die in ihrer Berufung leben.

Wer hat, dem wird gegeben werden

Denn jedem, der hat, wird gegeben und überreichlich gewährt werden; von dem aber, der nicht hat, von dem wird selbst, was er hat, weggenommen werden.
Matthäus 25, 29

Das ist eines dieser sehr wichtigen geistlichen Gesetze, die zu 100% funktionieren. Wenn man diese Bibelstelle aus der weltlichen Sicht und Logik betrachtet, ist es sehr unfair und unlogisch. Aber aus der Sichtweise des Reiches Gottes ist hier eine große Wahrheit enthalten. Wenn wir also mit Glauben zu Gott kommen, öffnen sich in der geistlichen Welt Möglichkeiten, die weltlich gesehen unmöglich sind. Wenn du „hast“, wirst du bekommen. Was hast du? Womit kommst du zu Jesus? Mit Glauben? Ich möchte dich ermutigen, im Glauben zu beten und damit auch zu Gott zu kommen, dann „hast“ du auch. Und wenn du „hast“, wird dir gegeben und überreichlich gewährt werden. Dieses geistliche Prinzip wiederholt Jesus mehrmals (Matthäus 13, 12; Matthäus 25, 29; Markus 4, 25; Lukas 8, 18; Lukas 19, 26).

Der biblische Weg zur Heilung

Der biblische Weg zur Heilung ist kein Weg einer Logik oder einer Menschenmeinung, sondern er ist der Weg des Glaubens. Der Glaube kommt vom Hören des Wortes Gottes (Römer 10, 17). Nachfolgend habe ich dir alle Bibelstellen aufgelistet, die Gott mir in dieser Zeit gegeben hat und mir zum Segen wurden. Als ich selber die Bibelstellen ausgesprochen habe, ist Glauben entstanden. Ich möchte dich ermutigen, sein Wort auszusprechen. Es liegt Kraft im Wort Gottes (Hebräer 4, 12). Mit jedem Mal, wenn du das Wort Gottes aussprichst, hat es eine Auswirkung in der physischen Welt:

*Jede gute Gabe und jedes vollkommene **Geschenk** kommt von **oben herab**, von dem Vater der Lichter, bei dem keine Veränderung ist noch eines Wechsels Schatten.*
Jakobus 1, 17

*...denn ich bin der HERR, **der dich heilt**.*
2. Mose 15, 26

*Petrus aber tat den Mund auf und sprach: In Wahrheit begreife ich, dass Gott die **Person nicht ansieht**,*
Apostelgeschichte 10, 34

*Geliebter, ich wünsche, dass es dir in allem **wohl geht** und du **gesund** bist, wie es deiner Seele wohl geht.*
3. Johannes 1, 2

*Und wir haben gesehen und bezeugen, dass der Vater den Sohn gesandt hat als **Heiland der Welt**.*
1. Johannes 4, 14

Den, der Sünde nicht kannte, hat er für uns zur Sünde gemacht, damit wir Gottes Gerechtigkeit würden in ihm.
2. Korinther 5, 21

*Der Dieb kommt nur, um zu stehlen und zu schlachten und zu verderben. Ich bin gekommen, damit sie **Leben** haben und es in **Überfluss** haben.*
Johannes 10, 10

*Jesus Christus ist derselbe **gestern** und **heute** und in **Ewigkeit**.*
Hebräer 13, 8

*Siehe, ich habe euch die Macht gegeben, auf Schlangen und Skorpione zu treten, und über die **ganze Kraft** des **Feindes**, und **nichts** soll euch **schaden**.*
Lukas 10, 19

*Jesus aber wandte sich um, und als er sie sah, sprach er: Sei guten Mutes, Tochter! Dein **Glaube** hat dich **geheilt**. Und die Frau war geheilt von jener Stunde an.*
Matthäus 9, 22

Doch er war durchbohrt um unserer Vergehen willen, zerschlagen um unserer Sünden willen. Die Strafe lag auf ihm zu unserm Frieden, und durch seine Striemen ist uns Heilung geworden.
Jesaja 53, 5

*der unsere Sünden an seinem Leib selbst an das Holz hinaufgetragen hat, damit wir, den Sünden abgestorben, der Gerechtigkeit leben; durch dessen Striemen **ihr geheilt worden seid.***
1. Petrus 2, 24

*Denn alles, was aus Gott geboren ist, überwindet die Welt; und dies ist der **Sieg**, der die **Welt überwunden** hat: **unser Glaube**.*
1. Johannes 5, 4

Aber in diesem allen sind ***wir mehr als Überwinder*** *durch den, der uns geliebt hat.*
Römer 8, 37

Also ist der ***Glaube*** *aus der* ***Verkündigung****, die Verkündigung aber durch das* ***Wort Christi****.*
Römer 10, 17

Der ***Glaube*** *aber ist eine Verwirklichung dessen, was man hofft, ein Überführtsein von Dingen, die man nicht sieht.*
Hebräer 11, 1

Ohne ***Glauben*** *aber ist es unmöglich, ihm wohlzugefallen; denn wer Gott naht, muss glauben, dass er ist und denen, die ihn suchen, ein Belohner sein wird.*
Hebräer 11, 6

Denn wie der Leib ohne Geist tot ist, so ist auch der Glaube ohne Werke tot.
Jakobus 2, 26

Darum sage ich euch: Alles, um was ihr auch betet und bittet, glaubt, dass ihr es empfangen habt, und es wird euch werden.
Markus 11, 24

Mein Volk kommt um aus Mangel an Erkenntnis. …
Hosea 4, 6

Mein Sohn, auf ***meine Worte*** *achte, meinen Reden neige dein Ohr zu! Lass sie nicht aus deinen Augen weichen,* ***bewahre*** *sie im* ***Innern deines Herzens****! Denn Leben sind sie denen, die sie finden, und* ***Heilung*** *für ihr* ***ganzes Fleisch****.*
Sprüche 4, 20-22

Und sie ärgerten sich an ihm. Jesus aber sprach zu ihnen: Ein Prophet ist nicht ohne Ehre, außer in seiner Vaterstadt und in seinem Haus. Und er tat dort nicht viele Wunderwerke wegen ihres Unglaubens.
Matthäus 13, 57-58

und jede Höhe, die sich gegen die Erkenntnis Gottes erhebt, und nehmen ***jeden Gedanken gefangen unter*** *den* ***Gehorsam Christi***
2. Korinther 10, 5

Die Frucht des Geistes aber ist: Liebe, Freude, Friede, Langmut, Freundlichkeit, Güte, Treue, Sanftmut, Enthaltsamkeit. Gegen diese ist das Gesetz nicht gerichtet. Die aber dem Christus Jesus angehören, haben das Fleisch samt den Leidenschaften und Begierden gekreuzigt.
Galater 5, 22-24

Tag 09 - Das Reich Gottes bauen

Ralph Glöckner

Bibelstellen:
Markus 1, 14-15
Matthäus 16, 18
Matthäus 28, 19
1. Korinther 3, 10

„Das Reich Gottes ist nahe herbeigekommen!", so erklang es aus dem Munde Jesu. Dies war seine erste Predigt. Sie wurde so von Markus im Telegrammstil aufgezeichnet. Mit Jesus war das Reich Gottes gekommen. Menschen konnten mit diesem Reich in Berührung kommen. Jesus war und ist der König dieses Reiches und wo er ist, da ist auch sein Reich; d.h. man kann es sehen und erleben.
Welche Erfahrungen machten die Menschen mit Jesus?
Es waren hauptsächlich vier Dinge:

(1) Er predigte dem Volk das Evangelium.
(2) Er lehrte den Nachfolgern das Wort in einem engeren Rahmen.
(3) Er heilte die Kranken, die zu ihm gebracht wurden.
(4) Er trieb Dämonen aus.

Zuerst bedeutete das damals wie heute eine Berührung mit Jesus als Person, ob physisch, seelisch, mental oder geistlicher Art. Diese Begegnung fordert zu einer Antwort oder einer Entscheidung auf, Jesus als den Gesandten Gottes anzuerkennen. Das ist eine Glaubensentscheidung, die gleichzeitig zur Buße ruft. Jesus selbst rief aus: „Tut Buße und glaubt an das Evangelium!"

Jesus baut sein Reich
Ohne Zweifel wollte Jesus sein Reich auf der Erde bauen. Deshalb nahm er zwölf Jünger in eine engere Ausbildung und Lebensgemeinschaft mit sich. Er begründete dies folgendermaßen:

(1) dass sie bei ihm seien und
(2) dass er sie mit ihm zusammen aussende (Markus 3, 14-15).

Sie sollten genau das Gleiche tun, was er getan hatte. Dazu hatte er sie schon während seines Dienstes bevollmächtigt. Das war ein Praktikum bzw. Dienst mit dem besten Mentoring, das man sich vorstellen konnte. Gleichzeitig war es aber auch eine Vorbereitung für die Art und Weise, wie die Gemeinde Jesu wirken sollte. Denn Jesus gab seinen Jüngern die Vision „seiner Gemeinde" in Matthäus 16, 18: *„Ich werde meine Gemeinde bauen."* Dass die Apostel die Bauarbeiter in diesem großen Werk waren und dass das Werk mit Jesus nur seinen Anfang genommen hatte und nach seiner Himmelfahrt weitergeführt werden sollte, geht klar durch den Missionsbefehl hervor: *„Gehet hin in alle Welt, predigt das Evangelium, machet zu Jüngern alle Nationen, taufet sie auf den Namen Jesus, lehret sie, alles zu halten, was ich euch gelehrt habe."* (Matthäus 28, 19).

Sein Reich

Ein wunderbares Bild für das Reich Gottes ist die Arche Noah (1.Mose 6, 5 ff.) Wir wollen anhand der genaueren Betrachtung dieser erstaunlichen Geschichte, die das Weltgeschehen zu jener Zeit drastisch verändert hat, den Willen Gottes erkennen, der seinem Reich zugrunde liegt und gleichzeitig das Wesen und Kernstück seines Reiches aufzeigt.

Gottes Regentschaft

Seine Regentschaft ist allumfassend und bindend für die gesamte Menschheit. Er sieht nicht nur den Einzelnen, sondern sein Recht betrifft die ganze Schöpfung. Er sucht Gerechtigkeit und straft Unrecht und Böses. (Verse 5+13). Die ganze Erde muss erkennen, dass es nur einen Gott gibt. Deshalb war die Sintflut nicht nur eine örtliche Katastrophe, sondern ein weltweites Gericht. Keiner konnte sich dem Willen Gottes entziehen. Gottes Herz schlägt auch heute für die ganze Welt. Er ruft jeden auf der Welt, zieht jeden mit seiner Liebe (Johannes 3, 16). Gott sieht alle Menschen als Sünder, und sein Gericht ist auch heute bindend für alle, wenn sie nicht den Weg zur Buße finden.

Gottes Rettungsweg

Der zentrale Punkt der Geschichte der Arche Noah ist und war Gottes Idee zu retten und den Weg hierzu aufzuzeigen. Gott fand

Noah als einzigen Gerechten. Er wurde in den Plan Gottes zur Erlösung eingeweiht. Ein großes Boot, die Arche, war die einzige Überlebenschance für die Menschen. Der Zugang war frei für jeden, der in Gottes Augen gerecht war oder rechtzeitig zur Buße fand und sich vor Gott beugte. (6, 8-9+7, 1) Damit gab es unweigerlich eine Trennung zwischen Gerechten und Ungerechten. Die Gerechten sollten durch das Gericht hindurch gerettet werden und leben, wobei die anderen durch das Gericht zum Tode verurteilt wurden. Hebräer 11, 7 beschreibt es treffend: „...durch den Glauben sprach er der Welt das Urteil und hat ererbt die Gerechtigkeit, die durch den Glauben kommt."
Gottes Plan für die Menschheit ist nach wie vor ein „Rettungsweg", um dem Gericht zu entkommen und so Leben in aller Fülle zu genießen.
Auch Jesus spricht deutlich von diesem Gerichtstag und vergleicht die Zeichen der Zeit mit den Tagen Noahs (Lukas 17, 26-27). Doch Jesus selbst ist die Erlösung vom Gericht, sowie es Apostel Paulus triumphierend verkündigt: *„Der Sünde Sold ist der Tod, die Gabe Gottes aber ist das ewige Leben in Christus Jesus."* (Römer 6, 23).

Gottes Plan

1.Schritt:
Um diese Erlösung bewirken zu können, suchte der Herr nach einem Baumeister sowie einem Prediger, dem er den Bauplan der Arche in allen Details anvertrauen konnte. Ein Mann, der Gott untertan war, aber auch seinen Herzschlag von Gericht und Gnade verstehen konnte. Jemand, der genau zuhörte und bereit war, diese überdimensional große Aufgabe in völligem Vertrauen auf Gott als Glaubensprojekt durchzuführen. Ähnlich braucht Gott heute Menschen, die das Schiff seiner Gemeinde bauen. Dies ist der Ort, wo Menschen Errettung finden, im Glauben wachsen und als eine Kommunität von Gerechten in völliger Absonderung dessen, was Gott als „die Welt" beschreibt, leben. Dazu braucht es völlige Hingabe und keine Zweifel, dass Gott die Gemeinde als sein Modell erwählt hat, um Menschen aus der Finsternis ins Licht hineinzuführen.

2.Schritt:
Noah sollte nicht nur Baumeister, sondern auch ein Prediger der Gerechtigkeit sein (2.Petrus 2, 5). Während der ewig langen Bauzeit gab es eine Zeit der Gnade, der Buße, der Umkehr. Natürlich war jeder Zuhörer herausgefordert, Noahs Worten Glauben zu schenken: Nicht nur, dass Gott die Welt richten würde, sondern dass Buße und Umkehr von den bösen Wegen das Tor zur Rettung sei. Auch die Tierwelt sollte gerettet werden. Durch einen göttlichen Ruf kamen sie und fanden den Weg in die Arche. Seit der Auferstehung Jesu ist genau solch eine Gnadenzeit angebrochen, in der das Evangelium parallel zum Bau der Gemeinde gepredigt werden muss. Die Welt, das heißt Menschen, die Christus nicht kennen, soll die Botschaft Gottes hören und die Möglichkeit zur Entscheidung wenigstens einmal im Leben erhalten. Gott wartet bis heute in seiner Geduld, um noch so viele wie möglich zu retten. 2. Petrus 3, 9 besagt: „...sondern er hat Geduld mit euch und will nicht, dass jemand verloren werde, sondern dass Jedermann zur Buße finde."

3.Schritt:
Es kam der Tag, an dem die Arche fertig war und alle, die zur Rettung gezählt worden waren, sich drinnen eingefunden hatten. Dann schloss Gott die Tür. Die Prediger des Neuen Testamentes, angefangen mit den Evangelien, lassen keinen Zweifel daran, dass der Tag des Herrn kommen wird. Er lässt sich nicht vorausberechnen, denn er kommt „wie ein Dieb in der Nacht." Es besteht jedoch keine Furcht für den, der Christus sein Leben geschenkt hat, denn er ist schon im Boot. Er ist schon Teil des Leibes Jesu, dessen ewiges Leben mit dem Tag der Neugeburt begonnen hat. Ein Christ schaut nicht voller Angst auf den Gerichtstag, sondern betet mit Inbrunst für die Vollzahl derer, die zur Rettung aus allen Nationen bestimmt sind. Solange wir noch auf des Kommen des Herrn warten, freuen wir uns nicht nur an der neuen Gemeinschaft, sondern tun, was Judas sagt: „Und erbarmt euch derer, die zweifeln; andere reißt aus dem Feuer und rettet sie; anderer erbarmt euch in Furcht und hasst auch das Gewand, das befleckt ist vom Fleisch." (Judas 23).

4.Schritt:
Dann kam der Tag, als der ganze Erdball von der Gewalt der Wassermassen gerichtet wurde. Alle, sowohl Menschen als auch Tiere, die nicht in der Arche waren, starben. Dieser Tag musste kommen, denn Gott hält sein Wort. Was er gesprochen hat, wird er auch tun; was er verheißen hat, wird er auch erfüllen. Wie schrecklich dieses Gericht sich auch anhört, es war die Konsequenz von Sünde. Nach jeder Gnadenzeit kommt eine Gerichtszeit. Gericht ist nicht nur eine Drohung, um Menschen unter Furcht zu bringen und um sie gehorsam und geschmeidig zu machen. Manche Eltern kündigen ihren Kindern eine Strafe an, die aber trotz deren Ungehorsam nie eintritt. Gott meint, was er sagt. Das ist wichtig zu wissen. Nicht nur bezüglich seiner Drohungen, sondern auch seiner Segnungen. Wir können darauf bauen. Wenn wir also sein Wort verkündigen, dann brauchen wir dessen Wahrheit nicht zu bezweifeln. Das Erlebnis von Jona in Ninive und das, was ihm widerfuhr, sollte uns jedoch hier nicht ablenken, sondern uns eher in unserer Überzeugung bestätigen: Gott hält sein Wort, und wer Buße tut, wird selbst aus blutroter Sünde gerettet werden. Halleluja!

5.Schritt:
Nach dem Gericht der Sintflut begann ein neues Leben, und zwar mit denen, die in der Arche gerettet waren. Durch sie haben sich die unterschiedlichen Völker der Erde sowie auch die Tiere entwickelt und vermehrt. Gott schuf einen neuen Bund.
Es gibt ein neues Leben, das seinen Anfang mit dem Sterben des alten hat. So soll jeder Mensch durch Christus gerettet werden und Vergebung der Sünden empfangen. Aber dann heißt es, der Sünde zu sterben und für ein Leben der Gerechtigkeit aufzustehen. Paulus erklärt das in Römer 6, 4: „So sind wir ja mit ihm begraben durch die Taufe in den Tod, damit, wie Christus auferweckt ist von den Toten durch die Herrlichkeit des Vaters, auch wir in einem neuen Leben wandeln." Doch noch viel mehr warten wir auf den Tag, an dem der Herr wiederkommt, und mit ihm unser Leben in der Ewigkeit des Himmels beginnt. Wenn der Herr die Erde richten wird, verheißt sein Wort einen neuen Himmel und eine neue Erde (Offenbarung 21, 1). So unvorstellbar die Sintflut selbst war, so unvorstellbar auch das Leben danach für Noahs Generation war, so bleiben diese

Verheißungen für uns auch heute ein unerschütterlicher Glaube in die absolute Wahrheit des Wortes Gottes.

Das Herz Gottes für sein Reich

Es ist erstaunlich, wie viel Einblick wir durch die Arche Noah in Gottes Herz bekommen. So sehen wir Gottes Interesse an der Vielfalt seiner Schöpfung, die er zu seiner eigenen Freude erhält. Er hat Lebewesen als Paare geschaffen, als männlich und weiblich, und so soll es auch bleiben. Sünde darf das nicht verwässern oder gar verfälschen. Die Familie ist der Gedanke Gottes, und seine Rettung gilt nicht nur den Einzelnen, sondern der Familie. Die Zusammenarbeit innerhalb der Familie sowie der gemeinsame Glaube haben in seinem Reich eine Vorrangstellung. So kann die Fruchtbarkeit sowohl erhalten als auch geschützt bleiben. Gott möchte auch heute noch Vermehrung. Er ist ein Gott des Bundes. Er lässt sich auf eine Vereinbarung mit Noah und somit mit der ganzen Schöpfung ein, damit Frieden herrschen soll, denn er ist ein Gott des Friedens und nicht der Unordnung. Als Reaktion auf Gottes Allmacht, Rettung, Gnade und Liebe fällt Noah mit seiner Familie in tiefer Anbetung des Vaters im Himmel auf die Knie. (1.Mose 8, 20; 9, 11-14)

Das Bauwerk des Reiches

In 1.Korinther 3, 10 redet Paulus von der Gemeinde als dem Bau Gottes. Dieser Bau ist ein fortwährender Bau bis hin zur Vollkommenheit, gekrönt mit der Heimholung der Braut Christi.

Bau des Instrumentes für Rettung

Bevor Noah mit seiner Familie gerettet werden konnte, musste er bauen (1.Petrus 3, 20-21; Hebräer 11, 7). Das Schiff existierte in der Realität noch nicht, war aber im Plan Gottes schon enthalten. Gott selbst hatte es nicht herbeigerufen, nein, es musste gebaut werden. Dazu hatte er den Baumeister Noah erwählt, der sich diesem Bau hundertprozentig widmen sollte. Die Arche war nicht zum Selbstzweck gedacht, nicht zur Selbstverherrlichung - nein, nur allein, um Gottes Werkzeug zur Rettung zu sein. Noah sollte es für andere, ja für alle Auserwählten bauen, jedoch auch selbst dadurch gerettet werden. So ist die Gemeinde heute das Bauwerk Gottes. Sie trägt zum Bau seines Reiches bei, um seine Idee der Rettung und des neuen Lebens zur Vollendung zu bringen. Dazu braucht es hingegebene Menschen, Diener Gottes, Diener des Leibes Jesu, Älteste und Diakone, die sich für andere hingeben und investieren. Und jeder Mitarbeiter sowie Leiter der Gemeinde ist Teil dieses Bauteams, das Hand anlegt, nicht für sich selbst, sondern dafür, dass Menschen aus allen Gesellschaftsschichten in allen Ortschaften aller Länder gerettet und siegreich ans Ziel des Lebens geführt werden können.

Bauplan von Gott gezeichnet

1. Mose 6, 14-16 gibt eine kurze Beschreibung über den Bauplan, den Gott selbst entworfen hatte. Ein genialer Entwurf, der dem Zweck vollkommen diente, Menschen sowie Lebewesen in all ihrer Artenvielfalt zu beherbergen. Die Maße, die Gott Noah zum Bau der Arche hatte wissen lassen, gaben der Arche die nötige Stabilität, um dem Unwetter zu trotzen sowie den Wassergewalten standzuhalten. Die Dimensionen des Baus zeigten eine wissenschaftliche Kenntnis auf, die zu Noahs Zeiten noch nicht bekannt war, geschweige denn die Schifffahrt.

Ebenso ist auch Gottes Meisterplanung der Gemeinde die ideale Konzeption für die Menschheit, um Gott zu begegnen. Das Neue Testament gibt uns reichlich Einblick in das Modell, nach dem wir alle bauen sollen. Es sind Prinzipien, nicht steife Formen, die an Ausdruck und Gestaltung variieren dürfen. Jesus ist der Grundstein, auf dem alles steht (1.Korinther 3, 11). Apostel werden als weise Baumeister genannt, die das Fundament der Gemeinde legen; damit sind die wesentlichen Aussagen des Evangeliums gemeint sowie die gute Lehre, die der Gemeinde ihre Grundstruktur verleiht. Vieles wurde zwar durch Jahrhunderte der Kirchengeschichte verschüttet, später jedoch wieder einzeln entdeckt und auf den Leuchter gestellt. Auch heute stehen wir vor der Herausforderung, unsere Gemeindepraxis und Gottesdienstformen immer wieder im Licht des Wort Gottes neu zu überprüfen, damit der Heilige Geist uns weiter zubereitet und uns zur vollkommenen Gemeinde Christi umgestaltet.

Eine riesige Aufgabe

Noah widmete sich der Aufgabe in völligem Gehorsam, obwohl sie nach einem fast nicht zu bewältigenden Berg aussah. Er sollte 120 Jahre bis zur Fertigstellung investieren. Nur mit Teamarbeit und einem großen Maß an Hingabe war dieses Bauwerk möglich. Seine Ausdauer jedoch blieb angesichts von Spott, Schweiß, Rückschlägen und Entmutigungen ohne gleichen. Nur das tägliche Gebet und Aufschauen auf Gott konnte ihn und sein Haus fokussiert bei der Stange halten.

Noah ist für den großen Missionsauftrag Jesu bis heute ein Vorbild und eine Inspiration. Noch gibt es Millionen von Menschen um uns herum und andere Völker in unzähligen Ortschaften, die das Evangelium hören sollen. Wie viele Landstriche gibt es, die noch keine lebendige Gemeinde haben. Ebenso gibt es viele Volksgruppen, die kein Zeugnis vom lebendigen und rettenden Herrn haben. Alle sind aufgerufen, mit Hand anzulegen, um diese große Aufgabe der Weltmission in unseren Tagen ohne Wenn und Aber zu bewältigen. Hier sind Ausdauer, Aufopferung und Gebet mit totaler Hingabe gefragt.

Bauen mit Weisheit

Vision

Für seine mit nichts zu vergleichenden Aufgabe brauchte Noah Strategie und Weisheit. Die Vision war ihm klar von Gott vor Augen gemalt worden, eine Vision mit einem definitiven Zweck und einem eindeutiges Ziel. Auch das verschwieg Gott Noah nicht. Wir müssen uns das Bild bzw. die Vision einer vollkommenen Gemeinde Jesu vor Augen halten, um effektiv daran arbeiten zu können, denn sonst drehen wir uns nur im Kreis. Vision empfangen wir durch eine klare Ausrichtung auf Gott, ein genaues Verständnis seines Willens im Wort und eine vom Heiligen Geist gewirkte geistliche Schau. Auch Mose hatte das Vorrecht, die Stiftshütte Gottes in fertiger Form an himmlischen Orten sehen zu dürfen (2.Mose 25, 8-9). Er wusste, was er zu bauen hatte. Ebenso hatte Paulus einen sehr tiefen Einblick in die Geheimnisse Gottes über die Gemeinde Jesu bekommen. Er beschrieb die Gemeinde in mehreren Bildern, wobei der Leib wohl das Bedeutendste davon war.

Plan

Wenn wir einen Plan oder eine Zeichnung eines Baus machen, dann fragen wir nach seinen Maßen, wie groß er sein bzw. wie er überhaupt aussehen soll. Eine Vision muss in einen Plan umgesetzt werden, den man aufschreiben kann. Dazu fordert auch Habakuk auf, damit es andere lesen und sich daran beteiligen können (Habakuk 2, 2). Jedoch hat Gott ein großes Herz, ein Herz für alle. Wir brauchen uns von einer umfassenden Planung nicht einschüchtern zu lassen. Unsere Städte brauchen Gemeinden, die ein großes Herz und viel Platz für eine riesige Menschenmenge haben und Unfassbares von Gott erwarten.

Team

Gott hat in seiner Weisheit die Gemeinde mit Menschen unterschiedlicher Fähigkeiten und Begabungen ausgestattet. Er gießt den Heiligen Geist aus, der verschiedene Menschen im Leib Jesu begabt und ausrüstet, um den vielfältigen Aufgaben gerecht zu werden. Der „fünffältige Dienst" ist dazu da, dass sich die Vielfalt der Dienste durch deren Zusammenwirken ergänzen, um so dem Reich Gottes zu Wachstum verhelfen (Epheser 4, 11). Wie es auf dem Bau Menschen mit unterschiedlichen Berufen braucht, soll es beim größten Bauwerk auf der Erde kaum anders sein. Wenn wir uns gegenseitig schätzen und nicht bekämpfen, werden wir das Werk letztendlich vollenden, und nicht, wie zu Babel, uns in alle Richtungen zerstreuen. Nur wenn Christus im Zentrum bleibt, haben wir ein Ziel und werden in Einheit daran festhalten.

Beratung

Es ist kein Zeichen von Schwäche, sondern von Weisheit, wenn wir uns beraten lassen, um besser zu arbeiten und zu dienen. Unsere erste Anlaufstelle ist und bleibt der Thron Gottes selbst; im Gebet wenden wir uns zum Herrn und laden seine göttliche Hand samt seinem Segen ein. (Psalm 127, 1) Er will, dass wir als Akt der Demut und Zeichen des Vertrauens um Weisheit bitten (Jakobus 1, 5). Jedoch dürfen wir auch von vielen Männern und Frauen Gottes lernen, die der Herr schon gebraucht und mit Erfahrung ausgerüstet hat. Wir machen es uns nur leichter, wenn wir voneinander lernen. Das bewahrt uns auch vor „Stilblüten" und eigenartigen Formen, die zum Hindernis werden können.

Schlussfolgerung

Gott lädt uns ein und vertraut seinen Kindern, nicht nur Teil seines Reiches zu sein, sondern bei der Erweiterung seines Reiches mitzuhelfen. An jedem Ort haben Christen die Möglichkeit, sich direkt am Bau Gottes zu beteiligen, indem sie in ihrer lokalen Gemeinde Hand anlegen. Es ist die Aufgabe von Leitern, den Plan Gottes gut zu verstehen und zu vermitteln, damit Mitarbeiter mit Freuden auf ein Ziel zuarbeiten. Wir wollen Großes vom Herrn erwarten und deshalb auch für größere Dienste der Gemeinde glauben.

Tag 10 - Den Tod nicht schmecken

Ursula Scheible

Tod - Endstation oder Durchgang? Gibt es ein Leben nach dem Tod? Ist mit dem Tod alles aus? Das ist die Urfrage der Menschheit - es ist auch die Frage, die sich jedem Einzelnen stellt. Solschenizyn schreibt in seinem Roman Krebsstation: *„Mag jeder Mensch zum Kollektiv gehören: Sterben muss er allein.“*
Ich sage: Selbst wenn jemand in einer gläubigen Familie oder lebendigen Gemeinde lebt - entscheiden muss sich jeder Mensch für Christus selbst.
Die letzten Fragen stehen vor uns ganz persönlich.
Die Frage, ob es ein Fortleben nach dem Tod gibt, ist nicht nur eine unabweisbare Frage, sondern auch die meist gestellte.
Es ist ermutigend, dass Jesus schon auf die Frage der Fragen eine Antwort gibt:

Glaubt mir, einige von denen, die hier stehen, werden leben und die Herrschaft Gottes mit eigenen Augen sehen.
Lukas 9, 27 (Hoffnung für alle).

Oder:
Ich sage euch aber in Wahrheit: Es sind etliche unter denen, die hier stehen, welche den Tod nicht schmecken werden, bis sie das Reich Gottes sehen.
Lukas 9, 27 (Genfer Studienbibel).

Die Wunder, welche die Jünger schauen und tun durften, können nur aus dem Reich Gottes, dem Reich des Lebens, kommen. Dazu wurden sie von Jesus ausgerüstet. Jesus rief seine 12 Jünger zusammen und gab ihnen Kraft und Vollmacht, alle Dämonen auszutreiben und Kranke zu heilen. Nach seiner Auferstehung sahen sie IHN 40 Tage lang und ER sprach mit ihnen vom Reich Gottes. An einem dieser Tage gebot (befahl) Jesus seinen Jüngern:

Verlasst Jerusalem nicht! Bleibt so lange hier, bis in Erfüllung gegangen ist, was euch der Vater durch mich versprochen hat.

Johannes tauft euch mit Wasser; ihr aber sollt mit dem Heiligen Geist getauft werden.
Apostelgeschichte 1, 4+5 (Hoffnung für alle)

Wenn Jesus schon zu den Jüngern sagte:

...wer aber sein Leben verliert um meinetwillen, der wird es retten.
Lukas 9, 24

...wie viel mehr dürfen wir den Menschen seine Herrlichkeit bezeugen durch den Heiligen Geist, mit dem ER uns hineingetauft hat in seines Vaters Reich. Es gibt Zeugnisse von Menschen, die Ähnliches erlebt haben wie Jesus bei seiner Taufe. So wie bei seiner Taufe der Heilige Geist sichtbar durch die Taube und hörbar durch die Stimme aus dem Himmel kam, so haben etliche Menschen die Hand Gottes sichtbar oder spürbar erlebt. Ein weiteres Beispiel finden wir bei Petrus in Apostelgeschichte 10, als die Heiden im Haus des Kornelius zuerst die Taufe im Heiligen Geist erlebten und sich anschließend selbst taufen ließen. So hat auch uns der Heilige Geist sein Bekenntnis in unsere Herzen gegeben, dass wir seine Kinder sind und ewig leben dürfen.

Ihr Lieben, bei wiedergeborenen Christen geht es ja nicht primär um den Tod, sondern es geht um den Herrn über Leben und Tod. Wir Christen werden oder sollten jeden Tag mehr zubereitet werden, diesem Herrn zu begegnen. Wir haben es nicht mit dem Tod zu tun, sondern mit J E S U S, der den Tod für uns besiegt hat. Halleluja!

Bist du verliebt in die Wiederkunft JESU? Wer den Herrn Jesus liebt, hat Sehnsucht nach IHM. Mancher Mensch sagt: Ich möchte nicht ans Sterben denken! Man redet einfach nicht darüber und verdrängt es. Wie anders das Zeugnis von Bonhoeffer. Als er 39jährig zur Hinrichtung abgeführt wurde, sagte er zu seinen Leidensgenossen: „Das ist nicht das Ende für mich, aber der Beginn des Lebens."
Warum können Geist-erfüllte Menschen heute sagen: „Christus ist mein Leben, Sterben mein Gewinn."?
Der Tod ist besiegt! Amen.

Wer an Jesus Christus, den Todesüberwinder, glaubt, der wird den Tod nicht schmecken.
Es ist wunderbar, wenn man weiß, wo die Reise hingeht. Das ewige Leben beginnt nicht erst mit dem Tod. Das ewige Leben ist in uns! Halleluja. Ehre sei Gott.

Die Jahreslosung für 2010 war Johannes 14, 1:
„ Euer Herz erschrecke nicht! Glaubt an Gott und glaubt an mich!" Weiter heißt es:

Im Hause meines Vaters sind viele Wohnungen. Wenn es nicht so wäre, würde ich euch gesagt haben: Ich gehe hin, euch eine Stätte zu bereiten? Und wenn ich hingehe und euch eine Stätte bereite, so komme ich wieder und werde euch zu mir nehmen, damit auch ihr seid, wo ich bin. Und wohin ich gehe, dahin wisst ihr den Weg.
Johannes 14, 2-4

Kann JESUS lügen?
Jesus sagt: „Wer in mir bleibt und ich in ihm, der bringt viel Frucht."
Nur ein lebendiger Baum oder Mensch kann gute Frucht bringen.

Sucht den HERRN und lebt (oder: ihr werdet leben / bleibt am Leben)
Amos 5, 6

Wer an den Sohn glaubt, hat ewiges Leben.
Johannes 3, 36

Der Tod ist verschlungen durch den Sieg.
„Tod, wo ist dein Sieg?
Tod, wo ist dein Stachel?"
Gelobt sei Gott, der uns den Sieg gibt durch unseren Herrn JESUS

C H R I S T U S !

Tag 11 - Das Gleichnis von den zehn Jungfrauen

Kathleen Wahl

Dann wird es mit dem Reich der Himmel sein wie mit zehn Jungfrauen, die ihre Lampen nahmen und hinausgingen, dem Bräutigam entgegen. Fünf aber von ihnen waren töricht und fünf klug. Denn die Törichten nahmen ihre Lampen und nahmen kein Öl mit sich; die Klugen aber nahmen Öl in ihren Gefäßen samt ihren Lampen. Als aber der Bräutigam auf sich warten ließ, wurden sie alle schläfrig und schliefen ein. Um Mitternacht aber entstand ein Geschrei: Siehe, der Bräutigam! Geht hinaus, ihm entgegen! Da standen alle jene Jungfrauen auf und schmückten ihre Lampen. Die Törichten aber sprachen zu den Klugen: Gebt uns von eurem Öl! Denn unsere Lampen erlöschen. Die Klugen aber antworteten und sagten: Nein, damit es nicht etwa für uns und euch nicht ausreiche! Geht lieber hin zu den Verkäufern und kauft für euch selbst! Als sie aber hingingen, zu kaufen, kam der Bräutigam, und die bereit waren, gingen mit ihm hinein zur Hochzeit; und die Tür wurde verschlossen. Später aber kommen auch die übrigen Jungfrauen und sagen: Herr, Herr, öffne uns! Er aber antwortete und sprach: Wahrlich, ich sage euch, ich kenne euch nicht. So wacht nun! Denn ihr wisst weder den Tag noch die Stunde.
Matthäus 25, 1-13

Wer kommt in das Königreich Gottes hinein?

Fleisch und Blut, oder anders gesagt, ein „unveränderter Mensch", kann nicht in das Reich Gottes hineingehen. Warum? Weil Fleisch und Blut vergehen, aber das Reich Gottes wird nie vergehen (1.Korinther 15, 50; 53-57).

Wie können wir also in das Reich Gottes hineinkommen? Nur wenn wir von neuem geboren werden (Johannes 3, 3-6; 2.Korinther 5, 16-17).

Von neuem geboren heißt, dass alles in unserem Leben neu werden muss. Das geschieht natürlich nicht in einem Augenblick, sondern Stück für Stück, Tag für Tag. Der Geist Gottes bewirkt in unserem Leben Erkenntnis, Buße, neue Einsicht und Kraft zur Veränderung.

Es geschieht durch das Wort Gottes, Gebet und tägliche Erfüllung durch den Heiligen Geist. Dann wird unser Charakter immer mehr verändert, und unser Wesen nimmt den unvergänglichen Charakter Jesu an.

Einer dieser Charakterzüge Jesu, die wir brauchen, wenn wir Bürger im Königreich Gottes sein wollen, ist Weisheit. Es gibt Menschen, die eine gewisse natürliche Weisheit durch Erfahrung, Studieren oder langes Leiden bekommen haben. Aber diese irdische Weisheit reicht nicht, um ins Königreich Gottes hineinzukommen.

Im Gleichnis von den zehn Jungfrauen sehen wir, dass Weisheit den Unterschied macht zwischen den fünf, die in das Königreich Gottes hineinkamen und den fünf, die ausgeschlossen waren. Die fünf, die nicht weise waren, wurden „töricht" genannt. Der Grund, warum sie ausgeschlossen waren, war, weil sie es nicht für notwendig hielten, Öl für ihre Lampen mitzunehmen. Dies führte dazu, dass sie unvorbereitet waren und ihre Lampen ausgingen. Dann waren sie zu sehr damit beschäftigt, Öl zu kaufen, als die Tür zum Königreich Gottes noch offen war. Der Bräutigam kam, die Tür wurde zugemacht, und sie kamen nicht mehr herein.

Hier können wir einiges über das Reich Gottes und wie wir hineinkommen lernen.

Stelle dir vor, du bist eine der Jungfrauen in diesem Gleichnis.

Du bist zur Hochzeit eingeladen und du sollst zusammen mit neun anderen auf den Bräutigam warten und mit ihm in den Saal gehen, wenn er ankommt. Aber du weist nicht genau, wann er kommt.
Es wird dunkel. Also nimmst du eine Öllampe mit. Das Öl in der Lampe wird aber nur für einige Stunden ausreichen. Also musst du entscheiden, ob es notwendig ist, noch einen Krug mit Öl in der anderen Hand zu tragen.

Aus welchem Grund würdest du entscheiden, dass es unnötig sei, Öl mitzunehmen?

1. Du glaubst, dass es bestimmt nicht so lange dauert, bis der Bräutigam kommt. Das Öl, das du hast, wird wohl ausreichen.

2. Wenn das Öl doch nicht reicht, denkst du, du wirst dich auf andere verlassen können, weil sie bestimmt genug Öl für dich dabei haben.

3. Es ist sehr unbequem den Krug tragen zu müssen, und du denkst, es ist der Mühe nicht wert.

4. Du denkst, es wird bestimmt noch die Gelegenheit geben, später irgendwo Öl zu besorgen.

5. Du kannst dir nicht vorstellen, dass es möglich ist, dass du „zu spät" sein könntest.

Es ist interessant zu merken, dass alle Jungfrauen in diesem Gleichnis müde wurden und alle sogar eingeschlafen sind. Wir sehen also, dass sie doch alle gleich waren und es sich bei allen um schwache Menschen wie du und ich handelte. Es war nicht leicht für sie zu warten. Sie konnten es nicht in ihrer eigenen Kraft schaffen.

Es ist wunderbar zu sehen, dass trotzdem jeder eine Chance gegeben wurde, weil alle den lauten Ruf gehört hatten: *„Siehe der Bräutigam kommt! Geht aus ihm entgegen!"* Und alle 10 Jungfrauen sind auch aufgewacht.......aber nicht alle waren bereit.

Dieses Gleichnis hat Jesus erzählt, damit seine Jünger nicht den gleichen Fehler wie die törichten Jungfrauen machen sollen.

Was können wir als Jünger Jesu daraus lernen?

1. Jesus kommt wieder, um uns in sein Königreich hineinzubringen. Dazu sollen wir jeden Tag voller Erwartung bereit sein. Das Gleichnis deutet auf die Wiederkunft Jesu als Bräutigam hin, um seine Braut, all diejenigen, die in das Königreich Gottes aufgenommen wurden, abzuholen. Wir wissen nicht, wann er kommt und das Warten wird nicht leicht sein.

2. Wir brauchen die Erfüllung des Heiligen Geistes jeden Tag neu und immer mehr. Das Öl ist ein Symbol des Heiligen Geistes. Das Gleichnis zeigt uns, dass wir, um in das Königreich Gottes hineinzukommen, immer mehr vom Heiligen Geist erfüllt werden müssen. Ohne den Heiligen Geist werden wir nicht ins Königreich kommen. Wir können uns nicht auf andere verlassen, die vom Heiligen Geist erfüllt sind. Jeder braucht die Erfüllung persönlich.

3. Es wird nicht bequem sein, in das Königreich Gottes hineinzukommen. Es wird Mühe, Ausharren und Leid bedeuten, aber es wird sich lohnen.

4. Der Heilige Geist steht uns jederzeit zur Verfügung. Wenn wir ihn aber ignorieren oder sogar ablehnen, wird er sich zurückziehen. Je mehr wir das tun, desto weiter wird unser Weg zurück sein, um uns für ihn erneut zu öffnen.

5. Eines Tages wird es „zu spät" sein. Jedem wird eine Chance gegeben, in das Königreich hineinzukommen, aber nicht jeder wird hineingehen. Es hängt von uns ab, ob wir töricht oder weise sind, ob wir den Heiligen Geist in uns haben oder nicht, ob wir bereit für Jesu Wiederkunft sind oder nicht.

Eine deutliche Warnung

Jesus hat uns in diesem Gleichnis eine deutliche Warnung gegeben, dass wir den Ruf des Königreichs Gottes nicht auf die leichte Schulter nehmen sollen. Obwohl die Warnung in die Zukunft gesetzt ist, gilt sie für uns heute.

Die, die in das Königreich Gottes hineinkommen, sind die, die nicht nur Jesus kennen oder an ihn glauben, sondern die, die durch die Wiedergeburt durch den Heiligen Geist zu Königskindern gemacht wurden (Johannes 3, 3). Wir können nicht irgendwie ins Königreich Gottes im letzten Moment hereinrutschen. Wir müssen bereit sein, durch eine bewusste Entscheidung und durch die bewusste ständige Erfüllung mit dem Heiligen Geist, dem Ruf Jesus zu folgen.

Wir sind alle eingeladen. Bist du bereit?

Tag 12 - Von den Arbeitern im Weinberg

Ulrich Baumann

Denn mit dem Reich der Himmel ist es wie mit einem Hausherrn, der ganz frühmorgens hinausging, um Arbeiter in seinen Weinberg einzustellen. Nachdem er aber mit den Arbeitern um einen Denar den Tag übereingekommen war, sandte er sie in seinen Weinberg. Und als er um die dritte Stunde ausging, sah er andere auf dem Markt müßig stehen; und zu diesen sprach er: Geht auch ihr hin in den Weinberg! Und was recht ist, werde ich euch geben. Sie aber gingen hin. Wieder aber ging er hinaus um die sechste und neunte Stunde und machte es ebenso. Als er aber um die elfte Stunde hinausging, fand er andere stehen und spricht zu ihnen: Was steht ihr hier den ganzen Tag müßig? Sie sagen zu ihm: Weil niemand uns eingestellt hat. Er spricht zu ihnen: Geht auch ihr hin in den Weinberg! Als es aber Abend geworden war, spricht der Herr des Weinbergs zu seinem Verwalter: Rufe die Arbeiter und zahle ihnen den Lohn, angefangen von den letzten bis zu den ersten! Und als die um die elfte Stunde Eingestellten kamen, empfingen sie je einen Denar. Als aber die ersten kamen, meinten sie, dass sie mehr empfangen würden; und auch sie empfingen je einen Denar. Als sie den aber empfingen, murrten sie gegen den Hausherrn und sprachen: Diese letzten haben {eine} Stunde gearbeitet, und du hast sie uns gleich gemacht, die wir die Last des Tages und die Hitze getragen haben. Er aber antwortete und sprach zu einem von ihnen: Freund, ich tue dir nicht unrecht. Bist du nicht um einen Denar mit mir übereingekommen? Nimm das Deine und geh hin! Ich will aber diesem letzten geben wie auch dir. Ist es mir nicht erlaubt, mit dem Meinen zu tun, was ich will? Oder blickt dein Auge böse, weil ich gütig bin? So werden die Letzten Erste und die Ersten Letzte sein; denn viele sind Berufene, wenige aber Auserwählte.
Matthäus 20, 1-16

Als „Banker“ mit 40-jähriger Berufserfahrung haben mich schon immer Textabschnitte in der Bibel interessiert, bei denen von Geld, Reichtum und Lohn die Rede ist.
Über viele Jahre lehre ich deshalb auch schon das Thema „Wohlstand und biblisches Geben“ in unserer Bibelschule.

Unser himmlischer Vater weiß sehr wohl, dass seine Kinder hier auf Erden tagtäglich mit dem „ungerechten Mammon" zu tun haben. Deshalb steht im Wort Gottes mehr über Geld und den Umgang damit als über Gebet geschrieben.

In diesem Gleichnis geht es gewissermaßen auch um Geld – nämlich um Lohn.

Wir denken gleich an die Aussagen des Paulus, dass „ein Arbeiter seines Lohnes wert ist" und „du dem Ochsen, der da drischt, nicht das Maul verbinden sollst."
Gott sagt uns durch sein Wort klar und deutlich, dass jeder, der arbeitet, ein Anrecht auf Lohn hat – gemäß seiner Fähigkeiten, seinem Einsatz und der Güte seiner Arbeit.

Den Anstoß zu diesem Gleichnis von den Arbeitern im Weinberg gab Petrus im Kapitel zuvor mit der sehr menschlichen und deshalb auch ziemlich unverschämten Frage an Jesus, was denn für die Jünger am Ende „dabei herausspringen" wird, wenn sie ihm ihr Leben lang nachfolgen werden.

Jesus macht deshalb seinen Nachfolgern mit diesem Gleichnis klar, dass im Reich Gottes völlig andere Ansätze gelten in Bezug auf die Höhe des Lohnes und die Arbeitszeit, als auf dieser Erde in ihrer Arbeitswelt.

Wenn wir jetzt die einzelnen Verse chronologisch durchgehen, dann erkennen wir, dass uns Jesus hier gleich mehrere Prinzipien des Reiches Gottes in Bezug auf die Nachfolge lehrt. Er warnt uns schließlich auch gleichzeitig davor, berechnend, neidisch und überheblich zu werden, wenn wir miteinander sein Reich hier auf Erden bauen.

Verse 1- 7:

Ein Weinbergbesitzer suchte früh am Morgen Arbeiter, die in seinem Weinberg arbeiten sollten.
Beim Morgengrauen fand er auf dem Marktplatz Arbeiter, die hofften, für einen Tag Arbeit zu bekommen. Das war in der Erntezeit

damals so üblich. Die Arbeitszeit begann um 6 Uhr morgens und dauerte bis 6 Uhr abends.
Der vereinbarte Tageslohn von einem Denar war für damalige Verhältnisse ein angemessener und gerechter Lohn.
Um 9 Uhr und um 15 Uhr fand der Weinbergbesitzer noch andere Tagelöhner auf dem Marktplatz, die er ebenfalls zur Arbeit in seinen Weinberg sandte. Über die Höhe des Tageslohnes wurde hier nicht mehr verhandelt.
Selbst um 17 Uhr kam er nochmals, um nach Arbeitern Ausschau zu halten und fand etliche, die müßig auf dem Marktplatz standen.
Auch sie wollten noch arbeiten, und er sandte sie in seinen Weinberg, ohne auch nur über einen Lohn zu reden.
<u>Spätestens hier lehrt uns Jesus das 1. Prinzip der Nachfolge im Reich Gottes:</u>
Bleibe kein passiver Nachfolger Jesu, sondern sage zu deinem Pastor:
Ich liebe Jesus so sehr! Er hat mir alle meine Schuld durch sein Blut vergeben und hat mir neues und ewiges Leben geschenkt. Aus dieser Liebe heraus möchte ich meinem Herrn dienen. Wo kann ich in der Gemeinde gemäß meiner Fähigkeiten mithelfen?
Dein Pastor wird dir bestimmt eine Aufgabe übertragen. Dann wirst du bald erkennen, dass sich deine Frage, wo du dich in der Gemeinde mit deinen Fähigkeiten am besten einbringen kannst, schnell erübrigen wird. Er wird dich genau da einsetzen, wo gerade Mangel in der Gemeinde ist.
<u>Denn es gilt auch hier:</u> Wer im Kleinsten treu ist, den wird der Herr über Größeres setzen.

Vers 8:

„Als es aber Abend geworden war, sprach der Herr des Weinbergs zu seinem Verwalter: Rufe die Arbeiter und bezahle ihnen den Lohn, indem du bei den Letzten anfängst, bis zu den Ersten.“

Vers 8 ist <u>**der**</u> Schlüsselvers, um das Gleichnis zu verstehen!
Nach der Aussage von Vers 16, dass „Letzte Erste und Erste Letzte sein werden“, sind alle am Ende gleich gut dran!

Egal, wie lange der einzelne Arbeiter gearbeitet hatte, erhielt jeder den vollen Arbeitslohn.
Ebenso wird der Schächer am Kreuz zusammen mit denen, die ihr ganzes Leben Jesus gedient haben, den vollen Segen des Himmels genießen. **Das ist Gnade Gottes!**

Verse 9 – 12:

Doch die Arbeiter, die teilweise bis zu 10 Stunden unter der sengenden Hitze des Tages geschuftet hatten, protestierten laut beim Verwalter, weil diejenigen, die nur 1 Stunde im Weinberg gearbeitet hatten, den gleichen Lohn wie sie bekamen.
Rein menschlich gesehen war dieser Protest auch gerechtfertigt, denn es schien ungerecht gewesen zu sein!
Dies war aber kein Affront gegen diejenigen, denen er einen vollen Tageslohn für einen vollen Tag auszahlte, denn es war ja so bei der Einstellung vereinbart worden (siehe Vers 2).
Der Weinbergbesitzer verhielt sich nur großzügig gegenüber den Tagelöhnern, denen er mehr gezahlt hatte, als sie tatsächlich verdient hätten.

Im Reich Gotte herrschen andere Prinzipien!

Gottes Güte, Gnade und Erbarmen gilt all seinen Kindern, die sich irgendwann im Laufe ihres Lebens zu Christus bekehrt haben, sei es mit 12 oder mit 88 Jahren. Der Lohn ist immer derselbe – das ewige Leben!
Es ist für einen Nachfolger Jesu ein absolutes Vorrecht und Privileg, schon von Jugend an Jesus zu dienen. Trotz vieler Glaubenskämpfe, Prüfungen, Versuchungen und Leiden um Jesu willen ist ein Leben als Überwinder sinnerfüllt, lebenswert, attraktiv und reich gesegnet!

Gott ist immer gerecht. Deshalb ist es besser, unseren Lohn immer unserem Herrn zu überlassen, statt mit ihm darüber zu verhandeln!

Vers 15 b - 16:

„Blickst du darum neidisch, weil ich gütig bin? So werden die Letzten die Ersten und die Ersten die Letzten sein."

Unser himmlischer Vater beurteilt Menschen nicht nach äußeren Dingen, sondern danach, was im Herzen des Menschen ist.
Das ist ein weiteres Prinzip im Reich Gottes!

Wir werden einmal vor dem Richterstuhl Jesu stehen und Lohn empfangen gemäß unserer Hingabe an ihn in unserem irdischen Leben.

Denn einen anderen Grund kann niemand legen außer dem, der gelegt ist, welcher ist Jesus Christus. Wenn aber jemand auf den Grund Gold, Silber, kostbare Steine, Holz, Heu, Stroh baut, so wird das Werk eines jeden offenbar werden, denn der Tag wird es klarmachen, weil er in Feuer geoffenbart wird. Und wie das Werk eines jeden beschaffen ist, das wird das Feuer erweisen. Wenn jemandes Werk bleiben wird, das er darauf gebaut hat, so wird er Lohn empfangen;
1. Korinther 3, 11-14

In der Nachfolge Jesu sind Treue, Demut, Ausdauer, Nächstenliebe, Standhaftigkeit usw. gefragt. Diejenigen, die in seinem Reich selbstherrlich oder um andere zu beeindrucken dienen und dabei neidisch auf die blicken, die Gott in seiner Gnade noch mehr segnet als sie selber, werden am Ende im Reich Gottes die Letzten, d.h. die Geringsten sein, obwohl sie nach außen hin über viele Jahre hinweg erfolgreiche Leiter im Reich Gottes waren.

In diesem Gleichnis wird deutlich, dass es viel zu wenige Arbeiter im Reich Gottes für viel zu viel Arbeit gibt. Zumindest musste der Weingärtner Leute von der Straße ansprechen, damit die Arbeit erledigt werden konnte.
Jesus berichtet an einer anderen Stelle von einer großen Ernte mit wenigen Arbeitern.
Das heißt, dass das Reich Gottes permanent an chronischer Unterbesetzung leidet, was Arbeiter bzw. Diener betrifft.

Was tust du im Reich Gottes?

Wenn du trotz jahrelanger Mitgliedschaft in deiner Gemeinde noch keinen Dienst übernommen hast, dann stehe nicht weiter herum.

Komme aus deiner „Jesus-Kuschel-Komfort-Zone" heraus und diene dem Herrn!
Wenn du einst vor deinem Herrn im Himmel stehen wirst und er dich fragen wird, was du für ihn auf Erden getan hast, dann wird deine Ausrede: *„Was? Mich hat keiner gefragt!"*, deinen Herrn wenig beeindrucken.

Darum:

- Diene dem Herrn mit Freuden!
- Tue dies aus tiefer Dankbarkeit und Liebe zu ihm!
- Du und ich sind lebendige Glieder des weltweiten Leibes Jesu. Wenn ein Glied seine Funktion in diesem Reich nicht wahrnimmt, dann leidet der ganze Leib darunter.
- Du bist von Gott berufen, in seinem Reich hinzugehen und Frucht zu bringen– eine Frucht, die in Ewigkeit bleibt und Lohn bringt!

Zusammenfassung:

Gemäß Kolosser 1, 13 hat uns unser himmlischer Vater von der Macht der Finsternis errettet und in das Reich seines lieben Sohnes versetzt.

- Deshalb müssen wir lernen, im Reich Gottes völlig anders zu denken!
- Wir müssen unser habsüchtiges und von Konkurrenzdenken geprägtes Wesen aufgeben und lernen, wie der Herr zu denken (siehe Römer 12, 2).
- Diejenigen, die schon viele Jahrzehnte dem Herrn nachfolgen, sollen es als Vorrecht ansehen, einem so wunderbaren Herrn ein Leben lang zu dienen.
- Und diejenigen, die erst im hohen Alter durch Buße und Bekehrung die Gotteskindschaft empfangen haben, sollen sich jeden Tag an der „Schächergnade" Gottes erfreuen und bis an ihr Lebensende ihre ganze Hoffnung auf ihren Heiland Jesus setzen.

Bei ihnen hat der „Denar“ aus unserem Gleichnis denselben Wert wie bei den Arbeitern, die um 6 Uhr morgens schon in den Weinberg gerufen wurden: **Es ist der Lohn des ewigen Lebens!**

„Wir haben nur ein Leben,
wie schnell vergeht die Zeit!
Nur, was wir für Gottes Reich taten,
bleibt auch in Ewigkeit.
Oft sind`s nicht die großen Werke,
so gesehen von jedermann;
es sind oft die kleinen Dinge,
die ganz still für ihn getan.“

Verfasser unbekannt

Tag 13 - Das Reich Gottes ist nahe

Frank Baumann

Die Zeit ist erfüllt und das Reich Gottes ist nahe herbeigekommen. Tut Buße und glaubt an das Evangelium.
Markus 1, 15 (Luther 1984)

Jetzt ist Gottes Stunde gekommen. Seine Königsherrschaft wird nun aufgerichtet. Ändert euch von Grund auf! Kehrt um zu Gott und nehmt seine Heilsbotschaft im Glauben an.
Markus 1, 15 (Hoffnung für Alle)

Liebe Gemeinde!

Als Jesus Christus mit seiner Botschaft erstmals in der Öffentlichkeit auftrat, hat ER seinen Zuhörern sofort den Grund seiner Sendung genannt – nämlich:
Umkehr, Glauben und Aufnahme ins ewige Gottesreich

Dabei nennt Jesus drei wichtige Aspekte in seiner Antrittspredigt:

1. Die Zeiterfüllung
2. Das Zentrum seiner Verkündigung – Das Reich Gottes –
3. Die zwei Bedingungen, um in das Reich Gottes hinein zu kommen:
   Buße und Glaube

1. Die Zeiterfüllung

Es liegt in der Natur des Menschen, dass er nicht gerne wartet, bis ein bestimmtes Ereignis eintritt, - vor allem, wenn es um ein freudiges Ereignis geht!
Das sehen wir verstärkt bei Kindern, wenn wir ihnen vorrechnen, wie viel Mal sie noch schlafen müssen, bis endlich ihr Geburtstag ist! Sehr ausgeprägt ist diese Ungeduld bei Kindern auch jedes Jahr in der Adventszeit zu beobachten! Ihre Wünsche, ihre Sehnsüchte, ihre Gedanken kreisen nur um eine Frage: Wann ist endlich Heilig

Abend? Wann ist endlich Bescherung? Wann gibt es endlich Geschenke?
Und nach scheinbar endlosen Tagen und Wochen ist es dann soweit: Die Tür öffnet sich, die Geschenke liegen bereit zum Auspacken – Freude und Jubel breitet sich aus!

Als der Mensch sich gleich am Anfang gegen Gott auflehnte, wurde ihm bald schmerzlich bewusst, was für zerstörerische Folgen seine Trennung von Gottes Gemeinschaft für die gesamte Menschheit haben wird:
Schmerz, Leid, Not, Unterdrückung, Streit, Hunger, Ungerechtigkeiten, Krankheit, Tod gehörten von nun an zu den leidvollen, menschlichen Erfahrungen.

Deine eigene Bosheit züchtigt dich, und deine Treulosigkeiten strafen dich. Erkenne doch und sieh, dass es schlimm und bitter ist, wenn du den HERRN, deinen Gott, verlässt und wenn bei dir keine Furcht vor mir ist! spricht der HERR, der HERR der Heerscharen.
Jeremia 2, 19

Doch Gottes Liebe und Güte ließ ihn sofort nach dem Sündenfall aktiv werden.
Eine erste Verheißung auf den kommenden Heilsbringer, den Messias, der die verlorene Gemeinschaft wieder herstellen wird, tritt in Erscheinung:

Und ich werde Feindschaft setzen zwischen dir und der Frau, zwischen deinem Samen und ihrem Samen; er wird dir den Kopf zermalmen, und du, du wirst ihm die Ferse zermalmen.
1. Mose 3, 15

Dieser Messias und Heilsbringer, der kommen wird, hat in der Bibel viele Namen
und Titel bekommen!

- Unter anderem wird Jesus Christus auch der „2. Adam“ genannt!
  Im 5. Kapitel des Römerbriefes wird erklärt, dass dieser 2.

Adam durch seinen sühnenden Opfertod am Kreuz all das wieder herstellen wird, was der 1. Adam durch seine Übertretung verloren hatte.

- Doch bis zur Ankunft dieses Heilsbringers auf diese Erde verging eine lange, lange Zeit.
  Ankunft heißt **Advent!**
  Und diese Ankunftszeit des Messias, das Jahr, der Tag, die Stunde hatte allein Gott, der Vater, festgesetzt!
  Die Zeit der Vorbereitungen musste erfüllt sein:
  Endlich:
    Nach mehreren 1000 Jahren und über 300 weiteren Verheißungen durch die Propheten Israels war es so weit:

Als aber die Fülle der Zeit kam, sandte Gott seinen Sohn, geboren von einer Frau, geboren unter Gesetz.
Galater 4, 4

Halleluja! Was Gott verheißt, das wird er auch tun:
Das Wunder geschah an einem geheiligten Tag, in einer geheiligten Nacht, in einer geheiligten Stunde:

Denn euch ist heute ein Retter geboren, der ist Christus, Herr, in Davids Stadt.
Lukas 2, 11

Und er wird über das Haus Jakobs herrschen in Ewigkeit, und seines Königtums wird kein Ende sein.
Lukas 1, 33

Der Zeitpunkt war perfekt:

- Stellt euch einen Zeitstrahl vor. Dieser bildet die Menschheitsgeschichte mit all ihren Ereignissen ab. Ein zweiter Zeitstrahl ist Gottes Heilsplan.
  Es gab in der Menschheitsgeschichte einen ganz speziellen Zeitpunkt (Kairos) eines Zusammentreffens mit Gottes

Heilsplan, dessen ungenütztes Verstreichen tragisch gewesen wäre.

Das heißt: sämtliche kulturellen, wirtschaftlichen, soziologischen, politischen und religiösen Entwicklungen aus hunderten von Menschengenerationen wurden durch Gottes unsichtbares Wirken so auf dieses freudige Ereignis hin gelenkt, dass es der günstigste Zeitpunkt war, um der Menschheit die Agape-Liebe – Gottes schenkende Liebe – in einer neuen Dimension zu offenbaren.

Denn so hat Gott die Welt geliebt, dass er seinen eingeborenen Sohn gab, damit jeder, der an ihn glaubt, nicht verloren gehe, sondern ewiges Leben habe.
Johannes 3, 16

Diesem Sohn seiner Liebe, der eine unaussprechliche Gabe Gottes an uns Menschen ist, wurde schon vor seinem Kommen in diese Welt verheißen, dass ER König sein wird über ein neues Reich – wie es in Lukas 1, 33 heißt!

Der Engel Gabriel machte gleich bei seiner Botschaft auf eine Besonderheit dieses Reiches aufmerksam: *Es wird ein ewiges, unvergängliches Reich sein.*

Somit kommen wir zu Aspekt 2 der Antrittspredigt Jesu:

2. Das Reich Gottes als Zentrum seiner Verkündigung!

Liebe Gemeinde, lieber Leser und Zuhörer:
Es ist in vielen Ländern auf dieser Erde so üblich, dass ein neuer Machthaber, König, Ministerpräsident oder Kanzler bei Amtsantritt eine Regierungserklärung der gesamten Öffentlichkeit kundtut.

Definition: Eine Regierungserklärung ist eine Erläuterung politischer Handlungen, Pläne und Ansichten einer Regierung bei Amtsantritt auf die ganze Legislaturperiode!

In Deutschland wird vom Bundeskanzler zu Beginn seiner Amtszeit vor dem Bundestag eine Regierungserklärung abgegeben!

Genau nach demselben Prinzip ging auch Jesus Christus vor, der vom himmlischen Vater eingesetzte und gesalbte König am Anfang seines öffentlichen Wirkens:

Seine Regierungserklärung gab ER bei seiner ersten Amtsantrittspredigt in der Synagoge in Nazareth bekannt:

Und er kam nach Nazareth, wo er erzogen worden war; und er ging nach seiner Gewohnheit am Sabbattag in die Synagoge und stand auf, um vorzulesen. Und es wurde ihm das Buch des Propheten Jesaja gereicht; und als er das Buch aufgerollt hatte, fand er die Stelle, wo geschrieben war: Der Geist des Herrn ist auf mir, weil er mich gesalbt hat, Armen gute Botschaft zu verkündigen; er hat mich gesandt, Gefangenen Befreiung auszurufen und Blinden, dass sie wieder sehen, Zerschlagene in Freiheit hinzusenden, auszurufen ein angenehmes Jahr des Herrn. Und als er das Buch zugerollt hatte, gab er es dem Diener zurück und setzte sich; und aller Augen in der Synagoge waren auf ihn gerichtet. Er fing aber an, zu ihnen zu sagen: Heute ist diese Schrift vor euren Ohren erfüllt.
Lukas 4, 16-21

Damit kommen wir zu den Merkmalen des Reiches Gottes:

1. Überall, wo im NT die Rede vom Reich der Himmel, Gottesherrschaft, Königsherrschaft oder neues Reich auftaucht, ist damit das Reich Gottes gemeint!

2. Das Reich Gottes kam mit Jesus Christus auf die Erde und wird überall dort erfahren, wo seine Herrschaft anerkannt wird.

3. Durch das Evangelium, der frohen Botschaft und guten Nachricht, sind durch Jesus Christus alle Menschen dieser Erde eingeladen, um Nutznießer aller Segnungen des Himmels zu sein! Die Adressaten der Botschaft Jesu waren zunächst die Juden aus dem Volk Israel. Als Folge der Ablehnung der

Messianität Jesu ging die frohe Botschaft, das Evangelium, durch den weltweiten Missionsbefehl Jesu an alle Völker.

4. Das Reich Gottes ist kein politisches Reich, sondern will neue, bisher unvorstellbare Beziehungen der Menschen untereinander und mit Gott lebendig werden lassen!
   Das Reich Gottes ist ein dynamisches Reich. Das heißt: Es ist in seinen Anfängen durch Jesus Christus schon da, mitten unter uns und breitet sich weiter aus, bis zu den entferntesten Inseln dieser Erde. Die Eschatologie des NT = Lehre von den letzten Dingen, sagt uns aber, dass die letztendliche Erfüllung und Vollendung des Reiches Gottes noch aussteht. Solange wir noch beten: „Dein Reich komme, Dein Wille geschehe", müssen wir davon ausgehen, dass die volle Fülle des Reiches Gottes noch aussteht!
   Wenn wir also beten: „Dein Reich komme, Dein Wille geschehe, wie im Himmel, so auch auf Erden", dann bitten wir Gott darum, uns als Botschafter und Repräsentanten des Reiches Gottes (2. Korinther 5, 20) dazu zu gebrauchen, im größtmöglichen Maße Verlorene zu Jesus zu bringen, die Not der Armen zu lindern, Kranke zu heilen, Belastete zu befreien, - kurzum: Das volle Evangelium durch Wort und Tat voranzutreiben (nach Markus 16, 15 – 18).
   Diesen „Job" (Auftrag) haben nicht nur Einzelne bekommen (Missionare oder Evangelisten), sondern die ganze Gemeinde – also <u>jedes</u> Gemeindeglied!!!
   Bist Du dabei??
   Bei diesem göttlichen „Job" gibt es nämlich kein „zu alt", kein „zu jung" und keinen wohlverdienten Ruhestand:
   Jeder hat von Gott dazu eine Gabe bekommen (1. Korinther 12, 7).

5. Im erweiterten Regierungsprogramm, der Bergpredigt, erklärt König Jesus, dass in seinem Reich neue Maßstäbe für die Beziehungen der Menschen untereinander gelten, wie Gewaltlosigkeit, Nächstenliebe, Feindesliebe, Barmherzigkeit, Vergebung, Versöhnung usw.

Menschen aus allen Bevölkerungsschichten werden durch den König in sein Reich eingeladen.

Die Großen und die Kleinen - die Mächtigen und die Menschen am Rande der Gesellschaft - genauso wie die vom Leben enttäuschten und geschlagenen Menschen, d.h. die Mühseligen und Beladenen, die trauernden und die notleidenden Menschen, die kriminellen und verachteten Menschen,
die Schuld auf sich geladen haben, die erschöpften und enttäuschten Menschen, die psychisch und physisch Kranken....
Allen verspricht Jesus Vergebung, Versöhnung, Wiederherstellung und volles Genüge in seinem Reich:

Der Dieb kommt nur, um zu stehlen und zu schlachten und zu verderben. Ich bin gekommen, damit sie Leben haben und es in Überfluss haben.
Johannes 10, 10

6. In diesem Reich weht ein anderer Wind! Es ist der Wind des Heiligen Geistes! Jesus Christus, der König der Könige und Herr aller Herren, beginnt seine berühmte Regierungserklärung mit *Ruach Adonai Alai* = der Geist des Herrn ist auf mir ....
In der sehr populären Rockballade „Wind of change“ beschreibt der Scorpions-Sänger Klaus Meine die Zeitstimmung Ende der 80er-Jahre des vorigen Jahrhunderts. Es ist die Zeit der großen politischen Wende und Umbruchs zwischen Ost und West – und dieser Wind der großen Veränderung brachte ehemals verfeindete Machtblöcke zu einer friedlichen Koexistenz zusammen.

Der Wind weht, wo er will, und du hörst sein Sausen, aber du weißt nicht, woher er kommt und wohin er geht; so ist jeder, der aus dem Geist geboren ist.
Johannes 3, 8

Dieser Geist Jesu bewirkt die große Veränderung, den großen Umbruch im Herzen aller Menschen, die ihr Leben diesem König weihen!

Das Herz, als Zentrum des Lebens, wird durch das übernatürliche Wirken des Heiligen Geistes nicht wie ein alter Reifen etwas runderneuert, sondern es geschieht eine komplette Neuschöpfung!! – So bezeugt es das NT:

Daher, wenn jemand in Christus ist, so ist er eine neue Schöpfung; das Alte ist vergangen, siehe, Neues ist geworden.
2. Korinther 5, 17

Halleluja: durch diesen „Wind of change" Gottes kann ein offenes Menschenherz komplett erneuert und umgewandelt werden, wie es die alttestamentliche Prophetie verheißen hat, dass aus steinernen Herzen fleischerne Herzen werden:
Hesekiel 36, 26 + 27:

> *Und ich will euch ein neues Herz und einen neuen Geist in euch geben und will das steinerne Herz aus eurem Fleisch wegnehmen und euch ein fleischernes Herz geben. Ich will meinen Geist in euch geben und will solche Leute aus euch machen, die in meinen Geboten wandeln und meine Rechte halten und danach tun.*

Seit Pfingsten, als das Brausen dieses Windes mächtig über die versammelten Jünger Jesu kam, wird die Liebe Gottes immer weiter in alle Menschenherzen ausgegossen!
Sie werden dadurch in seinem Reich zu Botschaftern, welche bis heute an Christi statt der Welt, den Menschen in Nah und Fern zurufen: Tut Buße, glaubt an das Evangelium, lasst euch versöhnen mit Gott! Bist Du dabei???

Und somit kommen wir zu Aspekt 3 der Antrittspredigt Jesu für sein neues Reich. ER sagt:

3. Tut Buße und glaubt an das Evangelium!

Definition Buße: Buße wird für das <u>hebr. Wort „schub"</u> = hinwenden, zurückkehren
verwendet!
Die griech. Übersetzung „metanolin" meint eine Sinnesänderung
durch Umkehr zu Gott!

Leider ist das Wort Buße heute in der öffentlichen Meinung oft negativ besetzt, da es an bestimmte Strafmaßnahmen erinnert, z.B. Bußgelder für Verstöße gegen die Straßenverkehrsordnung, oder die verinnerlichten Bilder des strengen, klösterlichen Lebens, wo Mönche als Bestrafung für ihre Sünden auf spitzen Holzscheiten knien mussten, um in entsprechender Haltung Buße zu tun!
Buße wird heute also in vielen Köpfen noch mit Bestrafung gleichgesetzt!

Die biblische Bedeutung von Buße ist dieser irrtümlichen Deutung der öffentlichen Meinung genau entgegengesetzt.
Biblische Buße ist eine bewusste Umkehr vom alten Leben hin zu Gott – das heißt:
Es ist eine 180° Kehrtwende vom Bereich des Todes und der Verdammnis hin zu einem Bereich des Lebens und der Erlösung!
Biblische Buße ist somit geradezu ein umgekehrter Vorgang:
Erst durch die Hinwendung und Umkehr zu unserem Erretter Jesus Christus kommt der Mensch aus dem Bereich der Bestrafung und des Gerichts heraus in den Bereich der Errettung und Befreiung, da Jesus Christus am Kreuz von Golgatha die Strafe, die wir eigentlich verdient hätten, auf sich nahm.
Dazu schreibt Paulus:

Er hat den Schuldschein gegen uns gelöscht, [den] in Satzungen [bestehenden], der gegen uns war, und ihn auch aus [unserer] Mitte fortgeschafft, indem er ihn ans Kreuz nagelte.
Kolosser 2, 14

***Halleluja*: Wer Jesus durch radikale Umkehr sein verpfuschtes Leben hinlegt, der wird frei gemacht von aller Verdammnis und Schuld!**

Ein anschauliches und klares Bild für biblische Buße zeigt Jesus im Gleichnis vom verlorenen Sohn:
Als der verlorene Sohn seinen verkehrten Lebensweg erkannte, da:

Als er aber in sich ging, sprach er: Wie viele Tagelöhner meines Vaters haben Überfluss an Brot, ich aber komme hier um vor Hunger. Ich will

mich aufmachen und zu meinem Vater gehen und will zu ihm sagen: Vater, ich habe gesündigt gegen den Himmel und vor dir,
Lukas 15, 17-18

Und als er mit dieser reumütigen Herzenshaltung nach Hause kam, hat ihn der Vater schon vor dem Hauseingang mit offenen Armen empfangen, ihm völlig vergeben und angenommen.
Danach gab es ein Fest der Freude, denn: *dieser, mein Sohn, war tot und ist wieder lebendig geworden; er war verloren und ist gefunden worden.*
Und so gilt die Verheißung Jesu bis heute:

So, sage ich euch, ist Freude vor den Engeln Gottes über einen Sünder, der Buße tut.
Lukas 15, 10

Hatten die Engel Gottes schon einmal Grund gehabt, sich über dich so zu freuen?
Hast du schon einmal aufrichtig vor Gott eine radikale Lebensumkehr gemacht und Jesus dein Leben übereignet?
Bist du ganz sicher, dass du ein Bürgerrecht in diesem Reich Gottes hast, das über deinen irdischen Tod hinaus Bestand hat?

Wenn nicht, dann tritt jetzt der Glaube in Aktion, denn ohne Glauben ist es unmöglich Gott zu gefallen:

Ohne Glauben aber ist es unmöglich, [ihm] wohlzugefallen; denn wer Gott naht, muss glauben, dass er ist und denen, die ihn suchen, ein Belohner sein wird.
Hebräer 11, 6

Biblischer Glaube hält sich an allen Segnungen und Zusagen Gottes fest, obwohl man sie nicht direkt sieht!
Biblischer Glaube nimmt das gesamte Heilswerk Jesu für sich persönlich in Anspruch und macht es zu seinem Eigentum!
Biblischer Glaube benötigt keine sichtbaren Beweise für die Existenz Gottes, denn Jesus selbst sagt zum zweifelnden Thomas:

Glückselig [sind], die nicht gesehen und [doch] geglaubt haben!
Johannes 20, 29b

Deshalb jetzt zum Schluss der Predigt nochmals eine dringliche Frage an alle:

Bist du dir felsenfest sicher, dass dich der himmlische Vater aus dem Machtbereich der Finsternis in das Reich seines lieben Sohnes versetzt hat?
Wenn nicht, dann tu das einzig Richtige und Wichtige in deinem Leben: Rufe den Namen des Herrn Jesus an, so wirst du gerettet werden, denn:

...wenn du mit deinem Mund Jesus als Herrn bekennen und in deinem Herzen glauben wirst, dass Gott ihn aus den Toten auferweckt hat, du errettet werden wirst.
Römer 10, 9

Was zögerst du noch? Der Vater wartet auf dich! Amen!!!!!

Tag 14 - Gleichnis vom unbarmherzigen Knecht

Udo Wahl

Dann trat Petrus zu ihm und sprach: Herr, wie oft soll ich meinem Bruder, der wider mich sündigt, vergeben? Bis siebenmal? Jesus spricht zu ihm: Nicht sage ich dir, bis siebenmal, sondern bis siebzig mal sieben. Deswegen ist das Reich der Himmel einem Könige gleich geworden, der mit seinen Knechten abrechnen wollte. Als er aber anfing abzurechnen, wurde einer zu ihm gebracht, der zehntausend Talente schuldete. Da derselbe aber nicht hatte zu bezahlen, befahl [sein] Herr, ihn und sein Weib und die Kinder und alles, was er hatte, zu verkaufen und zu bezahlen. Der Knecht nun fiel nieder, huldigte ihm und sprach: Herr, habe Geduld mit mir, und ich will dir alles bezahlen. Der Herr jenes Knechtes aber, innerlich bewegt, gab ihn los und erließ ihm das Darlehn. Jener Knecht aber ging hinaus und fand einen seiner Mitknechte, der ihm hundert Denare schuldig war. Und er ergriff und würgte ihn und sprach: Bezahle, wenn du etwas schuldig bist. Sein Mitknecht nun fiel nieder und bat ihn und sprach: Habe Geduld mit mir, und ich will dir bezahlen. Er aber wollte nicht, sondern ging hin und warf ihn ins Gefängnis, bis er die Schuld bezahlt habe. Als aber seine Mitknechte sahen, was geschehen war, wurden sie sehr betrübt und gingen und berichteten ihrem Herrn alles, was geschehen war. Dann rief ihn sein Herr herzu und spricht zu ihm: Böser Knecht! Jene ganze Schuld habe ich dir erlassen, dieweil du mich batest; solltest nicht auch du dich deines Mitknechtes erbarmt haben, wie auch ich mich deiner erbarmt habe? Und sein Herr wurde zornig und überlieferte ihn den Peinigern, bis er alles bezahlt habe, was er ihm schuldig war. Also wird auch mein himmlischer Vater euch tun, wenn ihr nicht ein jeder seinem Bruder von Herzen vergebet.
Matthäus 18, 21-35

Dieses Gleichnis handelt von einem Kernstück der christlichen Lehre, der Vergebung. Für Jesus war es ein großes Anliegen, dass seine Jünger dies verstanden. Deshalb hat er oft über die Vergebung gelehrt und gepredigt. In den 4 Evangelien finden wir über 50 mal die Worte Vergebung, vergab, vergib, vergeben. Dies unterstreicht die Bedeutung dieses Themas.

Wir haben hier ein Gleichnis, das an und für sich leicht zu verstehen ist. Einem dem eine sehr große Schuld von seinem Herrn vergeben wurde, ist nicht imstande einem anderen zu vergeben, der eine sehr kleine Schuld gegen ihn hat. Der Herr ist zornig und nimmt seine Vergebung zurück und übergibt ihn den Folterknechten.

Es ist wichtig, den Unterschied zwischen den beiden Schuldnern zu verstehen. Dem einen wird eine übergroße Schuld (unglaublich große Schuld oder eine unbegreiflich große Schuld) vergeben. In der Wuppertaler Studienbibel (Das Evangelium des Matthäus von Fritz Rienecker) wird der Wert von 10.000 Talenten / Pfund in den 50er Jahren mit 50 Millionen Mark angegeben. In der HSBC Studienbibel (Ausgabe 2010) wird der Wert mit über einer Milliarde US Dollar wiedergegeben (1 Talent war der Gegenwert von 6.000 !!! Arbeitstagen, 10.000 Talente sind dann 60.000.000 oder 60 Millionen Arbeitstage). Das ist eine unvorstellbare Summe für mich. Nun müssen wir verstehen, dass dieser Knecht, Diener oder Manager oder wie auch immer wir ihn bezeichnen für Dich und mich steht. Uns wurde eine riesige Schuld vergeben, als wir in die Familie Gottes und damit in sein Königreich aufgenommen wurden. Die 100 Denare hingegen sind „nur" der Gegenwert für 3 Monatslöhne!!!!

Aufgewachsen in einer Arbeiterfamilie, wo Geld immer knapp war, wo Schulden machen „normal" war (ob im Tante Emma Laden um die Ecke oder beim Versandhaus), möchte ich nur kurz darauf eingehen, dass Schulden eine Falle des Teufels sind. Das englische Wort für Schuld ist DEBT und kann als Abkürzung genommen werden für

D = (Des) Teufels (devils)
E = ewige (everlasting)
B = knebelnde (bondage)
T = Falle (trap / trick).

Wenn Du Schulden hast, bist Du nicht frei. Jesus kam um uns frei zu machen. Wenn Du Schulden hast, bist Du ein Knecht des Gläubigers (*Sprüche 22, 7*). Du bist nicht frei mit dem Geld, das Gott Dir anvertraut hat, um Ihm zu dienen. Du kannst nicht Deine Gemeinde unterstützen, Du kannst nicht einen Bruder, eine Schwester in der Not segnen, ... Werde Deine Schulden so schnell wie möglich los!!!!!! Aber das ist eigentlich ein anderes Thema. Zurück zu unserem Gleichnis.

Also: Uns allen wurde eine unvorstellbar große Schuld vergeben. Dies müssen wir immer im Hinterkopf behalten, damit wir nicht so reagieren wie der unbarmherzige Schalksknecht, wenn es um Menschen geht, die uns etwas schulden. Dabei spielt es keine Rolle, ob es persönliche Verletzungen sind oder Dinge oder Geld, das gestohlen oder nicht zurückgegeben wurde.

Das Thema der Vergebung ist so wichtig, dass man es nicht oft genug wiederholen kann. Vergebung hat direkte Auswirkungen auf unser geistliches, wie auch unser körperliches Wohlbefinden.

Beachte, dass der unbarmherzige Knecht den Peinigern bzw. den Folterknechten übergeben wird. In der seelsorgerlichen Praxis kann man klar die Schmerzen und das Leid in Menschenerkennen, die nicht vergeben können oder wollen. Wenn wir nicht vergeben können oder wollen, wirkt sich dies auf unser Wohlbefinden aus. Es ist zu beobachten, dass dies dazu führen kann, dass diese Menschen unter Bitterkeit, Depressionen und sogar Hass und/oder Selbsthass leiden und dass sich dies in körperlichen Leiden ausdrücken kann. Im Gegensatz dazu kann man beobachten, dass Vergebung in vielen Fällen eine positive und heilende Auswirkung hat.

Vergebung - ein Befehl Gottes

In der Bundeswehr gab es ein geflügeltes Sprichwort:
„Befehl und Gehorsam – 2 Welten treffen sich."

Dies spricht über eine Diskrepanz zwischen dem, was einem aufgetragen wurde und der inneren Einstellung. Die innere Einstellung war ganz anders, obwohl man laut und schneidig "Jawoll Herr Leutnant" sagte.

Es besteht ein Problem, dass wir als Christen ebenfalls eine solche „innere Verweigerungshaltung" gegenüber dem in der Bibel ausgedrückten Willen unseres Herrn Jesus und unseres Vaters im Himmel haben. Dies kann nicht gutgehen.

Man kann ja mit dem Mund eine Vergebung aussprechen, aber im Innern, in unserem Herzen, in unseren Gedanken haben wir der Person nicht wirklich vergeben. Diese Maske der Vergebung kann, wenn wir geschickt sind, niemand durchschauen. Niemand – außer Gott, der unsere geheimsten Gedanken kennt! (nachzulesen u.a. in *5. Moses 31, 21* und *Matthäus 9, 4*). Und wir wissen doch, dass wir mit Gott nicht spielen können, *„Er lässt sich nicht spotten"* sagt uns der Apostel Paulus im *Galaterbrief Kapitel 6 Vers 7.*

Wenn wir nun noch eine Beziehung mit dem herstellen, was Jesus nach dem „Vater unser" sagt, sollte uns klar werden, dass wir nicht nur äußerlich, sondern auch aus tiefstem Herzen vergeben sollten. Im *Matthäus-Evangelium* sagt uns der Herr:

Denn wenn ihr den Menschen ihre Vergehungen vergebet, so wird euer himmlischer Vater auch euch vergeben; wenn ihr aber den Menschen ihre Vergehungen nicht vergebet, so wird euer Vater auch eure Vergehungen nicht vergeben.
Matthäus 6, 14-15

Wir müssen Gott den Vater verstehen; wir müssen die Statuten oder das „Grundgesetz" des Königreiches Gottes verstehen **und** akzeptieren!

- Gott der Vater ist unser *GEBENDER* und *VERGEBENDER* und *GROSSZÜGIGER* Vater/König/Gott.
  Der Brief an ***Titus Kapitel 2 Vers 11*** sagt in freier Übersetzung nach der „Message Bible", dass ***Gottes***

Bereitschaft zu geben und zu vergeben, nun offenbart ist. Erlösung ist für jedermann möglich.
Der Vater *GAB* Jesus, um an unserer Stelle zu sterben.
Der Vater *VERGAB* uns, weil Jesus die Schuld beglichen hat.
Der Vater adoptiert uns *GROSSZÜGIG* in seine Familie und sein Königreich.
Dies ist eine kleine und unvollständige Erklärung des Wortes ***GNADE***.

- Eines der Hauptartikel des göttlichen „Grundgesetzes" ist die ***VERGEBUNG***!!!
- Ein Lippenbekenntnis reicht nicht aus. Es muss aus tiefster innerer ***ÜBERZEUGUNG*** „Jawoll" gesagt werden.

Vergebung als Zeichen der wahren Nachfolge und der Nachweis der Staatsbürgerschaft im Reich Gottes

Martin Luther nannte es ein Zeichen von Unglaube, wenn wir einem anderen nicht vergeben! Er sagt, dass wir in diesem Fall die Vergebung Gottes für unsere Schulden nicht empfangen! Das heißt, dass wir nicht wirklich Staatsbürger des Reiches Gottes bzw. wiedergeborene Christen sind.

Das Wort Christ drückt aus, dass ich ein Nachfolger Jesus Christi bin. Ein Nachfolger ist aber nur ein Jünger. Jüngerschaft drückt aus, dass wir voll und ganz unserem Herrn nachfolgen, von Ihm lernen, Ihn kopieren, immer mehr werden wie Er.

Jesus ist also das perfekte Vorbild, dem wir folgen in allen Dingen, auch in der Vergebung.
Jesus Worte sind für uns sehr wichtig. ***„Vater vergib ihnen, den sie wissen nicht was sie tun." (Lukas 23, 34***).

Ein echter Nachfolger muss es Jesus gleichtun. Als Beispiel hierfür dient uns das Martyrium des Stephanus in der ***Apostelgeschichte Kapitel 7***. Seine letzten Worte im ***Vers 60***, Sekunden vor seinem Tod durch Steinigung, geben die Worte Jesu am Kreuz wieder: ***„Herr, rechne ihnen diese Sünde nicht an!"***

Als Kinder oder Bürger des Reiches Gottes soll unser Umgang miteinander die Herzenseinstellung der Vergebung ausstrahlen. Der Apostel Paulus schließt seine Lehre an die Gemeinde in Ephesus über das neue Leben mit den Worten im ab:

Seid vielmehr umgänglich und hilfsbereit. Vergebt euch gegenseitig, weil auch Gott euch durch Christus vergeben hat.
Epheser 4, 34 (Neue Evangelische Übersetzung)

Hier sind ein paar Beispiele aus jüngerer Vergangenheit:

Miroslav Volf, ein kroatischer Theologe, schildert eindringlich in seinem Buch, wie seine gläubigen Eltern dem Soldaten vergeben konnten, der aus Unachtsamkeit den Bruder von Miroslav überfahren und getötet hatte.

Einwand: Das kann man ja noch verstehen, nicht wahr? Das ist nachvollziehbar - das war ein Unfall.

ABER:
Da ist die wohlbekannte Lebensgeschichte von Corrie Ten Boom, die ihre Schwester im Konzentrationslager Ravensbrück verloren hatte. Eines Tages im Jahr 1947, nach einer Evangelisation in München stand sie einem ehemaligen KZ-Wächter aus „ihrem KZ" gegenüber, der sie um Vergebung bat – und dank der Kraft Gottes, der Kraft des Heiligen Geistes, und der Kraft des Gehorsams und der Treue zu Gottes „Grundgesetz", konnte sie die Vergebung von ganzem Herzen aussprechen.

Einwand: „Ja", sagst Du, „das ist ja eine der großen Frauen Gottes, die eine besondere Gnade empfangen haben. Sie war eine Heldin des Glaubens, nicht ein gewöhnlicher Christ wie ich." Wirklich???

ABER:
Im Jahr 2005 wurde in England ein 17jähriger Farbiger grundlos von 2 Männern brutal erschlagen. Die fuhren im Wagen durch die Straßen und schauten sich nur nach einem geeigneten Opfer in einer einsamen Gegend um, das sie töten konnten. Das Motiv war Rassismus. Die Mutter, eine einfache Frau, die von den BBC -

Nachrichten befragt wurde, sprach zur Verwunderung der Reporter und der ganzen Nation wenige Stunden nach der Tat, gekennzeichnet von tiefem Schmerz, den Tätern ihre Vergebung aus. Zur Begründung gab sie an, dass sie nicht anders könne, soviel sei ihr von Gott vergeben und sie könne nicht anders als ihm zu gehorchen und den Tätern zu vergeben.[1]

Und dies ist kein Einzelfall. Wenn Du im Internet recherchierst oder wie man auf Neudeutsch sagt „googelst", kannst Du viele ähnliche Lebensgeschichten finden.
Meistens sind es Menschen, die an Jesus glauben, die in der Lage sind den Tätern zu vergeben! Dies zeigt uns die Kraft, die im Evangelium steckt. Dies demonstriert uns, dass Jesus kam, um uns wahrlich frei zu machen. Das Nichtvergeben ist eine böse Bindung oder Zwangsjacke – aber preist den Herrn, dass er uns davon befreien will und kann.

Wenn ich an diese Mutter in England denke, werde ich ganz klein und werde überführt von meiner eigenen Schwäche, Menschen nicht sofort und von ganzem Herzen vergeben zu können. Oft habe ich kleinste Verfehlungen den Menschen für lange, lange, lange Zeit nachgetragen.
Dank sei Gott, dass wir jederzeit zu Ihm kommen können. Wir können uns in seine Arme kuscheln und Ihn um Vergebung bitten und den Menschen die Vergebung von Herzen aussprechen!!!!

Es ist nicht immer einfach. Schlimme Dinge geschehen. Tiefe Wunden sind da, die nicht verheilen wollen. Aber mit Gott ist nichts unmöglich (***1. Moses 18, 14; Lukas 1, 37***) – Halleluja!!

Prüfe Dich selbst. Komm zu Jesus, komm zum liebenden Vater. Wein Dich aus. Klag Ihm Dein Leid und sprich das „Jawoll" aus ganzem Herzen zur Vergebung. Der Geist Gottes, der in uns wohnt, wird wie ein Strom die Liebe Gottes als Heilsalbe auf Deine Wunde aufgetragen und Dich befreien von dem Schmerz und die Wunde wird verheilen!!!

---

1 http://news.bbc.co.uk/2/hi/uk_news/england/merseyside/4471440.stm

Zusammenfassung:
Vergebung ist ein zentrales Thema für Jesus. Es ist klar, dass wir vergeben müssen. Aber ein Lippenbekenntnis reicht nicht aus. Die Vergebung muss von Herzen kommen. Nur dann sind wir gehorsame Kinder unseres himmlischen Vaters und Bürger seines Königreiches.

Bücherempfehlung:

CorrieTen Boom: "A Tramp for God", ISBN: 978-0515089936, Jove Books
Miroslav Volf: "**Umsonst**. **Geben und Vergeben in einer gnadenlosen Kultur",**
Bestell-Nr.: 9783765570384. Brunnen Verlag
Brian Zahnd: "Unconditional? The Call of Jesus to Radical Forgiveness",
ISBN: 978-1-61638-273-5, Charisma House

Tag 15 - Vergebung

Manfred Freivogel

Dann trat Petrus zu ihm und sprach: Herr, wie oft soll ich meinem Bruder, der gegen mich sündigt, vergeben? Bis siebenmal? Jesus spricht zu ihm: Ich sage dir: Nicht bis siebenmal, sondern bis siebzigmal sieben. Deswegen ist es mit dem Reich der Himmel wie mit einem König, der mit seinen Knechten abrechnen wollte. Als er aber anfing, abzurechnen, wurde einer zu ihm gebracht, der zehntausend Talente schuldete. Da er aber nicht zahlen konnte, befahl der Herr, ihn und seine Frau und die Kinder und alles, was er hatte, zu verkaufen und [damit] zu bezahlen. Der Knecht nun fiel nieder, bat ihn kniefällig und sprach: Herr, habe Geduld mit mir, und ich will dir alles bezahlen. Der Herr jenes Knechtes aber wurde innerlich bewegt, gab ihn los und erließ ihm das Darlehen. Jener Knecht aber ging hinaus und fand einen seiner Mitknechte, der ihm hundert Denare schuldig war. Und er ergriff und würgte ihn und sprach: Bezahle, wenn du etwas schuldig bist! Sein Mitknecht nun fiel nieder und bat ihn und sprach: Habe Geduld mit mir, und ich will dir bezahlen. Er aber wollte nicht, sondern ging hin und warf ihn ins Gefängnis, bis er die Schuld bezahlt habe. Als aber seine Mitknechte sahen, was geschehen war, wurden sie sehr betrübt und gingen und berichteten ihrem Herrn alles, was geschehen war. Da rief ihn sein Herr herbei und spricht zu ihm: Böser Knecht! Jene ganze Schuld habe ich dir erlassen, weil du mich batest. Solltest nicht auch du dich deines Mitknechtes erbarmt haben, wie auch ich mich deiner erbarmt habe? Und sein Herr wurde zornig und überlieferte ihn den Folterknechten, bis er alles bezahlt habe, was er ihm schuldig war. So wird auch mein himmlischer Vater euch tun, wenn ihr nicht ein jeder seinem Bruder von Herzen vergebt.
Matthäus 18, 21-35

Wenn wir über diesen Text nachdenken, kommen wir nicht umhin, uns mit Schuld und Vergebung zu beschäftigen. Und wenn wir von Schuld reden, dann ist der nächste Schritt darüber nachzudenken, wie wir Vergebung erlangen können und wie wir selbst mit unseren Schuldnern umgehen.

In unserem Bibelabschnitt beschäftigte das auch einen Petrus. Er fasste Mut, dieses Thema an Jesus heranzutragen. Ein Thema, das ihm möglicherweise schon lange unter den Nägeln brannte, seit sein Meister davon gesprochen hatte, im Gebet Gott darum zu bitten, uns zu vergeben, so wie wir unseren Schuldigern vergeben. (Matthäus 6, 9-13)
Petrus möchte einfach wissen, wie lange und wie oft wir jemandem, der uns **immer wieder** verletzt oder beleidigt, **erneut und abermals** vergeben sollen. Das durchschnittliche Maß der Vergebung in der damaligen Zeit lag etwa bei zweimal. Und nun wollte er genau wissen, wie das nun sei, und ab wann wir aufhören können und aufhören dürfen, dem anderen zu vergeben. Als Christen müssen wir uns ja nicht alles gefallen und uns nicht ständig übervorteilen lassen. Irgendwann ist das Maß voll!
Jesus ging auf seine Frage ein, aber nicht, wie Petrus es erwartet hatte. Er sagte ihm: „Lieber Petrus, du musst immer weiter vergeben, ohne eine „Strichliste“ zu führen“, und danach fuhr er mit einer Geschichte fort, die darauf angelegt ist, uns zu erklären, warum das so ist.
Der König, dem ohne weiteres das Recht zugestanden hätte, seinen Diener in den Kerker zu werfen oder ihn mitsamt seiner Familie in die Sklaverei zu verkaufen, erließ ihm großzügig eine riesige Schuld. Umgerechnet war es ein Millionenbetrag. Ein Talent war eine Geldeinheit und etwa 6000 Denare wert. Der Mann schuldete dem König an die 60.000 Denare. In Euro ist das immer noch ein sattes Sümmchen: 1 Denar ist 51 Cent wert – also 30.680.650 Euro!!
Dieser Schuldenerlass durch den König war schon extrem großzügig. Was tat der frisch begnadigte und völlig schuldenfreie Mann, als er einem seiner Schuldner begegnete? Man könnte vermuten, dass er, noch immer voller Freude über die gerade erlassenen Schulden, seinem Mitknecht die Schulden erließ – zumal es nur 100 Denare waren, die dieser ihm schuldete. Das sind umgerechnet 51,14 Euro!
Wir kennen das Ende der Geschichte, dass der König, als er davon erfuhr, den bösen Knecht ins Gefängnis warf und den Peinigern übergab.

Genauso, sagt Jesus, wird sein himmlischer Vater mit jedem von uns verfahren, wenn wir nicht unseren Brüdern und Schwestern von Herzen vergeben. Moment mal! Was hat Jesus da gesagt?
Meint er denn ganz im Ernst, dass Gott uns genauso bestrafen wird, wie dieser undankbare Knecht bestraft wurde, wenn wir anderen nicht vergeben?
Werden wir gefoltert, wenn uns nach dem **fünfundzwanzigsten Mal** oder dem **fünfzigsten Mal** oder dem **neunundneunzigsten Mal Vergeben** die Barmherzigkeit ausgeht? Gefoltert!
Wovon redet da Jesus eigentlich? Wie könnte ein liebender Gott auch nur daran denken, uns der Folter zu unterziehen, nur weil wir, schwach wie wir sind, hinter seinen Maßstäben für die Vollkommenheit zurückbleiben? - Das ist nicht fair!
Bevor wir vielleicht völlig verzweifeln, lasst uns über einige Punkte des Gleichnisses nachdenken.

Wir haben es hier in diesem Gleichnis mit den Maßstäben des **„Reiches Gottes“** zu tun. Gott zeigt uns seine Richtlinien, die vollkommen sind und gerecht. Das **Reich Gottes** entspringt der unendlichen Liebe Gottes. Er erhält es durch seine Weisheit, Liebe und Macht.
Der Eintritt in dieses **Reich Gottes** ist nur möglich durch den Glauben an Jesus Christus, weil er die Tür ist, durch die jeder Mensch eintreten muss.

Jesus spricht zu ihm: Ich bin der Weg und die Wahrheit und das Leben. Niemand kommt zum Vater als nur durch mich.
Johannes 14, 6

Jeder von uns, der die Vergebung seiner Schuld, die geistliche Neugeburt, erlebt hat, ist zu vergleichen mit dem ersten Mann aus dem Gleichnis Jesu. Uns wurde weit mehr als nur eine 30 Millionen Euro schwere Schuldenlast vergeben und erlassen. Unsere Sünde, die uns von Gott trennte, war so groß, dass sie nicht mit Geld oder Gold hätte bezahlt werden können.
Für die Sünde, die auf uns lastete, wäre die Bezahlung nur unser Tod gewesen, denn ***„Denn der Lohn der Sünde ist der Tod.“*** (Römer 6, 23)
Jesus hat unsere Sünde für uns am Kreuz getilgt. Er hat für uns bezahlt!

Uns sind bestimmt Situationen bewusst in unserem Leben, wo andere Menschen an uns schuldig geworden sind. Wenn wir diese Schuld vergleichen mit unseren Sünden, die wir vor Gott hatten, finden wir uns dann in dieser Beispielgeschichte nicht wieder?
Wie lange hast du die Schuld des anderen dir gegenüber mit dir herumgetragen - sprich, dem anderen nachgetragen, oder sogar Wiedergutmachung gefordert? Vielleicht tust du nach außen hin, als ob alles vergeben wäre, aber innerlich frisst der Wurm der Unversöhnlichkeit dich auf?
Mit dieser Geschichte lädt Jesus dich ein, denen von Herzen zu vergeben, die an dir schuldig geworden sind, damit du selbst wieder frei sein kannst.
Wirkliche **Vergebung braucht immer den Weg über Gott**. Ich muss immer erneut in den Spiegel schauen und erkennen, wie Gott mit meiner Schuld umgegangen ist.

Selbstverständlich kann es auch Situationen geben, wo Vergebung wachsen muss und es einen Prozess erfordert, der Zeit braucht. Gott kennt dich durch und durch und er weiß, wie du die Sache angehst. Gott hilft uns in seinem Erbarmen und seiner Gnade aus all unserer Schwachheit auf.
Trotz seiner Gnade und Barmherzigkeit kennt Gott aber auch deine innere Motivation, ob du wirklich bestrebt bist, von Herzen zu vergeben.

Beten wir gemeinsam das bekannte „Vaterunser“:

„Unser Vater im Himmel !
Dein Name werde geheiligt.
Dein Reich komme.
Dein Wille geschehe wie im Himmel so auf Erden.
Unser tägliches Brot gib uns heute.
Und vergib uns unsere Schuld,
wie wir vergeben unseren Schuldigern.
***Und ....“* STOP !!**
Was haben wir da gerade gebetet?

Meinst du das wirklich so, wie du es ausgesprochen hast? Soll Gott, der Herr, dieses Gebet wirklich erhören? Er soll dir deine Schuld genauso vergeben, wie du anderen vergibst?
Dann würde es dir nicht anders ergehen als dem ersten Mann in dem Gleichnis Jesu. Denn in diesen Worten liegt ein überaus wichtiges geistliches Gesetz verborgen. Es besagt: **Wenn wir nicht vergeben, kann uns auch nicht vergeben werden.** An dieser Stelle stellt sich eine überaus berechtigte Frage: Glaubst du wirklich, dass Jesus dir deine Sünden vergibt, wenn du nicht bereit bist, denen zu vergeben, die an dir schuldig geworden sind? Jesus sagt: **NEIN !**
Ich glaube an die Liebe, Gnade und Barmherzigkeit Gottes genauso wie an seine Heiligkeit und Gerechtigkeit. Das eine hebt das andere nicht auf. Wir dürfen sein heiliges Wort nicht entkräften oder umdeuten, wie es uns gerade passt, oder wir es verstehen wollen, damit man keinem weh tut.
Die Aussage des Wortes Gottes ist klar, dass du sicher sein kannst, dass Gott dir nicht vergeben wird, wenn du andere in ihrer Schuld festhältst.
Darum ist dieses Gebet so wichtig. Es erinnert uns an die Möglichkeit, unseren Schuldnern zu vergeben und somit auch unsere Beziehung zu Gott zu klären, ehe es zu spät ist.

Wenn wir erkannt und verstanden haben, dass es uns vielfach unmöglich ist, unsere Schuld zu begleichen, weder vor den Menschen noch vor Gott, dann wird uns sicherlich deutlich, dass wir selbst auf Vergebung angewiesen sind.
Vergebungsbereitschaft in uns wächst dann, wenn wir uns immer daran erinnern, was Gott für uns getan hat. Wem viel vergeben ist, der liebt viel, dem ist es auch möglich, anderen zu vergeben.

Jesus schließt sein Gleichnis mit der Mahnung, unsere Vergebungsbereitschaft zu überprüfen und sich nicht am Beispiel jenes Knechtes zu orientieren.
Trotz dieses etwas bedrohlichen Abschlusses müssen wir dieses Gleichnis als eine Einladung an uns sehen. Eine Einladung, Gottes Vergebung für uns persönlich zu erkennen und auch anzunehmen und, in der Folge davon, diese Vergebung an andere Menschen weiterzugeben.

Seid aber zueinander gütig, mitleidig, und vergebt einander, so wie Gott in Christus euch vergeben hat.
Epheser 4, 32

Tag 16 - Die Schlüssel des Reiches Gottes

Peter Rudolph

Und ich werde dir die Schlüssel des Reiches der Himmel geben; und was immer du auf der Erde binden wirst, wird in den Himmeln gebunden sein, und was immer du auf der Erde lösen wirst, wird in den Himmeln gelöst sein.
Matthäus 16, 19

Einleitung:
Diese Bibelstelle ist eine der zentralen Aussagen Jesu.
Hier liegt in Vers 18 die erste Erwähnung der Gemeinde vor, danach kommt unmittelbar Vers 19 mit Aussagen über die *„Schlüssel des Reiches Gottes"*.

Enger Kontext:
Auf Jesu Frage nach seiner eigenen Identität, bezeugt Petrus, dass Jesus der verheißene und lang erwartete Christus, der Sohn des lebendigen Gottes, der Messias ist.
Die erste Verheißung im AT kommt unmittelbar nach dem ersten Sündenfall (1.Mose 3, 15).

Erweiterter Kontext:

- Jesus spricht ausdrücklich Petrus die Schlüssel des Reiches Gottes zu (Matthäus 16, 19) mit der Autorität zu binden und zu lösen.
- Jesus spricht alle Jünger an und gibt ihnen die Autorität zu binden und zu lösen (Matthäus 18, 18).
- Jesus spricht alle Christen an – durch den Missionsbefehl – und gibt ihnen Autorität (Matthäus 28, 18-20; Markus 16, 15-18; Lukas 24, 44-53).
- Jesus verspricht Vollmacht durch den Heiligen Geist, Zeugen Jesu in aller Welt zu sein, was im direkten Zusammenhang mit der Herstellung des Reiches Gottes steht (Apostelgeschichte 1, 1-8).

I. Die Gemeinde und das Reich Gottes

A. Die Gemeinde

In Matthäus 16, 18 finden wir die erste Erwähnung der Gemeinde. Jesus spricht hier zukunftsweisend, dass er selbst seine Gemeinde baut.
In Apostelgeschichte 2 (Pfingsten) sehen wir die Erfüllung des Beginns des Baus der Gemeinde.
Baut Jesus seine Gemeinde auf Petrus? Nein!

Definition von „Stein"
Petrus - griechisch *petros* (masculin) – Stein;
Felsen/Fundament – griechisch *petra* (feminin)

Jesus baut seine Gemeinde:
- auf sich selbst (Jesus als Fundament – 1.Korinther 3, 11) und
- auf das Bekenntnis des Gläubigen (Petrus sagt: „Du bist der Christus!" Matthäus 16, 16), d.h. auf das Bekenntnis von Petrus, dass Jesus *„Christus und Retter"* ist.

Definition Gemeinde:
Ekklesia = „Herausgerufene". Eine Gemeinschaft von Gläubigen unter der Herrschaft Christi, welche Jesu Auftrag hier auf Erden erfüllt, und deren Heimat und Ziel die ewige Gemeinschaft im Himmel ist.

Größte Verheißung:
Die Pforten der Hölle werden die Gemeinde nicht überwinden.
Pforten der Hölle: In Pforten wurden Verträge geschlossen, d.h. alle Ratschlüsse des Feindes werden die Gemeinde nicht überwinden, vorausgesetzt sie ist unter ihrer Autorität – Jesus.
Genau wie alle Ratschlüsse Satans Jesus nicht überwinden konnten, kann er das auch mit Jesu Gemeinde nicht tun.
Im Gegenteil, Jesus verwandelt die Pläne Satans zum größtem Sieg (Golgatha: Tod & Auferstehung).

B. **Reich Gottes**

Jesu vorrangiger Dienst und Ziel seines Dienstes auf Erden war die Verkündigung des Reiches Gottes sowie die Vollbringung von Werken des Reiches Gottes.

- Jesus predigte das kommende Reich Gottes (56x Matthäus, 20x Markus, 44x Lukas, 4x Johannes).
- Nach der Predigt des Reiches Gottes wird das Ende kommen, d.h. das neue Königreich Gottes (Matthäus 24, 14).
- *Trachtet aber zuerst nach* ***dem Reich Gottes*** *und nach seiner Gerechtigkeit, und dies alles wird euch hinzugefügt werden.* (Matthäus 6, 33)
- Das Reich Gottes ist da, wo Gottes Herrlichkeit regiert (1.Thessalonicher 2, 12).
- *Denn das Reich Gottes ist nicht Essen und Trinken, sondern Gerechtigkeit und Friede und Freude im Heiligen Geist.* (Römer 14, 17)
- Das Reich Gottes ist das souveräne Herrschen Gottes.

  Im „ersten Kommen" kam Jesus als Retter.

  Im „zweiten Kommen" kommt er als König, aber auch als Richter und wird endgültig und umfassend sein Reich aufbauen, welches wir schon heute sehen und schmecken dürfen.
- Jesus ist König und IHM ist alle Macht vom Vater gegeben. Sein Reich ist jetzt schon da und wird zum vollen Ausdruck kommen, wenn ER wiederkommt, alles Böse ausgerottet ist und SEIN REICH überall etabliert ist.

Die Gemeinde proklamiert das, was Jesus proklamiert hat: das kommende Reich Gottes!

Die Gemeinde ist die heilige Priesterschaft. Sie betet an, sie lebt und verkündigt Gottes Reich und Herrschaft, welche von großer Barmherzigkeit geprägt sind.

Und alles hat er seinen Füßen unterworfen und ihn als Haupt über alles der Gemeinde gegeben, die sein Leib ist, die Fülle dessen, der alles in allen erfüllt.
Epheser 1, 22-23

(Anmerkung: Christus ist das Haupt! (Kopf). Eine kopflose Gemeinde ist eine tote Gemeinde. → Abhängigkeit vom Haupt!)

Lasst euch auch selbst als lebendige Steine aufbauen, als ein geistliches Haus, ein heiliges Priestertum, um geistliche Schlachtopfer darzubringen, Gott wohlannehmbar durch Jesus Christus.
1. Petrus 2, 5

Ihr aber seid ein auserwähltes Geschlecht, ein königliches Priestertum, eine heilige Nation, ein Volk zum Besitztum, damit ihr die Tugenden dessen verkündigt, der euch aus der Finsternis zu seinem wunderbaren Licht berufen hat; 10 die ihr einst nicht ein Volk wart, jetzt aber ein Volk Gottes seid; die ihr nicht Barmherzigkeit empfangen hattet, jetzt aber Barmherzigkeit empfangen habt.
1. Petrus 2, 9-10

Jesus sendet seine Gemeinde in die Welt, bittet für sie und befähigt sie (Johannes 17, 18ff).

II. Schlüssel des Reiches Gottes

A. **Befähigung im Reich Gottes – Autorität Christi!**
Jesus wurde alle Autorität gegeben – im Himmel und auf Erden (Matthäus 28, 18).
Macht und Autorität liegen niemals im Menschen, sondern immer in der Person und im Werk Jesu!

- Jesus hat den größten Sieg am Kreuz von Golgatha errungen, indem er selbst das Opfer wurde, welches vor Gott gilt (Hebräer 10, 10).
- Jesus ist Gott und Mensch zugleich. Er opfert sich stellvertretend für die Menschen und stellt so die Versöhnung zwischen Gott und Mensch her (2. Korinther 5, 21). Jesu Siegesruf *„Es ist vollbracht!“* deutet darauf hin, dass die Versöhnung zwischen den Menschen und Gott wiederhergestellt ist.

Jesus befähigt die Gemeinde und die Gläubigen durch seinen Heiligen Geist.

- Missionsbefehl (Matthäus 28, 18-20; Markus 16, 15-18; Lukas 24, 44-53)
- Pfingsten (Apostelgeschichte 1, 1-8)

B. **Schlüssel des Reiches Gottes**

Die Befähigung und Vollmacht, welche Jesus der Gemeinde gibt, wird mit dem Wort *„Schlüssel"* symbolisiert. Sie ist die geistliche Autorität der Gemeinde Jesu.

Die individuelle Autorität von Leitern und Gläubigen steht immer unter der Autorität des Leibes Christi. Kein Glied ist größer als der Leib.

Schlüssel repräsentieren immer Autorität, Zugang, Eigentum, etc.

Wer den richtigen Schlüssel hat, der hat Zugang; er kann aufschließen, zuschließen, verwalten – er hat Autorität.

Der rechtmäßige Zugang ist immer durch die Tür – alles andere ist ein illegaler Zugang.

Es ist immer der Schlüssel, den Jesus gegeben hat, nicht selbsternannte oder kopierte Schlüssel; es ist und bleibt immer Jesu Schlüssel.

Die Pluralität des Wortes Schlüssel (Jesus sagt: „Ich gebe dir die Schlüssel...") weist vorrangig nicht auf viele unterschiedliche Schlüssel hin, sondern auf die Schlüssel, die Jesus JEDEM Gläubigen gegeben hat.

D.h. nicht nur Petrus hat einen Schlüssel, sondern alle Gläubigen bzw. die Gemeinde bekommen Schlüssel von Gott. Es ist die mannigfaltige geistliche Autorität jedes Gläubigen bzw. der Gemeinde, lokal und universal.

Jesus weist uns an, immer in SEINEM NAMEN zu bitten und zu handeln, z.B. Johannes 14, 13-14. Die Schlüssel werden nicht eigenmächtig benutzt, sondern immer im Sinne und Geiste Jesu!

Jesus hat die Schlüssel Davids (Offenbarung 3, 7) – er sitzt und regiert auf dem Thron Davids.

Jesus hat den Schlüssel des Todes und des Hades (Offenbarung 1, 18); er hat ihnen, dem letzten Feind, die Macht entrissen.

Jesus gibt den Jüngern, den Christen, der Gemeinde die Vollmacht (Matthäus 28, 18-20).
Jesus beschuldigt die Pharisäer, dass sie die Schlüssel der Erkenntnis weggenommen haben (Lukas 11, 52).
Jesus gibt Petrus die Schlüssel des Reiches Gottes, zusammen mit der Autorität zu binden und zu lösen.
Unter dem Schlüssel des Reiches Gottes wird hauptsächlich Folgendes verstanden:

1) **Schlüssel des Evangeliums – die gute Nachricht**
Vorrangig ist mit dem Schlüssel des Reiches Gottes **das Evangelium** seines Reiches gemeint!
Petrus schließt den Juden das Reich Gottes mit dem Schlüssel des Evangeliums auf (Apostelgeschichte 2): 3.000 Menschen bekehren sich.
Petrus schließt den Heiden das Reich Gottes mit dem Schlüssel des Evangeliums auf (Apostelgeschichte 10): Alle im Haus des Heiden und Römers Cornelius bekehren sich. Das Evangelium ist der Schlüssel zum Eingang in das Reich Gottes (Johannes 3, 16).

2) **Schlüssel der Geistlichen Autorität**
Die Autorität Jesu ist ein Schlüssel der geistlichen Autorität. Wichtig ist aber die Unterordnung unter die Herrschaft und Autorität Jesu, so wie ein Botschafter oder Minister eines Landes nicht eigenmächtig handelt, sondern im Namen des Staates den er vertritt.
Dies spiegelt sich darin, dass die Leiter und Gläubigen den Willen Gottes tun, und dadurch geheiligt werden.
... um deinen Willen, o Gott, zu tun. ... In diesem Willen sind wir geheiligt durch das ein für alle Mal geschehene Opfer des Leibes Jesu Christi. (Hebräer 10, 7+10)

Paulus verweist auf seine apostolische Autorität (2. Korinther 10, 8) und warnt andere, ihre Autorität nicht zu missbrauchen (1. Korinther 8, 9).

Gott hat Leiter eingesetzt (Epheser 4, 11-12), mit der Autorität die Heiligen für den Dienst auszurüsten und den Leib Christ aufzubauen.

Geistliche Leiter verkündigen das Wort Gottes in aller Autorität (2. Timotheus 4, 1–5).

Das Wort Gottes ermahnt alle Gläubigen, Gott ein wohlgefälliges Opfer zu sein und mit den entsprechenden Gaben zu dienen.

Römer 12 (das ganze Kapitel) beschreibt den Dienst der Gläubigen auf eine wunderbare Art und Weise.

Letztendlich haben alle unter der Herrschaft stehenden Leiter und Christen geistliche Autorität über die geistlichen Mächte des Feindes. Angriffe können erkannt und abgewehrt werden. Dies geschieht unter der Kraft und Vollmacht Jesu (im Namen Jesu!) und im Heiligen Geist.
Die Gläubigen sind – durch und wie Jesus – Überwinder und damit Sieger!
Römer 8, 37: *Aber in diesem allen sind wir mehr als Überwinder durch den, der uns geliebt hat.*
Philipper 4, 13 *Alles vermag ich in dem, der mich kräftigt.*

3) **Schlüssel des Wortes Gottes**
Zwei wichtige Bibelstellen, welche für sich selbst sprechen.

Alle Schrift ist von Gott eingegeben und nützlich zur Lehre, zur Überführung, zur Zurechtweisung, zur Unterweisung in der Gerechtigkeit, damit der Mensch Gottes vollkommen sei, zu jedem guten Werk völlig zugerüstet.
2. Timotheus 3, 16-17

Denn das Wort Gottes ist lebendig und wirksam und schärfer als jedes zweischneidige Schwert und durchdringend bis zur Scheidung von Seele und Geist, sowohl der Gelenke als auch des Markes, und ein Richter der Gedanken und Gesinnungen des Herzens; und kein Geschöpf ist vor ihm unsichtbar, sondern alles

bloß und aufgedeckt vor den Augen dessen, mit dem wir es zu tun haben.
Hebräer 4, 12-13

Schluss-Aussage:
Die Autorität Jesu ist immer die Grundlage. Leiter und Christen können und sollen niemals unabhängig von der Herrschaft Christi die Schlüssel des Reiches Gottes benutzen.
Paulus gibt in Apostelgeschichte 19, 14ff ein Negativbeispiel: Die sieben Söhne des Hohepriesters Skevas müssen nackt und verwundet vor einer von Dämonen besessenen Person fliehen.
Im Namen und der Autorität Jesu hat der Gläubige geistliche Autorität über die Mächte des Feindes und lebt im Sieg! Der Sieg ist versprochen und sicher, weil Jesus den Sieg bereits vollendet hat. Das Reich Gottes wird gebaut, wenn die Schlüssel des Reiches Gottes richtig angewandt werden.

Anhang:
Beispiele der Autorität:
Zeugnis von der Fahrt von Freetown (Sierra Leone) nach Conakry (Guinea) und zurück. Hinfahrt „ohne“ Autorität – viele Repressalien an allen Straßensperren.
Rückfahrt mit Autorität eines Soldaten der Präsidentengarde von Guinea. Anstatt ständig bedrängt zu werden, wird der Wagen salutiert, weil eine Person der Autorität darin sitzt. (Bild für geistliche Autorität!)

Zebra wird umkreist von Hyäne und lässt sich einschüchtern, was ihr meistens das Leben kostet. Das Zebra aber kann mit den Hufen treten, was die Hyäne unschädlich machen oder gar töten kann. (Viele Christen vergessen, die von Gott gegebene Autorität und Kraft, und lassen sich schnell einschüchtern.)

Tag 17 - Strebe danach, Gott kennenzulernen

Erika Klepan

Im Brief an die Philipper machte Paulus einige sehr wichtige Aussagen:

*...um **ihn und die Kraft seiner Auferstehung** und die Gemeinschaft seiner Leiden **zu erkennen**, indem ich seinem Tod gleich werde, ob ich irgendwie hingelangen möge zur Auferstehung aus den Toten. Nicht, dass ich es schon ergriffen habe oder schon vollendet bin; ich jage ihm aber nach, ob ich es auch ergreifen möge, weil ich auch von Christus Jesus ergriffen bin. Brüder, ich denke von mir selbst nicht, es ergriffen zu haben; eines aber tue ich: Ich vergesse, was dahinten, strecke mich aber aus nach dem, was vorn ist, und jage auf das Ziel zu, hin zu dem Kampfpreis der Berufung Gottes nach oben in Christus Jesus.*
Philipper 3, 10-14

Sein Herz und seine Gedanken waren auf eine einzige Sache *gerichtet, „ihn (Christus) und die Kraft seiner Auferstehung... zu erkennen“*
Wir lesen das vom ersten Tag an, als er auf dem Weg nach Damaskus war bis zu dem Tag, an dem er seinen Lauf vollendet hatte. Paulus hatte nur eines im Sinn. Er wollte Jesus besser kennenlernen. Sein ganzes Leben war von einem verzehrenden Hunger nach dem lebendigen Gott und einem Durst nach „mehr“ von Jesu Auferstehungskraft gekennzeichnet.

Aber ich achte mein Leben nicht der Rede wert, damit ich meinen Lauf vollende und den Dienst, den ich von dem Herrn Jesus empfangen habe: das Evangelium der Gnade Gottes zu bezeugen.
Apostelgeschichte 20, 24

Das Leben von Paulus war kein zielloses Leben. Sein Leben hinterließ Spuren in der Weltgeschichte, nicht nur in seiner Generation, sondern auch noch in unserer. Durch sein Leben wurde die Welt verändert. Warum? Weil er von Jesus verändert worden war.

Er schrieb in an die Philipper:
Ich will ihn erkennen und die Kraft seiner Auferstehung.
Philipper 3, 10

Das war bei ihm eine konkrete Willensentscheidung. Er hat nicht aufgegeben, selbst als Schwierigkeiten und Widerstände da waren. Er hatte ein starkes Verlangen, in den Strom seiner Auferstehungskraft hineinzukommen.
Was sagte Paulus weiter? *„...ich jage ihm aber nach, ob ich es auch ergreifen möge, ... strecke mich aber aus nach dem, was vorn ist, und jage auf das Ziel zu, ...“*
Paulus wusste genau, was ihm gehört. Er strebte danach uns jagte ihm mit ungeteiltem Herzen nach.

In 2. Chronik 16, 9 steht: *„Denn des HERRN Augen durchlaufen die ganze Erde, um denen treu beizustehen, deren Herz ungeteilt auf ihn gerichtet ist.“*
Wem gibt er Stärke? Wem offenbart er seine Auferstehungskraft? Dem, dessen Herz ihm ungeteilt gehört; dem, der ihn sucht, sich nach ihm ausstreckt und ihm nachjagt. Wenn wir die Biografien der Männer und Frauen Gottes lesen, bemerken wir, dass sie in ihrem Leben solche Prioritäten gesetzt haben und auch völlig von Gott verändert wurden.

Warum wollte Paulus unbedingt Jesus besser kennenlernen? Weil er ihm persönlich begegnet war! Erst wenn du wirklich siehst, wer Jesus ist und was er für dich getan und vorbereitet hat, wirst du ebenfalls ernsthaft danach streben, ihn besser kennenzulernen.

Paulus betete darum, dass sich unsere geistlichen Augen öffnen sollen, damit wir sehen, was unser Erbe in Christus ist (Epheser 1, 17-19).
In dem Moment, in dem wir begreifen, dass in Jesus alle Fülle verborgen ist, wird es unser Wunsch, ihn besser kennenzulernen.

Deine Entscheidungen werden attackiert, geprüft und getestet. Satan wird alles unternehmen, um dich aus dem geistlichen und übernatürlichen Bereich herauszuholen und in den seelischen und fleischlichen Bereich zu manövrieren. Dort bist du nämlich begrenzt und leicht zu besiegen. Entscheide dich deswegen, Jesus und seine Auferstehungskraft kennen zu lernen. Die Gläubigen auf der ganzen Welt fangen an, sich zu erheben und zu erkennen *„was der Reichtum der Herrlichkeit seines Erbes in den Heiligen und was die überragende Größe seiner Kraft an uns, den Glaubenden, ist“* (Epheser 1, 18-19).

Wir beginnen zu entdecken, was es bedeutet, sich im Übernatürlichen zu bewegen. Wir fangen an zu sehen, wie die Kraft Gottes durch die Gläubigen fließt, um den Nöten der Welt zu begegnen.
Wir beginnen zu entdecken, wer Jesus wirklich ist, dass er *„derselbe gestern und heute und in Ewigkeit ist“* (Hebräer 13, 8). Was Jesus für dich gewonnen hat, gehört dir.
Strecke dich danach aus, jage dem hinterher. Nichts anderes ist wichtiger für dein Leben. Du lebst nicht für dich selbst.

Du brauchst das, was Gott für dich hat, damit du wie Petrus sagen kannst:
... was ich aber habe, das gebe ich dir: Im Namen Jesu Christi, des Nazoräers: Geh umher!
Apostelgeschichte 3, 6
Noch nie in der Geschichte hat sich das Evangelium ausgebreitet, ohne auf Konfrontationen, Verfolgung und harten Widerstand zu stoßen. Wenn wir bereit sind, den Preis zu bezahlen, auch auf die

Gefahr hin, missverstanden, verleumdet, ja offen gehasst zu werden, weil wir Jesus beim Wort nehmen und ihm nachfolgen, werden wir einen wunderbaren Durchbruch erleben. Dann wird sich die Herrlichkeit des Herrn offenbaren.

Steh auf, werde Licht! Denn dein Licht ist gekommen, und die Herrlichkeit des HERRN ist über dir aufgegangen. Denn siehe, Finsternis bedeckt die Erde und Dunkel die Völkerschaften; aber über dir strahlt der HERR auf, und seine Herrlichkeit erscheint über dir.
Jesaja 60, 1-2

Jesus hat zugesagt, sein Wort mit Zeichen und Wundern zu bestätigen. Doch selbst hier gilt das Gesetz von Saat und Ernte. Ehe wir Zeichen und Wunder in großem Ausmaß zu sehen bekommen, muss das Wort ausgesät werden, wodurch dann der Glaube wachsen kann.
Aber preis den Herrn – es nimmt ständig zu!
Wir werden mehr Heilungen, mehr Wunder und Zeichen zu sehen bekommen als jemals zuvor.
Gott ist daran interessiert, sich den Menschen als lebendiger Gott zu offenbaren! Diese ganze Welt ist geistlich, psychisch, physisch und emotional krank. Jesus, der Arzt, hat die Antwort. Er wird in unserem Land wie nie zuvor Wunder wirken.

Wunder und Zeichen sind Teile des Reiches Gottes und dieses Reich Gottes sollen wir an uns reißen. Das verlangt von uns eine offensive Haltung. Wir können nicht zuhause sitzend abwarten. Unsere Einstellung muss dieselbe sein, wie sie die Frau mit dem Blutfluss hatte. Wir drängen uns hin zu dem Wunder, das Jesus für uns hat. Das Wunder ist für dich da. Geh und reiße es an dich!

Der Leib Christi, der wie ein gefesselter, schlafender Riese war, richtet sich auf und nimmt seine Position ein.
Erwarte deswegen große Dinge von Gott!

Tag 18 - Das Reich Gottes ist Kraft

Ralph Glöckner

... das Reich Gottes kommt mit Kraft.
Markus 9, 1 (frei übersetzt)

Denn das Reich Gottes besteht nicht im Wort, sondern in Kraft.
1. Korinther 4, 20

Nun ist das Heil und die Kraft und das Reich unseres Gottes (...) geworden.
Offenbarung 12, 10

Wenn wir an Gott denken, dann denken wir an den Starken und Allmächtigen. Wir verbinden ihn mit Macht und seine Taten mit Kraft. Gott schafft Dinge über unser Verstehen hinaus, was uns für unmöglich scheint. So schauen wir auf zu Gott, der uns mit seiner starken Hand hilft, in unserer Schwachheit Stärke gibt und uns mit seiner „Wunderkraft“ aus der Not befreit. Und das gibt uns Mut und Hoffnung für den Alltag, wenn wir von Satans Anfechtungen geplagt sind, wenn wir vor einem Berg von Widerständen stehen: Er, der HERR, ist unser starker Held und mächtiger Gott, dessen Hand wir ergreifen dürfen, dessen alles verändernde Gegenwart uns selbst mit Kraft durchströmt. Wir wollen diese Kraft des Reiches Gottes näher kennen lernen, wie sie wirkt und erkennen, wie wir täglich darin leben können. Wir wollen alle mit Paulus zur Überzeugung kommen, der in Philipper 4, 13 ausruft: „Ich vermag alles durch den, der mich mächtig macht, Christus!”

Kraft im Dienst Jesu

In einer recht bildhaften Weise beschreiben die Evangelisten die Taufe Jesu. Kaum war Jesus aus dem Wasser heraufgestiegen, empfing er den Heiligen Geist, der sichtbar in Form einer Taube auf ihn kam. Der Geist führte ihn daraufhin für 40 Tage zuerst in die Wüste in eine Zeit des Fastens und der Einsamkeit, während er auch den Versuchungen des Teufels zu widerstehen hatte. Doch am Ende zeigte sich diese harte Schule als seine Zeit der Zurüstung, denn Lukas erklärte, dass Jesus sogleich seinen Dienst „in der Kraft des

Geistes" begann (Lukas 4, 14). Prüfungszeiten sollten auch für jeden von uns als eine Glaubensschule angenommen werden, die unserem Leben Durchschlagskraft verleihen.

Im Dienst bewies Jesus, dass er kein Rabbi war so wie andere seiner Zeit. Seine Auszeichnung war göttlich und seine Überzeugungskraft ein Zeichen seiner geistlichen Vollmacht. Menschen erkannten es sofort und es wurde zum Tagesgespräch. Leute wollten eine Demonstration seiner Vollmacht erleben, wenn sie zu ihm kamen, denn er trieb Dämonen in einer noch nie da gewesenen, unvergleichlichen Autorität aus (siehe Lukas 4, 32+36; Matthäus 7, 28-29).

Die ganzen drei Jahre des Dienstes Jesu waren voller Kraftakte des Geistes. Am häufigsten waren es spontane Heilungen jeglicher Art, sowie Lukas es beschrieb (Lukas 5, 17): „Die Kraft des Herrn war mit ihm, dass er heilen konnte." Menschen erlebten sogar diese Kraftpräsenz durch die Berührung seines Gewandes. Möglicherweise ermutigt von dem Zeugnis der blutflüssigen Frau (Markus 5, 30) war es fast zu einem Trend geworden, Jesus anrühren zu wollen (Markus 6, 56). Man redete von Wundern und Zeichen, die für die Jünger fast schon zum Alltag dazugehörten. Doch als Jesus auf dem See dann auch Wind und Wogen stillte, waren auch sie erneut von seiner grenzenlosen Kraft wie erschlagen (Lukas 8, 24-25).

Mit einem kleinen Halbsatz beschrieb Johannes in Johannes 18, 6 eine äußerst interessante Episode, die in unseren charismatischen Versammlungen geradezu erwartet wird. Jesus war in Gethsemane. Die Gruppe von Soldaten kam auf ihn zu, um ihn festzunehmen. Als Jesus sich dann mit den Worten „Ich bin's" zu erkennen gab, ging eine Kraftwelle von ihm aus, die sie alle rücklings auf den Boden warf. Welch ein Anblick musste das gewesen sein!

Kraft im Dienst der Apostel

Es war eindeutig, dass die Apostel das angefangene Werk nur mit derselben Kraftquelle tun konnten. Jesus gab ihnen einen Vorgeschmack der Kraft seiner Autorität auf ihren ersten Exkursen während seiner Dienstzeit. „Er gab ihnen Vollmacht ...", so die Evangelisten. Doch mit dem Weggang des Herrn sollte seine Vollmacht und Autorität permanent präsent sein. Denn Jesus hat uns am Tag seiner Himmelfahrt verheißen: „Und ihr werdet die Kraft des

Heiligen Geistes empfangen, der auf euch kommen wird." (Apostelgeschichte 1, 8). Hier meinte Jesus die Geistestaufe, die er schon in Vers 5 angesprochen hatte. Sie liegt den „nachfolgenden Zeichen" zugrunde, die wir als Teil des Missionsbefehls in Markus 16, 16-18 verstehen. Ja, nach dieser Gabe des Geistes soll sich jeder Gläubige ausstrecken und diese vor oder nach seiner Wassertaufe auch selbst empfangen (Apostelgeschichte 2, 38). Lasst uns dann die Ermutigung von Paulus ernst nehmen, der dem eingeschüchterten Timotheus mit folgenden Worten auf die Beine half: „Wir haben nicht den Geist der Furcht empfangen, sondern der Kraft, Liebe und Besonnenheit" (2.Timotheus 1, 7).

Mit der Ausgießung des Heiligen Geistes am Pfingsttag waren die Apostel dann energiegeladen und nicht mehr aufzuhalten. Viele Wunder und Zeichen geschahen durch sie (Apostelgeschichte 2, 43) so wie in den Tagen Jesu. Es ist derselbe Geist, der denselben Auftrag Gottes verfolgt, das Reich Gottes in aller Welt zu verbreiten. Die Geisterfüllten waren davon gekennzeichnet, dass sie mit Freimut Zeugnis gaben, und selbst vor Gelehrten und Obersten mit großer Kraft Christus bezeugten (Apostelgeschichte 4, 8+13+31+33). Das bewirkte, dass Menschen in Scharen kamen, das Evangelium hörten und gerettet wurden. Die Gemeinde wuchs sehr schnell.
In unserer Missionsarbeit erleben wir es immer wieder, wie gerade die Befreiung von bösen Geistern und Heilungen jeglicher Art ganze Familien zu Christus bringen. Nachdem Sapnas Familie in Agra alle Angebote der Medizin und Paramedizin ohne Erfolg ausprobiert sowie Geistheiler und Zauberer vergeblich aufgesucht hatte, sandte sie ihre Tochter zur letzten Hoffnung: zum Gebet von Christen in einer Gemeinde. Wir legten Hände auf sie und beteten im Glauben, ohne die ganze Vorgeschichte zu kennen. Das Wunder geschah. Heute ist die ganze Familie gläubig und öffnet ihr Haus für Gebetsversammlungen.

Kraft im Dienst von Leitern der nächsten Generation: Diakone

Obwohl man die „Sieben" für diakonische Dienste in der Gemeinde Jerusalems eingesetzt hatte, wirkte der Heilige Geist bei ihnen uneingeschränkt. Stephanus war der Erste, der für seinen außergewöhnlichen Predigtdienst in der Stadt zum Gespräch wurde. Denn jedes Mal, wenn er wieder eine Möglichkeit zum

Evangelisieren wahrnahm, wirkten die Gnade und die Kraft Gottes auch Wunder und große Zeichen (Apostelgeschichte 6, 8). Seine Kraft brachte auch einen so großen Aufruhr mit sich, dass er der erste Märtyrer wurde. Doch daraus entstand eine Multiplikation von mächtigen Zeugen Jesu, die das Evangelium in alle Welt zu verbreiten begannen.

Philippus, ein Kollege des Stephanus, ließ sich vom Herrn in Samarien gebrauchen und löste dort eine Erweckung aus. Auch von ihm wurde gesagt, dass seine Predigten vom Reich Gottes von Zeichen, Heilungen und Befreiungen begleitet waren (Apostelgeschichte 8, 6-7).

Ich bin davon überzeugt, dass ein geisterfüllter Christ auch heute mit solchen Kraftmanifestationen rechnen kann und zwar besonders, wenn wir uns dem Zeugnisdienst hingeben.

In Indien hatte ich meine ersten Erfahrungen mit den Kraftwirkungen Gottes gemacht. Ich war davon überzeugt, dass es geschehen wird und deshalb scheute ich mich nicht, gleich in meinen ersten evangelistischen Veranstaltungen auch Aufrufe zu machen und für Kranke zu beten. Meine Vorbilder waren die Helden der Apostelgeschichte sowie Jesus selbst. Und tatsächlich: Es geschahen spontane Krankenheilungen. Begegnungen mit Dämonen blieben auch nicht aus, so dass ich sie austreiben konnte. Seither gehört das zu unserem Dienst dazu. Ja, wir schulen unsere Leiter und Bibelschüler, dass sie mit Kraft dienen und es so erwarten, wie wir es im Neuen Testament sehen.

Kraft im Dienst von Paulus

Mit der Bekehrung des Paulus in Apostelgeschichte 9 bekam die Gemeinde einen neuen Ausblick. Paulus wurde zu einem ausgesprochenen General Gottes, der furchtlos das Evangelium in andere Nationen brachte und unter heidnischen Völkern verkündigte. Er rief gemäß seiner Berufung unzählige Gemeinden unter Nichtjuden ins Leben. Der hoch studierte Paulus, der sowohl das Alte Testament wie auch die philosophischen Werke seiner Zeit durch und durch kannte, kam nach Jahren seines Dienstes zur Überzeugung, dass „das Reich Gottes nicht in Worten besteht, sondern in Kraft." (1.Korinther 4, 20).

Was war sein Werdegang?

Früher Dienst – in Weisheit der Worte

Kaum war er an Christus gläubig geworden, fing Paulus an, Christus zu bekennen. Er kannte alle Passagen über den Messias im Alten Testament. Mit Jesus als Christus konnte er jede messianische Schriftstelle auf ihn anwenden und allen Juden beweisen, dass er unmissverständlich der Messias war (Apostelgeschichte 9, 20+22). Paulus erachtete es kaum für notwendig, sich der Lehre der Jünger Jesu unterzuordnen, um von ihnen zu lernen. Er wurde kurz darauf aus Damaskus vertrieben. Dann kam der ehemalige Christenverfolger nach Jerusalem. Auch dort klappte es wenig mit der Gemeinschaft, doch in seinem Eifer für den neu gefundenen Herrn predigte er, wo er nur konnte. Jedoch waren es mehr Streitgespräche, die nicht das gleiche Ergebnis wie bei seinen Vorgängern hervorbrachten. Irgendwas fehlte ihm noch. Die Apostel des Herrn sandten ihn darauf in ihrer Weisheit zurück in seine Heimat, damit der Geist Gottes ihn schulen sollte (Apostelgeschichte 9, 28-30).

Dienst in Antiochien – an der Seite von Barnabas

Barnabas fiel die großartige Aufgabe zu, der neuen Gemeindegründung in Antiochien vorzustehen. Er sollte diese Gemeinde gemäß der gesunden Lehre der Apostel aufbauen. Bald hatte er so einen Zulauf, dass er um Hilfe bat. Der Geist erinnerte ihn an Paulus, den er aufsuchte und nach Antiochien zur Mitarbeit mitbrachte (Apostelgeschichte 11, 25-26). Hier lernte Paulus, sich dem von Jerusalem geschulten Leiter unterzuordnen. Barnabas war ein guter Mentor und brachte den wortstarken Lehrer langsam auf die Wege Christi und auf die Bahnen der Apostel, die die Lehren des Herrn in der Gemeindearbeit mit Sorgfalt umgesetzt hatten. Barnabas nahm ihn mit nach Jerusalem und brachte ihn mit den Top-Leitern der neuen Bewegung zusammen.
Paulus sollte erleben und durch Zeugnisse hören, was eine geisterfüllte Gemeinde sowie eine geistgeleitete Leiterschaft auszeichnete (Galater 1, 18; 2, 9).

Missionsdienst – unter der Leitung des Geistes

Der Tag kam, als der Heilige Geist seine Zubereitung des Geschichte schreibenden Apostels zu dem Punkt brachte, dass er ihn für die Weltmission aussenden konnte. Zusammen mit Barnabas sollte er in

anderen Ländern und Inseln in der Kraft des Geistes das Wort verkünden. Schon gleich in Zypern gebrauchte der Herr ihn, um ein erstes Wunder zu bewirken (Apostelgeschichte 13, 9-11). In Pisidien stand das Evangelium in seinem geschichtlichen Rahmen im Mittelpunkt. Aber in Ikonien war es dann soweit: „Sie blieben eine lange Zeit dort und lehrten frei und offen im Vertrauen auf den Herrn, der das Wort seiner Gnade bezeugte und ließ Zeichen und Wunder geschehen durch ihre Hände." Dieser Bericht liest sich genauso wie bei Apostel Petrus.
Jetzt hatte es Paulus begriffen und gelernt, wie das Evangelium der Kraft wirkte. Er traf eine grundlegende Entscheidung für den Rest seines Dienstes: Er wollte sich nur noch auf den Heiligen Geist und seine Kraft verlassen. Als er lange später nach Korinth kam, war an seiner Überzeugung selbst für diese hoch entwickelte griechische Stadt nichts mehr zu rütteln. Er sagte: „Mein Wort und meine Predigt geschahen nicht mit überredenden Worten menschlicher Weisheit, sondern in Erweisung des Geistes und der Kraft, damit euer Glaube nicht stehe auf Menschenweisheit, sondern auf Gottes Kraft." (1.Korinther 2, 1-5). Auch in seinem viel späteren Brief an die Römer fasste er seine Missionsstrategie zusammen: Sein Dienst war in „Wort und Werk, in der Kraft von Zeichen und Wundern und in der Kraft des Geistes Gottes." (Römer 15, 18-19).

Ein Leben in der Kraft

Ich bin davon überzeugt, dass das Zeugnis von Jesus, den Aposteln, den Diakonen und zuletzt auch von Paulus so eindeutig ist, dass es für uns Christen heute keine Ausrede gibt, es irgendwie anders tun zu wollen. Ja, auch uns ist das Angebot des Heiligen Geistes geschenkt. Und der Herr bietet seine Kraft allen Schwachen an. Wir dürfen ohne Zweifel bekennen: „Ich vermag alles durch den, der mich mächtig macht, Christus!" Es liegt jedoch an jedem selbst, diese Entscheidung zu treffen, wie sie auch Paulus getroffen hatte. Er fordert uns auf, im Geist zu leben, ja im Geist zu wandeln und nicht im Fleische (Galater 5, 25). Und wenn wir täglich mit der Gegenwart des Geistes rechnen, dann kann uns seine Kraft tausendfach helfen. Es gibt nämlich ständig Situationen, bei denen wir uns doch lieber auf unsere eigene Überzeugungskraft unserer Worte oder Überredungskünste verlassen, statt dass wir den Geist der Kraft, Liebe und Besonnenheit zum Zuge kommen lassen.

Schlussfolgerung:
Die Kraft des Reiches Gottes ist nicht nur für den Dienst gedacht, sondern für ein geisterfülltes Leben. Wir können schon mit ihrer Wirkung in allen Lebensumständen, ob im Alltag, zu Hause oder in der Arbeitswelt rechnen. Ich bete, dass ihr „gestärkt werdet mit aller Kraft durch seine herrliche Macht zu aller Geduld und Langmut" (Kolosser 1, 11). Dem Herrn sei Ehre.

Tag 19 - Das Reich Gottes ist mitten unter euch

Rafael Jaetzek

Denn siehe, das Reich Gottes ist mitten unter euch.
Lukas 17, 21

Hast du dich irgendwann gefragt, wie es mit dem Reich Gottes in Wirklichkeit ist?
Ich machte mir Gedanken darüber.
Als ich wiedergeboren wurde, das heißt als ich an Jesus Christus geglaubt habe und errettet wurde, habe ich angefangen, überall wo ich war, Zeugnis zu geben, dass Jesus lebt, mich errettet und mein Leben verändert hat.

Sehr schnell haben meine Ehefrau und ich begriffen, dass viele die uns zugehört haben, nicht so richtig verstanden hatten, was wir eigentlich erlebt haben. Oder vielleicht wollten sie das Alles auch nicht wahr haben, denn wir lebten damals in Polen, wo überwiegend die katholische Kirche dominierte.

Trotz Widerstand und Missverständnis vonseiten der Familie und unseren Bekannten verharrten wir weiter beim Herrn, den wir von ganzem Herzen liebten für die Errettung und das neue Leben, das Er uns geschenkt hatte. Wir haben weiter Zeugnis gegeben, dass Er, der wahre Gott, lebt und Er keine Religion ist. Von Beginn meiner Bekehrung an habe ich immer wieder erfahren, dass der Herr, unser Gott, volle Kraft und Herrlichkeit ist und Er das Unmögliche in das Mögliche verwandelt.

Als ich Gottes Wort studierte, bemerkte ich, dass für den Herrn Jesus Christus Zeichen und Wunder das tägliche Brot sind. Voller Begeisterung für Sein Wort sehnte ich mich deshalb danach, dass mein Leben verändert wurde, damit ich Ihm mehr und mehr gefalle.

Als ich die Bibelstelle in Matthäus 13, 44 las: „Das Himmelreich ist wie ein Schatz, den ein Mann in einem Feld verborgen fand. In seiner Aufregung versteckte er ihn wieder und verkaufte alles, was er besaß, um genug Geld zu beschaffen, damit er das Feld kaufen und

mit ihm den Schatz erwerben konnte!“ fühlte ich, wie der Heilige Geist zu meinem Herzen sprach und mir zeigte, dass der Schatz, den der Mensch gefunden hatte, Jesus und mit Ihm das Reich Gottes war. Der Mensch war herausgefordert etwas damit zu tun. Also musste er alles, was er hatte, verkaufen, damit er den Acker kaufen konnte. Der Heilige Geist zeigte mir dadurch, dass das, was dieser Mensch verkaufen musste, Dingen aus meinem alten Leben entsprach. Diese musste ich vor Gott und den Menschen in Ordnung bringen, damit Gottes Reich in mein Herz und damit in mein Leben eindringen und bleiben konnte.
Es war für mich klar, dass ich aus Gottes Gnade durch Jesus erlöst war und es war Gottes Geschenk an mich. Aber was mein altes Leben betraf, da musste ich etwas tun.

Als ich in dem Prozess der Befreiung von Alkohol, Zigaretten und anderen Bindungen war, erinnerte mich der Heilige Geist an eine Situation, in der ich unter Einfluss von Alkohol in einer Diskothek mit einem Jugendlichen war. Während einer Auseinandersetzung mit ihm wurde sein Arm gebrochen und ich war daran beteiligt und mitschuldig. Damit ich mich nicht verantworten musste und damit die Sache nicht ans Tageslicht kam und ich dadurch keine Konsequenzen tragen musste, habe ich ihm als Entschädigung eine Summe Geld angeboten, aber ihm das Geld nie gegeben.
Nach 2 Jahren hat mich der Heilige Geist an das alles erinnert und zu mir gesagt, dass Jesus mich mit derselben Liebe geliebt hat, mit der Er auch den Jugendlichen geliebt hat. Und dass Er alles auf Golgatha gegeben hatte, damit mir und ihm vergeben würde.
Jetzt war es an mir, wieder alles gut zu machen, was ich dem Jugendlichen versprochen, aber nie erfüllt hatte. Nach 2 Jahren bin ich zu ihm nach Hause gegangen. Er war nicht da, aber zur Verwunderung seiner Mutter gab ich ihr das versprochene Geld.

In der Geschichte mit dem Mann, der alles verkaufte, um den Schatz zu erwerben, sagte Jesus, dass er bereit war alles, was er hatte, zu geben!
Jesus fragt dich heute, ob du bereit bist, Alles zu geben, damit Sein Reich sich in deinem Leben offenbart.

Das Reich Gottes kommt dann zu dir, wenn der König Jesus in dein Leben kommt. Das Bekenntnis in meinem und deinem Leben („ich glaube an Jesus Christus" nach Römer 10, 9-10) soll übereinstimmen mit der biblischen Botschaft. Du sollst Dir dessen bewusst sein, dass du ab dem Moment deines Bekenntnisses Gott unterworfen bist. Er regiert jetzt über dich und du unterwirfst dich Gott.
Verstehst du es so?

Wenn Jesus in deinem und meinem Leben regiert, verändert sich dadurch die Welt, denn durch uns verbreitet sich das Reich Gottes. Das Reich Gottes fängt in deinem Herzen an. Du siehst es nicht, aber es vereinigt sich mit deinem Geist (Herzen).

Wenn es aber nur dort bleibt, bleibt es ohne Auswirkung.
Das Herz ist die Lebensquelle. Dort ist der Platz, wo wir alles entscheiden.
Von dort verbreitet sich das Reich Gottes in den ganzen Menschen.
Und durch die Gemeinde, durch die Gemeinschaft verändert sich die Menschheit.
Es geschieht durch uns, wenn wir unsere Prioritäten, Denkweise und Lebenswerte, Seiner Herrschaft unterwerfen.
Auf diese Weise kommt das Reich Gottes der Liebe und Kraft durch wiedergeborene Christen in die Welt, wenn sie sich dem Willen des Christus unterwerfen, der ihr Erlöser ist.
Das Reich Gottes ist eine Wirklichkeit, die man zeigen und bekennen kann.
Das Reich Gottes ist seine Gemeinde, in der wir ein Teil sind. Und Gott bewirkt in unserem Leben Veränderung, weil Er sich um alles kümmert.
Es ist ein reales Bild. Es zeigt uns die Problematik, aber es rechtfertigt sie nicht, auch nicht unsere Sünden.

Das ist ein Reich, das eintritt in die Schwachheit und Sündhaftigkeit, den Hass, die Eifersucht und den Zorn, in die Bitterkeit und allen Schmutz dieser Welt. Es ist ein Prozess, der angekündigt wurde durch Jesus Christus in Seinem Wort, der da spricht: „Werft eure Sorgen und Probleme auf mich, weil ich für euch sorgen will."

„Ich will für dich sorgen“, spricht der Herr, „und ich will, dass mein Reich sich in deinem Leben manifestiert, damit alle Bereiche deines Lebens verändert werden in meiner Kraft und Herrlichkeit, überall dort wo du vielleicht schwach bist, wo Probleme sind, Krankheiten, finanzielle Probleme usw.“
„Damals auf Golgatha“, spricht der Herr, wo ich für dich und deine Sünden starb, habe ich alles auf mich genommen und ich habe gesiegt, damit Meine Herrlichkeit in dir bleibt und sich durch dich in dieser Welt offenbart“.

Tag 20 - Den Willen des Vaters tun

Udo Wahl

Nicht jeder, der dauernd 'Herr' zu mir sagt, wird ins Reich kommen, das der Himmel regiert, sondern nur der, der den Willen meines Vaters im Himmel tut. An jenem Tag des Gerichts werden viele zu mir sagen: 'Herr, haben wir nicht mit deinem Namen geweissagt? Herr, haben wir nicht mit deinem Namen Dämonen ausgetrieben und mit deinem Namen Wunder getan?' Doch dann werde ich ihnen unmissverständlich erklären: 'Ich habe euch nie gekannt! Macht euch fort, ihr Schufte!'
Matthäus 7, 21-23 (Neue Evangelische Übersetzung)

Nicht jeder, der zu mir sagt: Herr, Herr! wird in das Reich der Himmel eingehen, sondern wer den Willen meines Vaters tut, der in den Himmeln ist. Viele werden an jenem Tage zu mir sagen: Herr, Herr! Haben wir nicht durch deinen Namen geweissagt, und durch deinen Namen Dämonen ausgetrieben, und durch deinen Namen viele Wunderwerke getan? Und dann werde ich ihnen bekennen: Ich habe euch niemals gekannt; weichet von mir, ihr Übeltäter!
Matthäus 7, 21-23 (Elberfelder)

Diese Bibelstelle ist sehr erstaunlich. Sie spricht vom Gericht am Jüngsten Tag. Das erstaunliche ist, dass Jesus sagt, dass er Menschen nicht kennt, obwohl diese ein Bekenntnis zu Ihm abgelegt hatten und sie sogar Wunder und Zeichen in ihrem Dienst hatten.

Im Folgenden werde ich auf beide Aspekte eingehen (1) das Bekenntnis und (2) die Wunder und Zeichen.

Hier noch ein Zitat von Oswald Chambers:
“Der Herr gibt mir keine Regeln, aber er macht seine Erwartungen oder Standards sehr klar. Wenn meine Beziehung zu ihm auf Liebe basiert, werde ich tun was er sagt. Wenn ich zögere ist dies, weil ich jemand anderen liebe und diesen in Konkurrenz zu Ihm gesetzt habe, nämlich mich selbst.”

1. **Bekenntnis und der Wille Gott des Vaters**

Reicht es denn nicht eigentlich schon, wenn ich proklamiere, dass Jesus mein Herr ist? Das steht doch so auch in der Bibel, wird der eine oder andere sagen und auf den ***Römerbrief 10, 8-10*** verweisen. Aber in dieser Stelle liegt auch der Grund mit verborgen, weshalb es eben nicht ausreicht ein Lippenbekenntnis abzulegen. Man muss mit dem Herzen glauben und das bringt uns in eine ganz andere Dimension in Bezug auf unser Bekenntnis.

In ***Matthäus 7, 21*** macht Jesus deutlich, dass ein Lippenbekenntnis eben nicht ausreicht. Wenn wir wirklich von Herzen glauben und dann bekennen, wird uns dies in den Gehorsam zu Gott bringen.

Nun ist dieses Wort Gehorsam heute weitgehend negativ behaftet. Kinder und Jugendliche werden dazu erzogen, Autoritäten zu hinterfragen und, bedingt durch unsere Vergangenheit im Dritten Reich, nicht gleich zu allem "Jawoll" zu sagen.
Diese Abneigung und der Argwohn gegenüber Autoritäten hat sich leider auch auf den Bereich des christlichen Glaubens ausgebreitet.

Ich möchte nicht zu weit ausholen, aber ein paar Beispiele mögen dies verdeutlichen.

- Seit den 60zigern ist es „normal" und wird akzeptiert, dass man Gott im Namen von Meinungsfreiheit und der künstlerischen Freiheit ohne Konsequenz verspotten oder lästern kann (z.B. Filme wie "Das Leben des Brian"; die Popsängerin Madonna, die sich halbnackt am Kreuz ablichten lässt; ...). Dies ist ganz normal in nichtgläubigen Kreisen und wird von der Mehrheit der Bevölkerung akzeptiert. - Kurze Anmerkung hierzu: Das darf man aber nicht mit anderen Religionen machen, besonders nicht mit dem Islam! - Früher nannte man das mal Blasphemie und es wurde bestraft. Heute darf jeder meine und Deine christlichen Gefühle verletzten. Aber selbst in vielen Kirchen und Gemeinschaften macht sich ein Trend breit, der Gott für alles Unheil, das in dieser Welt geschieht, auf die Anklagebank setzt. Da gibt es selbst Theologen, die Aussagen tätigen wie: "Falls Jesus wirklich am

Kreuz als Sühneopfer gestorben ist, macht Gott sich einer kosmischen Kindesmisshandlung schuldig"[2]. Was Gott in seinem Wort als Sünde deklariert, wird von vielen liberalen Theologen hinwegargumentiert (Abtreibung, Homosexualität, ...). Dazu kommt, dass Gottes „Bodenpersonal" durch ihren weltlichen Lebenswandel auch nicht mehr die Respektspersonen und die Tabellenführer in der Liste der Menschen sind, die für Integrität stehen. Der Pfarrer der mit der Frau des Organisten abhaut. Der Pastor, der sich an der Gemeindekasse bedient. Der Kindermissbrauch durch Kirchenmänner und ähnliches sind heute kaum noch eine Schlagzeile wert.

- Wir sehen eine Mode, dass man sich heute einen „christlichen" Glauben wie aus einem spirituellen Baumarkt selbst zusammenbastelt, nach unserem eigenen Geschmäckle eben. Man nennt diesen Trend auch „Wohlfühl-Evangelium". Es setzt sich eine weltliche Kultur durch, in der der Einzelne für sich bestimmen kann, was wahr und gut ist. Dies ist der Einfluss einer falschen Religion, die sich hinter dem Begriff „Humanismus" verbirgt. Der Mensch als Krönung der „Schöpfung" (durch Evolution) ist sein eigener Herr. Dazu kommt, dass die Bibel durch die Theologen der „Bibelkritik" ihren Stellenwert als offenbarter Wille Gottes weitgehend verloren hat. Wer noch daran festhält, wird als Fundamentalist, Hinterwäldler oder ähnliches verspottet und nicht für ernst genommen.

Aber seien wir gewarnt, Gott lässt sich nicht spotten. Denn was der Mensch sät, das wird er auch ernten. Leider wird dies auch manch „guten Christenmenschen" treffen, der so vor sich hin glaubt und Gott einen guten Mann sein lässt. Für solche „Christen", die Jesus in dem Buch der Offenbarung auch „lauwarm" nennt, wird es eine böse Überraschung geben. Jesus wird einmal zu ihnen sagen: „Ich kenne Euch nicht". Welch fürchterliches Erwachen wird das sein.

---

2 http://www.rpi-ekhn.de/cms/fileadmin/rpz/download/schoenberger_hefte/2012/Heft_1/2012-1_03-06_Augst.pdf So auch Brian McLaren and Steve Chalke.

Aus dieser Überlegung muss jeder Christ sich selbst prüfen. Bin ich ein „echter Christ"? Diese Frage muss jeder sich selbst stellen. Ich kann diese Frage für Dich nicht beantworten.

Wenn ich mich in der weltweiten Kirche umschaue, welche nicht das Reich Gottes auf Erden ist, graust mir über die Irrlehren, die sich wie Krebsgeschwüre im Leib Jesu ausgebreitet haben. Der Glaube ist zu einem Supermarkt entartet, wo sich jeder bedienen kann und sich das raussuchen kann, was ihm am besten gefällt. Ob dies das sogenannte Wohlstandsevangelium ist, das sich besonders in Nordamerika und Afrika rasant verbreitet hat und noch verbreitet oder neue Kirchenbewegungen, die niemandem auf die Zehen treten wollen und Sünde verharmlosen und die Gnade Gottes als Sonderangebot verramschen. Ich möchte jedermann empfehlen, das Buch „Nachfolge" von Dietrich Bonhoeffer zu lesen. Er hat dieses Buch noch vor der Machtergreifung Hitlers verfasst und spricht von dem damaligen Fehler, der falschen Lehre von der billigen Gnade. Eine billige Gnade kann es nicht geben, denn sie hat das Leben Jesu gekostet und wurde damit teuer, ja im wahrsten Sinne des Wortes sündhaft teure Gnade. Ein aktuelles Buch, das vor über 80 Jahren geschrieben wurde. Dietrich Bonhoeffer ein Prophet? Man könnte Dutzende weiterer Fehlentwicklungen aufzählen. Das Kernproblem finde ich, ist dasselbe.

Es dreht sich alles um die Frage: Wer sitzt auf dem Thron Deines Herzens?

Dies ist eine sehr wichtige Frage. Die Antwort darauf sollte sein: JESUS.
In der Realität ist dieser Platz aber vergeben an das ICH / EGO oder an einen anderen Menschen oder an unsere Karriere, an unser Geschäft oder sogar an unseren Dienst für Jesus!

Letztendlich gehorche ich dem Herrscher über mein Herz, dem König meines Herzen.

Wenn Jesus nicht auf dem Thron meines Herzen sitzt, gehorchen wir Ihm nicht und disqualifizieren uns für das Reich Gottes.

Gott sagte bereits im Alten Testament: Gehorsam ist besser als Opfergaben.

Doch Samuel erwiderte: "Freut Jahwe sich mehr über Opfer, die man schlachtet und verbrennt, als daran, dass man ihm gehorcht? Merk dir: Gehorsam ist ihm wichtiger als Opfer, auf ihn zu hören, ist ihm mehr wert als das Fett vieler Schafböcke."
1. Samuel 15, 22 (Neue Evangelische Übersetzung)

Samuel aber sprach: Hat der HERR Wohlgefallen an Opfern und Brandopfern gleichwie am Gehorsam gegen die Stimme des HERRN? Siehe, Gehorsam ist besser denn Opfer und Aufmerken besser als das Fett von Widdern!
1. Samuel 15, 22 (Schlachter)

Gehorsam ist der Schlüssel

Jesus hat uns dies bis zum bitteren Ende (oder besser bis zur bitteren Neige) vorgelebt. Er ist der große Lehrer, der seinen Jüngern beibrachte, wie man recht beten soll. ***„Unser Vater, der du bist im Himmel. Geheiligt werde Dein Name. Dein Reich komme. Dein Wille geschehe ...(Matthäus 6, 9-10 Schlachter).***
Das Wunderbare ist jedoch, dass Jesus kein Theologe war, der fernab jeder Realität sein theoretisches Wissen in kunstvollen Vorträgen an eine privilegierte Oberschicht von Jungakademikern in einem vollklimatisierten Hörsaal weitergab. Nein Jesus lehrte praktische Theologie und lebte mit seinen Jüngern unter den Menschen. Die Welt war sein Universitätscampus. Er lebte aus, was er lehrte. Er demonstrierte seinen Jüngern, dass es tatsächlich möglich war, gemäß dem Willen des himmlischen Vaters auf Erden zu leben. Im Garten von Gethsemane hat er seine „Reifeprüfung" sozusagen abgelegt, als er seine Gebetszeit mit den Worten ***„nicht mein, sondern Dein Wille geschehe" (Lukas 22, 42 Schlachter)*** beendete.

Bei der Vorbereitung auf diese Predigt bin ich auf zwei Bibelstellen gestoßen. Diese wurden meiner Frau Kathleen und mir vor fast genau 20 Jahren im Oktober 1994 im Missionswerk „Strahlen der

Freude“ in Pforzheim von einer Schwester als ein Wort von Gott gegeben und ich hatte sie in meiner alten Taschenbibel markiert:

Denn ihr bedürfet des Ausharrens, auf dass ihr, nachdem ihr den Willen Gottes getan habt, die Verheißung davontraget.
Hebräer 10, 36 (Elberfelder)

D.h., dass wir treu sein sollen in der Erfüllung des Willens Gottes für unser Leben.

Und es werden kommen von fern, die am Tempel des HERRN bauen werden. Da werdet ihr erfahren, dass mich der HERR Zebaoth zu euch gesandt hat. Und das soll geschehen, so ihr gehorchen werdet der Stimme des HERRN, eures Gottes."
Sacharja 6, 15 (Luther Bibel)

Diese Verheißung haben wir in der Mission oft in der Realität erfahren dürfen. Wenn wir Gottes Willen tun oder wie es hier heißt „der Stimme Gottes gehorchen", wird er die Bauleute und Spender bringen, die dabei helfen, die Arbeit Gottes voranzutreiben. Wir haben in den 19 Jahren der Missionsarbeit erlebt, wie Gott uns mit Menschen aus Deutschland, England, Schottland, Irland, Neuseeland, Holland, USA, u.a. Ländern zusammengeführt hat, die uns mit Wort und Tat und Finanzen geholfen haben. Wir waren Gott gehorsam und alle diese Menschen waren auch Gott gehorsam. Und so konnte der Wille Gottes in verschiedenen Arbeiten umgesetzt werden.
Es geht hier auch ganz klar darum, dass wir uns selbst verleugnen. ***Matthäus 16, 24; Galater 5, 24***

Nachfolge ist auch deshalb teure Gnade, da sie unser Leben, besser unsere Ichbezogenheit, kostet. Es ist halt nicht mehr „Ich, meins, mich und mir, Herr segne uns 4" sondern, "Herr Dein Wille geschehe".

So geht es darum, dass unserem Bekenntnis der absolute Gehorsam folgt, Seinen Willen in die Tat umzusetzen. ***Matthäus 7, 24***

2. **Zeichen und Wunder und der Wille des Vaters**

Wunder und Zeichen sind eben nicht immer ein Zeichen einer besonderen Segnung Gottes. Sie sind nicht immer ein Zeichen, dass jemand im Willen Gottes steht.
Die Bibel spricht eindeutig und klar darüber, dass in der letzten Zeit (oder Endzeit) sich viele gläubige Menschen durch falsche Lehre mit Zeichen und Wundern verführen lassen. Gerade in Afrika kann man dies heute sehen, wo Menschen nach der Kraft Gottes suchen und deshalb zu jedem Prediger, Propheten oder Evangelisten rennen, bei dem große Kraftwirkungen sichtbar sind. Dabei wird nicht darauf geachtet, was diese Männer und Frauen predigen! Es gibt viele, die verlassen ihre Ortsgemeinde und werden „Mitglieder" einer TV-Gemeinde. So ein Schwachsinn!!! Die lokalen Gemeinden leiden natürlich sehr unter diesem „Show-Business"-Effekt.

Jesus hat dies in seiner großen Endzeitlehre im ***Matthäusevangelium*** klar vorhergesagt.

Denn es werden falsche Christi und falsche Propheten aufstehen und werden große Zeichen und Wunder tun, um so, wenn möglich, auch die Auserwählten zu verführen.
Matthäus 24, 24 (Elberfelder)

Die verschiedenen Kommentare, die ich dazu studiert habe, sind sich einig, dass ein wahrer Nachfolger Jesu, ein wahrer Christ eben, nicht verführt werden kann.

Wenn ich mir jetzt aber anschaue, wie viele Gemeindemitglieder aus verschiedenen Gemeinden solchen falschen Propheten und Lehrern nachfolgen, frage ich mich, sind sie alle keine echten Christen?

Ich denke, wir kommen hier zurück zum ersten Punkt. Wenn nicht Jesus auf dem Thron unseres Herzen sitzt, dann habe ich keine wirkliche Bekehrung erlebt! Das ist eine harte Aussage, aber wir können das weiter mit der Bibel belegen. Die Bibel ist kein Märchenbuch, kein Bestellkatalog und es ist kein Rezeptbuch, wo ich mir aussuche, was mir schmeckt. Es ist das Wort Gottes von A-Z, vom ersten Buchstaben im 1. Buch Moses (Genesis) bis zum letzten

Buchstaben im Buch der Offenbarung. Entweder wir akzeptieren das oder wir lassen das. Entweder wir ordnen uns diesem Wort unter oder nicht. Es gibt keinen halben Gehorsam im Reich Gottes. 100% oder gar nicht!! Entscheide Dich!!

Der Apostel Paulus hat dies klar erkannt:

... täglich sterbe ich...
1. Korinther 15, 31

Im englischsprachigen Kommentar „The Bible Illustrator" heißt es dazu unter anderem:

Der Apostel Paulus hatte hier das Bild der römischen Gladiatoren vor Augen. Wenn diese die Arena betraten, riefen sie laut: "Ave Caesar! Morituri te salutant" d.h. "Heil Cäsar! Die Totgeweihten grüßen Dich." (E-Sword, www.e-sword.net, kostenlose Bibel, Kommentare, usw.)

Paulus war sich bewusst, dass er jederzeit, jeden Tag sterben konnte, entweder durch Verfolgung, Schiffbruch oder wilde Tiere. Er war bereit dazu.

Der Satz spricht aber auch eine geistliche Wahrheit aus: Das tägliche Sterben dem Ich und der Welt gegenüber.

Im Kommentar heißt es weiter:
Täglich übergebe ich meine Seele dem Herrn. (D.h. ich bin bereit heute zu sterben.)
Täglich versage ich mich den Interessen der Welt. (D.h. meinem Ego und den weltlichen Versuchungen)
Täglich kultiviere ich eine engere Beziehung mit dem Himmel. (D.h. tägliche Beziehung zu Gott)
Täglich unterdrücke ich die gefallene Natur. (D.h. Die körperlichen Bedürfnisse dürfen mich nicht beherrschen.)
Täglich komme ich ans Kreuz. (D.h. ich demütige mich unter die Herrschaft Jesu, da ich mir meiner selbst und meiner Unvollkommenheit bewusst bin.)

Dies wird meiner Ansicht auch noch unterstützt von der Aussage des Paulus im ***Brief an die Galater Kapitel 2 Vers 20:***

Ich bin mit Christo gekreuzigt, und nicht mehr lebe ich, sondern Christus lebt in mir; was ich aber jetzt lebe im Fleische, lebe ich durch Glauben, durch den an den Sohn Gottes, der mich geliebt und sich selbst für mich hingegeben hat.
Galater 2, 20

Dann werde ich den Willen des Vaters tun und auch in das Reich unseres Königs Jesus an dem Tag einziehen, wenn Er wiederkommt, um Seine Herrschaft hier auf Erden anzutreten.

Zusammenfassung:

1. Das Bekenntnis, Jesus ist mein Herr, darf nicht nur Lippenbekenntnis sein. Dem Bekenntnis muss die freiwillige Unterstellung unter den Willen Gottes des Vaters folgen. Die Bibel hilft uns, den Willen Gottes zu erkennen. Jesus muss auf dem Thron unseres Herzens sitzen.

2. Zeichen und Wunder sind nicht immer ein Zeichen, dass die Salbung Gottes auf einem Menschen ruht. Jesus hat uns gewarnt, dass falsche Christusse, falsche Propheten und falsche Lehrer auftreten werden, die mit Zeichen und Wundern versuchen, selbst die Gläubigen zu verführen. Wir müssen täglich sterben, d.h. dem alten Menschen, dem Egoismus sterben, so dass Jesus durch uns lebt.

Buchempfehlung:

Dietrich Bonhoeffer: “Nachfolge”, Gütersloher Verlagshaus, ISBN 3-579-00455-7
Reinhard Deichgräber: “Gottes Willen erkennen und tun”, Brunnen-Verlag,
ISBN 3-7655-5482-0

Tag 21 - Das Alte zurücklassen

Rolf Klingler

Im Leben eines jeden Menschen gibt es Entwicklungsstufen.
Wir beginnen als Säuglinge mit der Muttermilch und sind voll abhängig vom Schutz und der Fürsorge unserer Eltern.
Dann durchlaufen wir den Kindergarten und die Schulzeit. Versuche einem Schüler vorzugeben, dass er nur Muttermilch trinken darf und 80% seiner Zeit aus Schlafen bestehen muss. Jetzt ist klar, er hat einige Stufen in seinem Leben genommen und will, oder besser, wird nicht mehr zurückgehen.
Das ist ein natürlicher Prozess des Wachstums. Es gibt aber beim Christen parallel einen geistlichen Prozess.
Dieser ist allerdings nicht so typisch vorprogrammiert. Er beginnt meist mit einem A-Ha Erlebnis durch einen Impuls von außen. Es ist das Lebendig werden der Erkenntnis, dass Jesus in mein Leben treten will oder getreten ist.
Plötzlich ist nichts mehr wie es war, als wir noch geistlich unbekümmert vor uns hin lebten.
Das ging auch den Fischern am See von Galiläa so, als Jesus sie radikal aufforderte: „Folge mir nach."
Darauf mussten sie reagieren mit einer Entscheidung. Ja oder Nein.
An vielen Stellen in unserem Leben würden wir dann sagen "eher ein bisschen" oder „vielleicht" oder „schauen wir mal". Wir kennen auch die Möglichkeit des Mietens, d.h. erst mal ausprobieren, ob es mir auch gefällt.
In der geistigen Welt gibt es das so nicht. Hier heißt es ganz oder gar nicht. Man kann ja auch nicht ein bisschen schwanger sein.
Manche dieser Entscheidungen sind gravierend. Sie verändern alles.

Wie war es, als Jesu seine ersten Jünger rekrutierte?

Als er aber am See von Galiläa entlangging, sah er Simon und dessen Bruder Andreas; die warfen das Netz aus im See, denn sie waren Fischer. Und Jesus sprach zu ihnen: Folgt mir nach, und ich will euch zu Menschenfischern machen! Da verließen sie sogleich ihre Netze und folgten ihm nach. Und als er von dort ein wenig weiterging, sah er

Jakobus, den Sohn des Zebedäus, und seinen Bruder Johannes, die auch im Schiff waren und die Netze flickten. Und sogleich berief er sie; und sie ließen ihren Vater Zebedäus samt den Tagelöhnern im Schiff und folgten ihm nach.
Markus 1, 16-20 (Schlachter 2000)

Für die Fischer war es eine besonders harte Entscheidung. Sie waren doch die Ernährer ihrer Familien. Könnt ihr euch vorstellen, was deren Ehefrauen, Eltern oder Freunde zu ihnen sagten, als sie hörten, dass sie statt zu arbeiten und für den Lebensunterhalt der Familie zu sorgen, lieber mit einem Fremden herumreisen wollen?
Da gehört Mut und Entschlossenheit dazu, die nur durch die tiefe Überzeugung generiert werden kann, dass es 100% richtig ist. Gott ist diese 100%ige Sicherheit, dass wir es richtig machen. Nach ihm sehnen wir uns doch schon unser ganzes Leben. Bestand, Vertrauen und Liebe - das sind die grundlegenden Dinge, die in uns erfüllt sein wollen.

Um Veränderungen generell anstoßen zu können, bedarf es einer Entscheidung, um aus unserem aktuellen Status heraus zu kommen. Die nächsten Schritte sind dann nur noch logisch und zeitlich folgende Konsequenzen.
Das ist so wie die DVD in den DVD-Player einlegen und auf Start drücken, oder?
Nicht ganz so einfach. Es gibt da ein paar zusätzliche Abfragen, die zu beantworten sind. Manche nur mit JA oder NEIN oder aber z.B. in welcher Sprache (mit Untertitel oder doch für Gehörgeschädigte....) der Film abgespielt werden soll. Aber dann läuft der Film.

Zurück zu den Fischern.
Für sie gab es nach Jesu Aufruf auch nur den Weg, mit ihm zu gehen. Er lief einfach weiter. Sie sagten ja nicht: Warte mal oder komm in zwei Wochen noch mal vorbei. Bis dahin habe ich darüber nachgedacht, mich entschieden und alles geregelt."

Jesus aber sprach zu ihm: Lass die Toten ihre Toten begraben; du aber geh hin und verkündige das Reich Gottes!
Lukas 9, 60 (Schlachter 2000)

Hier wird klar, dass sein Aufruf nachzufolgen, ernst gemeint ist. Jesus spricht von einer Beerdigung. Das ist eines der intimsten Anlässe in der Familie, die es gibt. Ist er so grausam, diesen Dienst an den Angehörigen verwehren zu wollen, wegen seiner Sache? Was meint er mit den Toten? Es geht hier nicht um körperlich tote Menschen, sondern um geistlich abgestorbene Menschen, die vom lebendigen Evangelium nichts wissen wollen. Für jene zählen diese Art von Ritualen mehr als ihre mögliche Erlösung.
Für Jesus ist die Errettung unbekehrter Menschen, die dadurch ewiges Leben bekommen, wichtiger. Es ist die höchste Priorität. Dazu braucht er Werkzeuge, die für und mit ihm unterwegs sind. Da gibt es keine dringlichere Aufgabe.

Ein Beispiel für einen Aufbruch im praktischen Leben.

Wie geschieht das bei einem Arbeitswechsel?
-An den letzten Tagen Aufgaben an Kollegen verteilen
-Schreibtisch räumen
-Papierkorb füllen
-„Es geht mich dann nichts mehr an."
-„Andere treten an meine Stelle."
-„Jetzt kann ich an die neue Aufgabe denken, die vor mir steht."

Was ist das Alte für einen Christen?
-Gewohnheiten
-Streitereien
-Verletzungen
-Bindungen
-Aufgaben
-Ängste/Sorgen
-Aber auch die geliebten Sicherheiten des Lebens: Job, räumliche Umgebung, Lebensversicherung, Familie...

Was ist aber wichtiger als das Alte zurückzulassen?
Das NEUE !!!
..und so sieht dann der neue Start aus:
1. Arbeitstag:
-Alles ist anders und ungewohnt.
-Freude auf die neue Aufgabe

-Alles ist neutral und jungfräulich.
(Keine Auseinandersetzungen mit den alten Kollegen)
-Der Posteingang ist leer.
-Nichts vom Alten ist mehr da. (Oder lässt du dir die Aufgaben und Mails zur Bearbeitung von der alten Firma nachschicken?)
-Du bist für einen anderen Chef tätig. Er hat andere Aufgaben für dich und andere Anforderungen/Richtlinien.

Das kann aber nachhaltig nur geschehen, wenn die Seile wirklich gekappt sind. Wie soll ein Schiff aufbrechen, wenn noch fette Taue am Kai festgemacht sind? Selbst mit aller Gewalt geht es nicht glatt. Es gibt erst einen fetten Ruck und dann muss kräftig gegengesteuert werden, um gerade aus zu kommen oder nicht umzukippen. Wenn es überhaupt noch gelingt.
Manchmal ist es besser an der Abnabelung zu arbeiten. Offene Geschichten wirklich sauber zu beenden; reinen Tisch zu machen.
Sonst fühlt es sich an wie ein Spaziergang mit Kaugummi am Schuh = klebt und erinnert dich bei jedem Schritt unangenehm an ein altes Problem / Fehltritt.

Die NEUE Zielausrichtung ist wichtig und sollte nachhaltig sein. Ein Zickzack-Kurs ist definitiv ungeschickt. Es bremst und gefährdet sogar. Es ist uneffektiv.
Wenn du es richtig machst, erkennen die Menschen deinen roten Lebensfaden und deine Veränderungen im Leben. Die geistlichen Früchte reifen heran. Du wirst kontrollierter, fluchst nicht mehr, lästerst nicht über Andere. Freust dich nicht, wenn sie über einen Arbeitskollegen herziehen und machst auch nicht mit. Stattdessen verteidigst du ihn, hebst seine guten Eigenschaften hervor.
Du bist morgens nicht mehr mürrisch, wenn du am Arbeitsplatz oder in der Schule auftauchst, sondern freust dich, dass du einen Job hast oder in die Schule gehen kannst. In vielen Ländern ist das gar nicht möglich. Du bist privilegiert. Du hast einen Grund zur Freude.
Wenn du glaubst, du hast einen unmöglichen Chef, bete für ihn. Wenn er Jesus in sein Leben aufnimmt, wird er sich auch verändern = garantiert!
Sprich positiv in deine Arbeitserfolge und du wirst sehen, deine Umstände werden sich verändern. Im Geist und mit Autorität gesprochene Worte haben Macht und bringen Veränderung. Sie sind

Neues!
Erst wenn du aus deinen alten Gleisen heraustrittst, kannst du andere Wege gehen. Es ist allerdings nicht planbar, was dann kommt, wenn du mit Jesus gehst - ihm vertraust. Du kannst nur sicher sein, dass er dich nicht fallen lassen wird. Vermeintliche Misserfolge, weil du jetzt eben fadengerade und kompromisslos vorangehst, werden sich später als Gewinn herausstellen. Wir sind oft nicht reif genug, um unseren Horizont weit genug zu öffnen, um es gleich zu verstehen.

Wir dürfen uns nicht frustrieren lassen, wenn die Menschen Jesus nicht annehmen wollen. Wir sind nicht sein Anwalt. Streite dich nicht mit den Menschen. Mit der Bibel aufs Hirn zu schlagen bringt nichts, das ist sogar kontraproduktiv. Sein Wort wirkt allein. Bringe es nur offen nach außen. Wir sind seine Botschafter und nicht die Anwälte. Die Botschaft bietet Zuflucht für Hilfesuchende. Hier ist es wichtig klar zu machen, dass wir so eine Botschaft, ein Wort, das Hilfe bietet, vertreten und es vorleben.
Auf solch eine Art Ablehnung hat Jesus seine Jünger schon vorbereitet.

Auch den Staub, der sich aus eurer Stadt an uns gehängt hat, streifen wir ab gegen euch; doch sollt ihr wissen, dass das Reich Gottes nahe zu euch herbeigekommen ist!
Lukas 10, 11 (Schlachter 2000)

Wenn die Menschen seine Botschaft wirklich ablehnen, dürfen bzw. sollen wir dann auch loslassen. Du sollst dann diese Angelegenheiten aus deinem Gedächtnis streichen. Staub abstreifen ist eine aktive Handlung, die wir vollziehen müssen. Es passiert also nicht aus Versehen oder von allein. Es darf uns nicht belasten. Wir sollen unbeschwert weiter vorangehen. Nur so sind wir wirklich frei für die nächste Aufgabe, die Jesus für uns bereithält. Wenn du dich davon nicht lösen kannst, kommst du sonst schnell in Selbstzweifel und der Satan hat deine Fahrt voll ausgebremst.
Es bedarf ab und an der zweiten Gelegenheit, welche Gott vielleicht durch einen Anderen nutzen wird, aber zu seiner Zeit, die dann besser passt, so dass es dann vollbracht wird.

Es geschah oft auch im Kinderdienst, als ich schon glaubte, dass die ach so toll dargebrachte Bibelgeschichte Null Wirkung hatte. Es ist schon passiert, dass genau die vermeintlich leeren Worte einige Wochen später in einem anderen Zusammenhang wieder hoch kamen und ich total überrascht war und auch bestätigt wurde, das Richtige erzählt zu haben.
Es gibt nicht wenige Zeugnisse, wo sich verzweifelte Menschen umbringen wollten, weil alles so sinnlos erschien. Und in genau dieser Situation erinnerten sie sich an eine Geschichte aus der Kinderstunde wie z.B. die des verlorenen Sohns oder dem tief vergrabenen Satz "Jesus liebt dich so sehr, dass er für dich gestorben ist". Und dann haben sie den Selbsttötungsversuch abgebrochen und sind auf ihren neuen Wegen mit Jesus glücklich geworden.

Sei ein aktiver Christ, verlasse das Alte, vertraue auf Gott und breche auf zu neuen Ufern.

Gott wird dich begleiten und führen - vertraue ihm.

Tag 22 - Gleichnis von den anvertrauten Talenten

Daniel Exler

Denn es ist wie bei einem Menschen, der außer Landes reiste, seine eigenen Knechte rief und ihnen seine Habe übergab: Und einem gab er fünf Talente, einem anderen zwei, einem anderen eins, einem jeden nach seiner eigenen Fähigkeit; und reiste außer Landes. Sogleich aber ging der, welcher die fünf Talente empfangen hatte, hin und handelte mit ihnen und gewann andere fünf Talente. So auch, der die zwei empfangen hatte, auch er gewann andere zwei. Der aber das eine empfangen hatte, ging hin, grub ein Loch in die Erde und verbarg das Geld seines Herrn. Nach langer Zeit aber kommt der Herr jener Knechte und rechnet mit ihnen ab. Und es trat herbei, der die fünf Talente empfangen hatte, und brachte andere fünf Talente und sagte: Herr, fünf Talente hast du mir übergeben, siehe, andere fünf Talente habe ich dazugewonnen. Sein Herr sprach zu ihm: Recht so, du ***guter*** *und* ***treuer*** *Knecht! Über weniges warst du treu, über vieles werde ich dich setzen; geh hinein in die Freude deines Herrn. Es trat aber auch herbei, der die zwei Talente empfangen hatte, und sprach: Herr, zwei Talente hast du mir übergeben; siehe, andere zwei Talente habe ich dazugewonnen. Sein Herr sprach zu ihm: Recht so, du* ***guter*** *und* ***treuer*** *Knecht! Über weniges warst du treu, über vieles werde ich dich setzen; geh hinein in die Freude deines Herrn. Es trat aber auch herbei, der das eine Talent empfangen hatte, und sprach: Herr, ich kannte dich, dass du ein harter Mann bist; du erntest, wo du nicht gesät, und sammelst, wo du nicht ausgestreut hast; und ich fürchtete mich und ging hin und verbarg dein Talent in der Erde; siehe, da hast du das Deine. Sein Herr aber antwortete und sprach zu ihm:* ***Böser*** *und* ***fauler*** *Knecht! Du wusstest, dass ich ernte, wo ich nicht gesät, und sammle, wo ich nicht ausgestreut habe? So solltest du nun mein Geld den Wechslern gegeben haben, und wenn ich kam, hätte ich das Meine mit Zinsen erhalten. Nehmt ihm nun das Talent weg, und gebt es dem, der die zehn Talente hat! Denn jedem, der hat, wird gegeben und überreichlich gewährt werden; von dem aber, der nicht hat, von dem wird selbst, was er hat, weggenommen werden. Und den unnützen Knecht werft hinaus in die äußere Finsternis; da wird das Weinen und das Zähneknirschen sein.*
Matthäus 25, 14-30

Treue ist im Reich Gottes sehr wichtig.

Jesus zeigt hier in dem Gleichnis, dass er uns allen eine bestimmte Anzahl von Talenten gegeben hat. Jeder erhielt sie nach seinen eigenen Fähigkeiten. Der Mensch reiste in diesem Gleichnis außer Landes. Das ist ein Bild über Jesus selbst. Er ist zu Pfingsten auch weggegangen, er ist in den Himmel aufgefahren. Aber es ist verheißen, dass er genau auf diese Weise wiederkommen wird (Apostelgeschichte 1, 11). So beschreibt uns Jesus auch den Menschen in diesem Gleichnis; er kommt wieder und rechnet mit seinen Knechten ab.

Wir leben genau in dieser Zeit. Jesus ist im Himmel und kann jederzeit wiederkommen. Jeder von uns hat eine bestimmte Anzahl von Talenten bekommen. Und Jesus schaut, wie wir mit diesen Talenten auf der Erde umgehen. Der Umgang mit unseren von Gott anvertrauten Talenten hat Auswirkungen auf unsere Ewigkeit!

Der Knecht im Gleichnis mit den fünf Talenten hatte weitere fünf dazugewonnen. Genauso auch der Knecht mit den zwei Talenten, er hat weitere zwei dazugewonnen. Beide erhalten das gleiche Urteil!
Demnach sehen wir, dass es nicht darauf ankommt, wie viele Talente wir vom Herrn für die Zeit auf Erden erhalten haben, sondern es kommt darauf an, ob wir mit diesen anvertrauten Talenten **treu** umgehen.

Treue ist ein sehr wichtiges Prinzip im Reich Gottes und hat Auswirkungen auf unser Leben nach dem Tod.

Ebenso ist die Folge der beiden Knechte mit den fünf und den zwei Talenten identisch. Weil beide **treu** in wenigem waren, werden sie über vieles gesetzt. Beide dürfen „in die Freude des Herrn eingehen". Das ist ein Bild für die Errettung nach dem Tod und der Einzug in Gottes Reich.

Der Knecht mit dem einen Talent hatte Angst. Er fürchtete sich. Aus Angst hat er gehandelt und verbarg das Talent in der Erde, um es später so wieder zurückzugeben. Er erhält das Urteil „böser und fauler Knecht". Die anderen beiden haben „guter und treuer Knecht" gehört. Hier sehen wir, dass es am Ende genau zwei Urteile gibt:

- gut und treu
  oder
- böse und faul.

Der böse und faule Knecht hat verschiedene Eigenschaften.

- Er reagiert aus Angst „...ich fürchtete mich...". Heutzutage ist die Formulierung „ich kann das nicht" verbreiteter.
- Er spricht zuerst die Identität des anderen an, um seine eigene Fehler zu verdecken: „Herr, ich kannte dich, dass du..."
- Er verdreht das Gottesbild, „...dass du ein harter Mann bist..."
- Er verwendet biblische Wahrheiten, um die eigenen Beweggründe zu verschleiern, „du erntest, wo du nicht gesät..." Mit dieser Methode hatte Satan auch Jesus in Matthäus 4, 1-11 versucht.
- Er vergräbt seine Talente „...und verbarg dein Talent in der Erde..." Der Vergleich mit anderen, „... kann es aber besser", dient häufig als Alibi. Hierdurch lebt der böse und faule Knecht in seinem Erdenleben nicht nur weit unter seiner Berufung, sondern er beraubt auch andere Menschen, die nach Gottes Plan durch sein Talent hätten gesegnet werden sollen.

Die Folge für den bösen und faulen Knecht ist verheerend. Er wird als „unnütz" bezeichnet und wird hinausgeworfen in die äußere Finsternis, wo Weinen und Zähneknirschen ist. Das ist ein Bild für die Hölle, für ewige Verdammnis.
Wenn wir uns dieser Folgen bewusst werden, ist das Thema Treue sehr wichtig!

Der Mensch nimmt das eine Talent von dem bösen und faulen Knecht weg und gibt es dem, der bereits zehn hat.
Jesus geht es demnach nicht um die Rückgabe unserer Talente, sondern um unsere **Treue**.

Was ist Treue?

Aus dem Hebräischen bedeutet das Wort Treue soviel wie „Wahrheit, Treue, Glauben, Beständigkeit und Zuverlässigkeit". Aus dem griechischen Wortstamm kommen Bedeutungen wie „Treue, Glaube und Vertrauen" hinzu.
Es ist wirklich faszinierend, denn Treue und Glaube haben im Ursprung die gleiche Bedeutung.

Als z.B. Jesus in Markus 9, 23 gesagt hat „...Dem Glaubenden ist alles möglich.", könnte man genauso auch übersetzen: „...Dem Treuen ist alles möglich", denn es hat genau denselben Ursprung.
Faszinierend ist auch, dass ein Bestandteil der Frucht des Geistes (Galater 5, 22) die Treue ist. Aber genauso kann es auch mit „Glauben" übersetzt werden. Demnach sehen wir, dass wenn wir im Geist wandeln, Glaube und Treue als Frucht des Geistes ein Teil unseres Lebens wird.

Die Verheißung der Treue

Jesus erklärt in dem oben beschriebenen Gleichnis, weil die Knechte treu in wenigem waren, konnten sie über vieles gesetzt werden. Genauso wird es eines Tages mit uns sein. Wenn wir treu in wenigem sind, wird Gott uns über vieles setzen.

Genauso ist es auch bei unseren Finanzen:

Und ich sage euch: Macht euch Freunde mit dem ungerechten Mammon, damit, wenn er zu Ende geht, man euch aufnehme in die ewigen Zelte! Wer im ***Geringsten treu*** *ist, ist auch in* ***vielem treu****, und wer im* ***Geringsten ungerecht*** *ist, ist auch in* ***vielem ungerecht****. Wenn ihr nun mit dem ungerechten Mammon nicht treu gewesen seid, wer wird euch das Wahrhaftige anvertrauen? Und wenn ihr mit dem Fremden nicht treu gewesen seid, wer wird euch das Eure geben? Kein Haussklave kann zwei Herren dienen; denn entweder wird er den einen hassen und den anderen lieben, oder er wird dem einen anhängen und den anderen verachten. Ihr könnt nicht Gott dienen und dem Mammon.*
Lukas 16, 9-13

Es ist das gleiche geistliche Prinzip, das in der geistlichen Welt funktioniert.

Gott sucht nach treuen Leuten

Dafür halte man uns: für Diener Christi und Verwalter der Geheimnisse Gottes. Übrigens sucht man hier an den Verwaltern, ***dass einer treu befunden werde.***
1. Korinther 4, 1-2

Ich danke Christus Jesus, unserem Herrn, der mir Kraft verliehen, ***dass er mich treu erachtet*** *und in den Dienst gestellt hat, der ich früher ein Lästerer und Verfolger und Gewalttäter war; aber mir ist Barmherzigkeit zuteil geworden, weil ich es unwissend im Unglauben getan hatte; überströmend aber war die Gnade unseres Herrn mit Glauben und Liebe, die in Christus Jesus sind.*
1. Timotheus 1, 12-14

Treue in allen Bereichen

Jesus schaut danach, ob wir in allen Lebensbereichen treu und voller Glauben sind:

- Gott (deine Gemeinschaft mit dem himmlischen Vater)
- Nächster (Vergebung usw.)
- Familie
- Freunde
- Schule
- Arbeitsstelle
- Gemeinde
- Dienst
- Gaben
- Finanzen
- Verheißungen

Lohn der Treue

Der Lohn der Treue ist enorm. Wir erhalten für die Treue die Krone bzw. den Siegeskranz des Lebens:

Fürchte dich nicht vor dem, was du leiden wirst! Siehe, der Teufel wird einige von euch ins Gefängnis werfen, damit ihr geprüft werdet, und ihr werdet Bedrängnis haben zehn Tage. ***Sei treu bis zum Tod!*** *Und ich werde dir den* ***Siegeskranz des Lebens*** *geben.*
Offenbarung 2, 10

Ich möchte dich ermutigen, treu und voller Glauben zu leben. Es ist der Weg des Segens und des Sieges und hat eine große Belohnung in der Ewigkeit.

Tag 23 - Geheimnisse erkennen

Dagmar Lydtin-Halbrock

Er aber sprach: Euch ist es gegeben, die Geheimnisse des Reiches Gottes zu wissen, den übrigen aber in Gleichnissen, damit sie sehend nicht sehen und hörend nicht verstehen.
Lukas 8, 10

Er aber antwortete und sprach zu ihnen: Weil euch gegeben ist, die Geheimnisse des Reiches der Himmel zu wissen, jenen aber ist es nicht gegeben; denn wer hat, dem wird gegeben und überreichlich gewährt werden; wer aber nicht hat, von dem wird selbst, was er hat, genommen werden.
Matthäus 13, 11-12

Dieser Schlüsselbibelvers befindet sich sowohl bei Lukas als auch bei Johannes inmitten des Gleichnisses vom Sämann. Warum? Dieser Frage wollen wir im Laufe der Abhandlung auf den Grund gehen.
Worum handelt es sich denn bei einem Geheimnis?
Laut Duden handelt es sich dabei um
1a. etwas, was geheim bleiben soll;
1b. etwas, was nur Eingeweihten bekannt ist oder
2. um etwas Unerforschtes oder nicht Erforschbares.

Bei vertraulichen Informationen sucht man sich häufig Menschen, die einem ähnlich sind, da sie das Geheimnis verstehen und den Inhalt nachvollziehen können.

Stell dir einmal vor, ein Freund möchte dir ein Geheimnis anvertrauen. Du darfst mit niemandem darüber reden, nicht einmal mit deinem Ehepartner, damit es nicht zum Vertrauensbruch kommt, denn das wäre eine Form tiefen Missbrauchs. Wem könnte dein Freund dann noch vertrauen?
Er vertraut dir ein Geheimnis an, weil er dich auf jeden Fall für kompetent hält, ihm helfen zu können. Bleibt diese Hilfe aus, ist er frustriert, enttäuscht und verwundet.
Das Anvertrauen eines Geheimnisses ist oft ein stummer Hilfeschrei, ein Hoffen auf einen Ratschlag oder sogar mehr.

In unserer Gesellschaft gibt es viele verletzte Personen, die psychologische Hilfe benötigen.

Wie gehst du damit um, wenn *du* die Person bist, die ins Vertrauen gezogen wird?

Bin *ich* diejenige, die ein Geheimnis in sich trägt, habe ich zwei Möglichkeiten. Entweder schweige ich und behalte das Geheimnis für mich. Damit stelle ich sicher, dass die vertrauliche Information nicht missbraucht wird. Oder ich suche mir eine vertrauenswürdige Person, der ich das Geheimnis mitteile. Das Gespräch wird dann ausschließlich unter vier Augen stattfinden, damit es keine ungewollten Mitwisser gibt. Wichtig dabei ist, dass ich den *Charakter* dieser Person kenne. Nicht jeder, der auf den ersten Anblick vertrauenswürdig erscheint, ist es auch.

Maria, die Mutter Jesu, wird uns in der Bibel als eine vertrauenswürdige Person beschrieben.
Als der Engel Gabriel ihr die Botschaft der Jungfrauengeburt überbrachte, nahm sie es mit den Worten „Ich bin die Magd des Herrn, es geschehe mir nach deinem Wort“ an. Sie teilte das Geheimnis nur mit ihrer Verwandten Elisabeth, die ebenfalls schwanger war.

Bei dieser Art von Geheimnis handelt es sich um etwas Unerforschtes. Wissenschaftler werden von der Idee getrieben, Unerforschtes zu entdecken und Geheimnisse ans Licht zu bringen.
Was muss es für den Bakteriologen Alexander Fleming bedeutet haben, per Zufall Penicillin zu entdecken.
Wie muss sich Carl Benz als Erfinder des benzinbetriebenen Automobils gefühlt haben.
Er hatte überdies noch eine mutige Frau, die sich in dieses Gefährt setzte und eine waghalsige Probefahrt riskierte. Diese Personenreihe lässt sich nahezu endlos verlängern.
Bisher Unerforschtes wird meist patentiert oder sogar mit einem Nobelpreis versehen, wenn es die Wissenschaft entscheidend voranbringt und somit der gesamten Menschheit dient.

Bleibt noch die Frage zu klären, wo man ein Geheimnis versteckt. Handelt es sich um geheime Pläne, die niemand anderem zugänglich gemacht werden dürfen, werden sie heutzutage verschlüsselt auf winzigen Chips gespeichert und „an einem sicheren Ort" deponiert. Früher legte man solche Pläne in Schatzkisten und verbarg sie in Höhlen oder anderen, scheinbar geeigneten Orten. Wollte man sie finden, musste man als Schatzgräber mit dem entsprechenden Werkzeug ausgestattet an die Arbeit gehen. Diese war teilweise recht schweißtreibend, mühevoll und beschwerlich.

Es gibt jedoch Geheimnisse, die tragen wir Menschen in unserem Herzen.
Wie ein Schatz sind sie tief darin versteckt. Sie stehen bei keinem auf der Stirn geschrieben, sondern sind an dem Ort verborgen, der als Mittelpunkt, als menschliches Zentrum, von dem das Leben ausgeht, gilt. Das Herz ist die Schaltzentrale, der man die tiefsten Empfindungen, Gefühle und Motive aller Art zuordnet. Das Herz ist somit auch das Organ, mit dem man liebt. Herz und Geheimnis gehören demnach zusammen.

Sowohl bei Lukas als auch bei Matthäus sagt Jesus den Jüngern, dass es ihnen gegeben ist, die Geheimnisse des Himmelreiches zu wissen. Welch ein Versprechen! Diese Zusage gilt einerseits nicht nur für eine fromme Elitetruppe, wie viele fälschlicherweise glauben. Andererseits ist die Zusage aber auch nicht für jedermann gedacht. Die Bedingung ist einfach: *Bist du ein Jünger Jesu, dann gilt diese Verheißung auch für dich!* Die Bibel bestätigt dies mehrfach. Als Jünger Jesu bist du Gottes Kind. Dann hast du nicht den Geist der Welt empfangen, sondern den Geist, der aus Gott ist, damit du die Dinge kennst, die dir von Gott geschenkt sind. (1.Korinther 2, 12). Verstehst du, was Gott dir damit anvertraut? *Bist du dir darüber im Klaren, dass er dir Geheimnisse anvertrauen möchte?* Ja, dir! Du bist so wertvoll für ihn!

Woher kommen die Geheimnisse Gottes? Aus der göttlichen Schatzkammer? Die Bibel sagt klar: „Wo dein Schatz ist, wird auch dein Herz sein" (Matthäus 6, 21). Demnach entspringen die Geheimnisse Gottes direkt aus dem Herzen des Vaters. Welch eine Ehre für uns Menschen, dass der unbeschreiblich große Gott, der die ganze Welt erschaffen hat, der alle Wasser in seiner hohlen Hand und das ganze Universum mit der Spanne seiner Hand misst, uns an seinen Geheimnissen teilhaben lässt!

Der allmächtige Gott, dem alle Macht gegeben ist im Himmel wie auf Erden, möchte dir ganz persönlich sein Herz offenbaren! Bist du dir dessen bewusst?

Kennt er dich? Kennst du ihn?

Bist du ein wahrer Jünger Jesu, der nicht *über* ihn, sondern *mit* ihm redet?

Zählst du zu den Jüngern, die ihm treu nachfolgen und seinen Willen tun?

Kann Gott dir seine Geheimnisse anvertrauen?

Verbringst du genug Zeit mit ihm?

Verstehst du ihn, wenn er über himmlische und göttliche Dinge mit dir reden will oder geht es immer nur um dich?

In wie weit ähnelt dein Herz dem Herzen Gottes?

Jesus hat uns dieses Herz voller Liebe, Gnade, Barmherzigkeit und Erbarmen offenbart, als er auf Erden lebte.

In der Bibel wird von einer Person erzählt, die Gottes Geheimnisse über sein Königreich erkannte und der Gott sein Herz offenbaren konnte.

Und nachdem er ihn (Saul) verworfen hatte, erweckte er ihnen David zum König, welchem er auch Zeugnis gab und sprach: Ich habe David gefunden, den Sohn Isais, einen Mann nach meinem Herzen, der meinen ganzen Willen tun wird.
Apostelgeschichte 13, 22

König David, der ca. 1000 v. Chr. lebte, war der Mann nach dem Herzen Gottes, der nicht nur Gottes halben, sondern seinen *ganzen* Willen tat. Als solcher wird er im Neuen Testament beschrieben. Um Gottes ganzen Willen erfüllen zu können, musste David Geheimnisse des Königreiches Gottes gekannt haben. Diese Geheimnisse entsprangen direkt dem Herzen Gottes. David musste Gottes Herz nicht nur gekannt haben, sondern äußerst vertraut mit ihm gewesen sein. Wer eine Offenbarung über Gottes Herz hat, kennt Gottes Charaktereigenschaften, seine Gefühle, seinen Herzschlag. David war über dies alles nicht nur informiert gewesen, sondern er hatte selbst darin gelebt. Er musste so vertraut mit Gott gewesen sein, dass Gottes Charaktereigenschaften und Gottes Herzschlag auf ihn übergehen konnten. David bekam mehr und mehr Gottes Wesenszüge. Da er der Mann nach dem Herzen Gottes war, konnte Gott die Wesenszüge seines Herzens in David sehen - Gottes Herz spiegelte sich in dem Herzen Davids wider! Aufgrund dieser Wesensgleichheit konnte Gott David Geheimnisse anvertrauen. David lebte diese als Täter des Wortes Gottes auch aus. Er setzte in seinem Leben um, was er gehört und gesehen hatte. Dies machte ihn zu dem Mann Gottes, der Gottes *ganzen* Willen tat.

Aber warum gerade David? Was qualifizierte ihn dazu? War er ein besonders Auserwählter? Handelte es sich bei ihm um einen Liebling Gottes?
Der Schlüssel dazu ist die einfache, aber alles entscheidende Frage: Worin lagen Davids Ziele?

David war Isai's Sohn. Der Name Isai hat drei unterschiedliche Bedeutungen:

1. lebend, existenzfähig
2. Jah existiert, Gott ist Seiender, Lebender
3. der Männliche, der Tapfere

David ging es von Anfang an einzig und allein um Gott. Er war Davids höchstes Ziel. David wusste, dass Gott lebt und er, David, ausschließlich durch ihn existiert. In Bethlehem, zu Deutsch im Haus des Brotes aufgewachsen, war Gottes Wort von klein auf seine Speise gewesen. Diese Speise des lebendigen Gottes hatte ihn zu dem tapferen Mann gemacht, der sowohl den Bären als auch den Löwen getötet hatte, als jene die ihm anvertrauten Schafe seines Vaters verschlingen wollten. David wusste, dass seine Identität in Gott und in niemand anderem war!

Gehst du täglich ins Haus des Brotes? Ist Gottes Wort deine Speise? Worin liegt deine Identität? Wen ehrst du für die Siege in deinem Leben?

Nachdem der Geist des Herrn von König Saul wegen seines Ungehorsams gewichen war und Saul von einem bösen Geist des Herrn geängstigt wurde, suchte man nach einem Mann, dessen Zitherspiel zur Besserung von Sauls Zustand beitragen sollte. Die Wahl fiel auf David, der folgendermaßen beschrieben wurde: „Siehe, ich habe einen Sohn des Bethlehemiters Isai gesehen, der die Zither zu spielen weiß, ein tapferer Mann, tüchtig zum Kampf und des Wortes mächtig, von guter Gestalt, und der Herr ist mit ihm“ (1.Samuel 16, 18). Nicht nur sein musikalisches Talent war aufgefallen, sondern auch seine herausragenden Tugenden, sowohl tüchtig und tapfer als auch mächtig im Wort zu sein. Anhand welcher Charaktereigenschaften würde man dich erkennen?

Als der Prophet Samuel von Gott in das Haus Isais, des Bethlehemiters, gesandt wurde, um einen seiner Söhne zum Nachfolger Sauls, zum neuen König von Israel zu salben,
ließ sich sogar der große Prophet vom äußeren Eindruck täuschen und hätte fast den falschen ausgesucht, wenn nicht Gott ihm gezeigt hätte, dass sein Auserwählter der Hirtenjunge David war.
Der Herr gab Samuel folgende Worte als Erkennungsmerkmal des neuen Königs mit auf den Weg. „Der Herr sieht nicht auf das, was der Mensch sieht. Der Mensch sieht auf das, was vor Augen ist, aber der Herr sieht das Herz“ (1.Samuel 16, 7).
Gott kennt die Geheimnisse des Herzens (Psalm 44, 22). Der Grund für Davids Erwählung lag nicht in seiner guten Gestalt, in seinem Äußeren, sondern im Inneren, in der Schönheit seines Herzens!
Der Name David bedeutet: Geliebter, Liebender, Verbinder, Vereiniger. Er wusste sich von Gott geliebt.
Das bist auch du. Du bist ein geliebtes Kind Gottes!
Dieses Bewusstsein brachte David in eine Liebesbeziehung zu seinem himmlischen Vater. Seinem Namen gemäß verband er sich im Gebet, in der Zwiesprache, mit Gott. Gottes Herz und Davids Herz waren täglich in Gemeinschaft vereint. In einer Liebesbeziehung werden sich zwei Herzen immer ähnlicher. Davids Herz ähnelte dem Herzen Gottes immer mehr. Lebst auch du diese Liebesbeziehung, dass dein Herz immer mehr dem Herzen Gottes gleicht?
Samuel sollte David anhand seines Herzens erkennen. Diesem Herzen konnte Gott das erste Geheimnis anvertrauen: die Herrschaft über ein Königreich!

Auch du bist ein Königskind. Welche Geheimnisse kann Gott dir anvertrauen?
Dass es David primär um Gott ging, wird bei einer Begebenheit in seinem Leben besonders klar. Sein Herzensschrei war nicht der nach Weisheit, um ein guter König zu sein, sein Herz trachtete nicht nach militärischen Siegen. *Sein Herz verlangte nach Gott!* Seinen Herzenswunsch drückte er in Psalm 27 aus.

Eins habe ich vom HERRN erbeten, danach trachte ich: zu wohnen im Haus des HERRN alle Tage meines Lebens, um anzuschauen die Freundlichkeit des HERRN und nachzudenken in seinem Tempel.
Psalm 27, 4

David hatte sich eines erbeten. Es war das Hauptanliegen seines Gebetslebens: im Haus des Herrn zu wohnen. Sich etwas zu erbeten bedeutet, sich etwas in Demut zu wünschen. Hier wird Davids Herzenshaltung erneut sichtbar. Wer nach etwas trachtet, der sucht etwas und strebt ein Ziel an. David wollte täglich in Gottes Gegenwart verweilen, um Gottes Freundlichkeit, sein Wesen, seinen Charakter zu erkennen und dabei in sein Ebenbild verwandelt zu werden. Gottes Charaktereigenschaften sollten zu Davids Wesenszügen werden. Dies zeigt die Schönheit des Herzens Davids!
David sah die Freundlichkeit des Herrn! Er sah sie visionär mit seinen Herzensaugen! Sein Herz veränderte sich. So geschah Davids Verwandlung!

Wir alle aber schauen mit aufgedecktem Angesicht die Herrlichkeit des Herrn an und werden so verwandelt in dasselbe Bild von Herrlichkeit zu Herrlichkeit, wie es vom Herrn, dem Geist, geschieht.
2. Korinther 3, 18

In Gottes Gegenwart sah David die himmlische Herrlichkeit. Kannst auch du sie sehen? Wie weit ist deine Verwandlung vorangeschritten?

Jetzt war David soweit vorbereitet, dass Gott ihm auch ein weiteres, größeres Geheimnis offenbaren konnte - die Hütte Davids.
Lasst uns diese kurz betrachten und feststellen, warum sie so wichtig ist. Sowohl im Alten Testament durch den Propheten Amos

als auch im Neuen Testament wird verheißen, dass Gott diese Hütte in den letzten Tagen wieder aufrichten werde.

Nach diesem will ich zurückkehren und wieder aufbauen die Hütte Davids, die verfallen ist, und ihre Trümmer will ich wieder bauen und sie wieder aufrichten; damit die übrigen der Menschen den Herrn suchen und alle Nationen, über die mein Name angerufen ist, spricht der Herr, der dieses tut.
Apostelgeschichte 15, 16-17

Zur Zeit des Alten Testaments gab es die Stiftshütte als Haus Gottes. Sie war in drei Teile
unterteilt: den Vorhof, das Heiligtum und das Allerheiligste. Das Allerheiligste war durch einen dicken Vorhang vom Heiligtum getrennt und durfte nur einmal im Jahr vom Hohenpriester betreten werden. Im Allerheiligsten stand die Bundeslade, die Gottes Gegenwart repräsentierte. Dort musste der Hohepriester jährlich einmal Sühnung für die Schuld des Volkes Israel erwirken. Als Jesus für uns am Kreuz starb und ausrief: „Es ist vollbracht!“, zerriss genau dieser Vorhang, der das Heiligtum vom Allerheiligsten trennte.

Das nächste Geheimnis, das Gott David zur Zeit des Alten Bundes anvertrauen konnte, war Jesu Tod und Auferstehung! Visionär hatte David sowohl Golgatha als auch den zerrissenen Vorhang gesehen und gewusst, der Weg zum Allerheiligsten, zum Thron Jesu, in die Gegenwart und Herrlichkeit Gottes war frei! Für die damalige Zeit war diese geistliche Schau absolut revolutionär! Die strenge Dreiteilung der Stiftshütte war aufgehoben!
David verstand, nachdem er Jesu Tod und Auferstehung gesehen hatte, dass Gottes Gegenwart nicht mehr nur einmal jährlich für den Hohenpriester, sondern jederzeit für jeden Priester und Leviten zugänglich war! *Gott konnte David sein Herz mitteilen, weil David ihn täglich gesucht hatte.* Gottes Offenbarung war in Davids reines Herz gefallen.
Auch du bist ein Priester des Höchsten!
Der Weg zum Gnadenthron ist frei!
Mit Freimut sollst du täglich in Gottes Gegenwart kommen, um wie David seine Tiefen zu ergründen.

Damit noch nicht genug. David hatte die Mentalität eines Forschers und Schatzgräbers entwickelt, der immer tiefer grub, um die Geheimnisse des Herzens Gottes zu erforschen, egal, wie die Umstände um ihn herum waren.
Mit rund 400 „Seelsorgefällen" auf der Flucht vor König Saul war ihm dennoch bewusst, dass er zum König gesalbt und somit der rechtmäßige König war. Und obwohl er statt im Palast in Höhlen hauste, hatte David den Lebensstil eines Anbeters. Mit dem hohen Lobpreis Gottes in seinem Mund verwandelte er die Höhlen in Konzertsäle. Er hatte den Test zu einer der größten Offenbarungen Gottes in der Zeit des Alten Bundes bestanden! David durfte die Anbetung im Himmel sehen! Er sah die riesige Volksmenge aus allen Völkern und Rassen vor dem Thron Gottes stehen, wie sie ihn anbeteten. Er durfte die Myriaden von Engeln rings um den Thron sehen, wie sie niederfielen und Loblieder sangen.

Im Vaterunser beten wir: „... Dein Wille geschehe, wie im Himmel, so auf Erden...." David war bereit, alles, was er gesehen hatte, in die Praxis umzusetzen. So konnte Gott David damit beauftragen, die Bundeslade – seine Gegenwart - nach Jerusalem zu holen! Logisch, dass David völlig ausgelassen vor der Bundeslade tanzte! Er spürte Gottes Freude über das, was er aus Gnade tun durfte! Gott hatte jemanden gefunden, der seinen ganzen Willen tat! Das ganze Volk Israel (1.Chronik 15, 3) folgte dem Einzug der Bundeslade nach Jerusalem gleich einem Siegeszug. Dort stellte David sie nicht mehr in die Stiftshütte auf Gibeon, sondern einzig und allein auf Zion unter ein Zelt, das die Bundeslade vor äußeren Witterungseinflüssen und Schmutz schützte. Um die Bundeslade herum hatte er 4000 Musiker gestellt, die 24 Stunden lang täglich den Herrn in wechselnden Schichten anbeteten und ihm Psalmen sangen. *David hatte den Himmel auf die Erde gebracht!*

Gott ist dabei, die verfallene Hütte Davids wieder aufzurichten. Diese Endzeitbewegung wird völlig prophetisch sein. Gottes Gegenwart und der Strom seiner Herrlichkeit sollen in unsere Städte hineingebracht werden, damit die Menschen den Herrn anbeten.
Bist du dabei?
Kann Gott dir Geheimnisse anvertrauen, wie er dabei vorgehen will?

Kann er dir seine Wege zeigen? Wirst du sie gehen?

In Matthäus 13, 11verheißt Gott dir:
„...dir ist gegeben, die Geheimnisse des Reiches der Himmel zu wissen,...“
Himmlisches ist als Himmelsbürger dein Erbe. Hast du es im Glauben ergriffen? David hatte es rund 1000 Jahre vor Christus getan.
Vers 12 ergänzt:
„...denn wer hat, dem wird gegeben und überreichlich gewährt werden;...“
David hatte erlebt, wie Gott ihm immer mehr anvertrauen konnte und sich die Talente multiplizierten, denn er liebte den Herrn über alles.
Der Sämann geht auch heute umher und schaut nach demütigen und zerbrochenen Herzen, in die er den Samen seines Wortes, das du gelesen hast, einpflanzen kann. Folgendes hat er für dich vorbereitet:

sondern wie geschrieben steht: Was kein Auge gesehen und kein Ohr gehört hat und in keines Menschen Herz gekommen ist, was Gott denen bereitet hat, die ihn lieben.
1. Korinther 2, 9

Liebst du ihn von ganzem Herzen, mit deiner ganzen Seele und mit deinem ganzen Verstand, dann gilt dieses Erbe für dich. Ergreife es und werde zum Täter des Wortes, so wirst auch du zum Mann oder zur Frau nach dem Herzen Gottes, der bzw. die seinen ganzen Willen tut.
Amen!

Tag 24 - Reichtum im Reich Gottes

Ralph Glöckner

Bibelstellen:
Matthäus 19, 13-24
Markus 10, 23-31
Lukas 18, 18-30

Glückselig ihr Armen, denn euer ist das Reich Gottes.
Lukas 6, 20

Es ist leichter, dass ein Kamel durch ein Nadelöhr geht, als dass ein Reicher ins Reich Gottes hineinkommt.
Lukas 18, 25

Die Aussage Jesu, wiederholt in drei Evangelien, ist wohl schockierend für viele, lösen jedoch einen Jubel unter denen aus, die sich nach weltlichem Verständnis als arm ansehen. Jedoch steht sie nicht alleine, sondern folgt der Geschichte des reichen Jünglings, die dieser Aussage als Anschauungsbeispiel dient. Was will uns der Herr damit sagen? Ist Jesus gegen Reichtum, oder sind ihm die Reichen zuwider? Wir wollen dem Wort auf den Grund gehen, um einen Einblick in Gottes Einstellung zum Reichtum zu bekommen.

Geschichte vom reichen Jüngling

Etwas fehlt

Der reiche Jüngling begegnet uns als ein gottesfürchtiger und ernsthafter Jude, der Gott gefallen will. Er sucht nach dem höchsten Gut: dem ewigen Leben. Jedoch merkt er, dass all seine Religiosität nicht ausreicht. Es fehlt ihm etwas, eine Sicherheit in seinem Geist, ein gutes Gewissen. Der Herr sieht mit seiner Gabe der Erkenntnis in das Herz des jungen Mannes hinein und erkennt sofort den Trugschluss: Er hängt an materiellen Dingen, die ihm zu wertvoll sind, sie zu verlieren. Das kann Hab und Gut sein. Doch auch bei vielen anderen wird Jesus etwas finden, woran man festhält, als wäre das Leben ohne diese Dinge nicht lebenswert: Eltern, Partner, Kinder oder gewisse Idole, Karriere, Freunde, Heilige, Musikstil. Johannes ruft dazu aus: „Habt nicht lieb die Welt, noch was in der

Welt ist. Wenn jemand die Welt lieb hat, in dem ist nicht die Liebe des Vaters." (1.Johannes 2, 15) Für jeden hat der Herr ein spezifisches Wort, was er loszulassen hat. Für den reichen Jüngling waren es Güter, die ihm zum Hindernis geworden sind, sein Vertrauen ungeteilt auf den Herrn zu setzen.

Nadelöhr

Das Wort Nadelöhr beschreibt das kleine Seitentor neben dem großen Stadttor der von Stadtmauern geschützten Städte. Wenn am Abend das große Tor geschlossen wurde, dann blieb nur die kleine Tür. Für eine zu spät gekommene Karawane gab es nur noch einen Ausweg: das Kamel völlig zu entladen und auf den Knien durch das kleine Tor zu schieben. Das muss wohl sehr kompliziert gewesen sein, falls es überhaupt machbar war.

Auch die Pforte ins Reich Gottes ist kein großes Tor, sondern eher eng und klein (Matthäus 7, 14). Man kann da nichts mitnehmen, sondern es heißt: Lass alles zurück, leg alles am Kreuz Jesu ab und geh hinein ins ewige Leben mit nichts, an dem du dich festhältst. Paulus hat es uns vorgelebt, wie er es für sich praktiziert hat, indem er sagt: „Ich habe alles für Verlust erachtet, um Christus zu gewinnen." (Philipper 3, 8+9). Das heißt, dass er seine ganze Erfüllung und Lebensfreude in Christus sucht und findet. Das lässt er dann jeden Gläubigen wissen: „Wir haben nichts in die Welt gebracht, ... wenn wir aber Nahrung und Kleider haben, so wollen wir uns daran genügen lassen."

Folge mir

Was wir vor dem Eingang zum ewigen Leben einmal abgelegt haben, können und brauchen wir nicht mehr zurückholen. Es reicht ein völliges Vertrauen auf Jesus, den Blick voll auf ihn gerichtet, der sagt: „Folge mir, ich werde dir Leben im Überfluss geben." Er ist die Hoffnung für eine erlebnisreiche und sichere Zukunft. Ja, Jesus nimmt die Verantwortung für das Leben, das Auskommen und das Wohlbefinden eines jeden seiner Jünger auf sich. Er beschreibt sich als den guten Hirten, dem das Wohlergehen seiner Schafe tief am Herzen liegt. Nach dem Weggang des reichen Jünglings hat Jesus eine wunderbare Antwort für die von Fragen gezeichneten Jünger: *„Wer um des Reiches Gottes willen ... verlässt,.... der wird es vielfach wieder empfangen ..."* (Lukas 18, 29-30). Wer einmal alles verlassen hat, hat nicht mehr die Erwartung für eine Rückerstattung in derselben Form. Im Gegenteil: Er öffnet sich für neue Wege des Segens, frische und vielfältige Arten der Lebensfreude, die aus dem Geist Gottes und seinen kreativen Liebesformen fließen. Zudem steht er als Jünger Jesu in einer neuen Position: im Glauben, einer Erwartungshaltung, die nicht nach schnellen Lösungen fragt, sondern Gottes perfektes Timing abwartet.

Wahrer Reichtum

Jetzt haben wir den richtigen Anfang, um in das Thema Reichtum einzusteigen. Denn Reichtum führt zu einem Trugschluss: Er ist nicht befriedigend. Die Welt jedoch meint das. Deshalb gibt der Hebräerbrief eine Warnung (Hebräer 13, 5): „ Seid nicht geldgierig, und lasst euch genügen an dem, was da ist. Denn der Herr hat gesagt: Ich will dich nicht verlassen und nicht von dir weichen." Halleluja! Welch eine Verheißung! Der Trick ist, „sich genügen lassen". Das beschreibt Paulus folgendermaßen: „Die Göttlichkeit aber ist ein großer Gewinn für den, der sich genügen lässt. ... Denn die, die reich werden wollen, fallen in Versuchung und Verstrickung und in viele törichte und schädliche Begierden, welche die Menschen versinken lassen in Verderben und Verdammnis. Denn Geldgier ist eine Wurzel allen Übels." (1.Timotheus 6, 6-10). Reichtum steckt verborgen in der Tugend der Genügsamkeit, die das Gegenteil von Geldgier darstellt.

Opfer geben

Genügsamkeit ist eine Haltung der Dankbarkeit für das, was man hat. Man nimmt es aus der Hand Gottes, im Vertrauen, dass es gut und genug ist, um damit auszukommen. Ja, noch mehr, dass man sogar bereit ist, es zu teilen. Hebräer 13 führt uns in den Versen 15-16 zum Thema Opfer, so wie es Gott gefällt. Es beginnt mit dem Opfer der Lippen, nämlich Lobpreis und Danksagung. Man betrachtet die Größe Gottes, seinen Reichtum und seine liebevolle Versorgung, die er aus Gnade, aber auch aus Hingabe zu seinen Kindern tut (Matthäus 6, 33). Wenn wir diesen reichen und gebenden Gott anbeten, geht sein Wesen auf uns über. Dann werden wir nichts anders als auch Geber werden, die gerne Gutes tun und mit anderen teilen.

Rechte Einstellung zum Reichtum

Gott gibt seinen Kindern reichlich, so wie nur ein Vater sorgen kann (1.Petrus 5, 7). Wir dürfen täglich mit der Erwartung leben, dass er uns gemäß unserer Nöte gibt, was wir brauchen.

So sagt Petrus: „Alles, was zum Leben und zur Frömmigkeit dient, hat uns seine göttliche Kraft geschenkt." (2.Petrus 1, 3). Wir können also alles gerne genießen, und wenn wir mehr haben, brauchen wir uns nicht schämen, sondern dürfen empfangen und mit Freuden teilen. Paulus gibt einen eindeutigen Hinweis für Gläubige, denen es finanziell gut geht: „...dass sie nicht stolz seien und nicht hoffen auf den unsicheren Reichtum, sondern auf Gott, der uns alles reichlich darbietet, es zu genießen; dass sie Gutes tun, reich werden an guten Werken, gerne geben, behilflich seien, sich selbst einen Schatz sammeln als guten Grund für die Zukunft, damit sie das wahre Leben ergreifen." (1 Timotheus 6, 17-19). Materielle Güter sind gut. Sie sind da, um sie zu genießen und anderen damit zu helfen. Das ist eine sehr positive Einstellung zu Reichtum, die dazu beiträgt und hilft, dass das Werk des Herrn keinen finanziellen Mangel hat.

Wer ist wirklich reich?

Wie oben zitiert, will Gott, dass wir reich an guten Werken sind. Das Tun von guten Werken ist ein Ausdruck von Zufriedenheit, des gesegnet Seins und eine Dankeshaltung Gott gegenüber für seine Gnade. Wer zufrieden ist, der gibt auch gerne. Jesus sagte: „Umsonst habt ihr empfangen, umsonst gebt" (Matthäus 10, 8), mit anderen Worten: „Geben ist seliger als Nehmen." (Apostelgeschichte 20, 35). Warum liebt Gott gerade den fröhlichen Geber? Gott sucht nach Menschen, denen er seinen Reichtum anvertrauen kann, und zwar so wie Samen, der vom Bauer aufs Land gesät werden soll, damit er Frucht bringt (2.Korinther 9, 10). Er vertraut seine Güter denen an, die es verstehen, sie sinnvoll so einzusetzen, dass Vermehrung stattfinden kann, anstatt alles für sich selbst zu verbrauchen.

Als Petrus mit Johannes vor dem Lahmen stand, der vor dem Tempelhof gebettelt hatte, machten sie eine tiefgründige Aussage: „Silber und Gold haben wir nicht, aber was wir haben, geben wir dir." Hier bat jemand um Hilfe und Menschen, die kein Geld übrig hatten, zeigten ihre Bereitschaft, das zu geben, was sie hatten! Das ist wahrer Reichtum: Wer bereit ist zu geben und zu helfen, der ist reich. Wer das Geben aufgrund zu vieler Ausgaben, Verpflichtungen oder anderer Ausreden verweigert, egal wie reich er sein mag, der ist es, der in Wirklichkeit arm ist.

Prinzipien der Vermehrung
Teilen
Jesus hat Brot und Fisch vermehrt und einmal 4.000, das andere Mal 5.000 Männer gespeist, Frauen nicht mitgezählt. Das Geheimnis lag im Brechen, im Teilen des Vorhandenen. Ja, das wurde sogar zu einem Merkmal des Meisters, durch das ihn die Emmausjünger nach der Auferstehung wiedererkannten. Teilen ist ein göttliches Prinzip, das Vermehrung zur Folge hat.

Investieren
Darüber hinaus lädt uns Jesus auch in die Welt des Handels ein und erklärt durch das Gleichnis von den Talenten, dass er von seinen Dienern eine Vermehrung erwartet. Alles, was uns von ihm anvertraut ist, soll nicht nur gut erhalten bleiben. Nein, es soll eingesetzt werden, benutzt werden, investiert werden, damit es sich vermehren kann und ein Vielfältiges desgleichen produziert. Wir sollen also als aktive Verwalter Gottes für ihn auch Profit erarbeiten. Das schließt auch ohne Zweifel Güter ein, die sich durch Investition und Handel vermehren oder wenigstens durch die Anlage auf der Bank Zinsen erwerben. Der Profit gehört dem Herrn, sowie auch die Ernte dem Herrn gehört. Und die Belohnung bleibt nie aus.

Wert steigern
Jedoch auch der Wert der Arbeit, sowie Einsatz von Zeit und Ideen, sind vor dem Herrn willkommen. Er hat es uns in der Schöpfung vorgemacht und erwartet von uns als seinem Ebenbild ein ähnliches Verhalten. Durch solchen Einsatz gewinnen die Dinge, die uns gegeben sind, eine Wertsteigerung statt eines Wertverfalls. Auch das ist dem Herrn ein Wohlgeruch, der die Rohmaterialen geschaffen hat und Menschen die Weisheit schenkt, sie auf Hochglanz zu bringen.

Nach seinem Reich trachten
Der Bibelvers aus Matthäus 6, 33 versteht sich in meinen Augen sehr gut aus der Sicht von Finanzen, wenn wir uns die Frage stellen: Wofür arbeiten wir?

Paulus geht mal wieder mit gutem Beispiel voran: „Ich habe euch in allem gezeigt, dass man so arbeiten und sich der Sachen annehmen muss im Gedenken an das Wort des Herrn: Geben ist seliger als nehmen." (Apostelgeschichte 20, 35).
Wie könnten die Ziele für unseren Verdienst bzw. für unsere Ausgaben sein, wenn wir uns vornehmen, auch mit unserem Geld nach dem Reiche Gottes zu trachten?
1. Persönliche Bedürfnisse: Das ist das geringste Ziel, dem die ganze Welt folgt und trotzdem jeder klagt. Genau danach, sagt Jesus, brauchen wir nicht suchen, wenn unser Ziel höher gesteckt ist.
2. Bedürfnisse der Familie, bzw. Zugehörigkeitsgruppe: Dass wir eine Verantwortung haben, für die Familie zu sorgen und zu leben, ist der erste Schritt für ein Reichgottesdenken: nicht für sich, sondern für andere zu leben. Auch 1. Timotheus 5, 8 betont diese Verantwortung für Kinder gegenüber ihren Eltern im Alter.
3. Bedürfnisse der Armen und der Notleidenden: Das ist sicherlich ein höher gestecktes Ziel für jeden, der Geld verdient. Durch die ganze Heilige Schrift zieht es sich wie ein roter Faden hindurch: Ein gerechter Lebensstil zeigt sich an den Taten der Barmherzigkeit für Menschen in Not und für Leidende. Epheser 4, 8 sagt: „Wer gestohlen hat, der stehle nicht mehr, sondern arbeite und schaffe mit eigenen Händen das nötige Gut, damit er dem Bedürftigen abgeben kann."
4. Bedürfnisse in Bezug auf den Bau und die Erweiterung des Reiches Gottes: Es ist das höchste Ziel, dass wir haben können und es sollte unser größter Ansporn sein, gutes Geld verdienen zu wollen. Was gibt es Schöneres, als sich am Hause Gottes finanziell zu beteiligen, so dass sich Prediger und Diener Gottes voll und ganz für den Leib und das Evangelium einsetzen können. Die tiefste Befriedigung, die ein Christ haben kann, ist, wenn er weiß, wo und wie durch seine Gaben Mission vorangetrieben wird, Menschen zur Errettung finden und die Gegenwart Gottes Zeugnisse seiner unendlichen Wunder hervorbringt. Mit diesem Trachten verspricht der Herr großzügig, dass „alles andere ihm zufallen wird."

Schlussfolgerung

Wer sich gesegnet weiß im Herrn, wird nicht mehr nach Segen fragen, und wer sich versorgt fühlt, wird nicht mehr nach Versorgung suchen.

Tag 25 - Binden und lösen

Daniela Panzer

Matthäus 16, 19 ; Matthäus 18, 18-20

Im Matthäusevangelium lesen wir, dass Jesus seinen Jüngern Vollmacht und Autorität durch „Binden und Lösen" übertragen hat. Jesus spricht zu Petrus:

Ich werde dir die Schlüssel des Reiches der Himmel geben; und was immer du auf der Erde binden wirst, wird in den Himmeln gebunden sein, und was immer du auf der Erde lösen wirst, wird in den Himmeln gelöst sein.
Matthäus 16, 19

Zwei Kapitel später geht es nicht mehr um Petrus alleine, sondern Jesus spricht hier zu seinen Jüngern. Es erfolgt eine Erweiterung von „du" zu „ihr":

Wahrlich, ich sage euch: Wenn ihr etwas auf der Erde bindet, wird es im Himmel gebunden sein, und wenn ihr etwas auf der Erde löst, wird es im Himmel gelöst sein. Wiederum sage ich euch: Wenn zwei von euch auf der Erde übereinkommen, irgendeine Sache zu erbitten, so wird sie ihnen werden von meinem Vater, der in den Himmeln ist. Denn wo zwei oder drei versammelt sind in meinem Namen, da bin ich in ihrer Mitte.
Matthäus 18, 18

Dem gemeinsamen Gebet kommt hier eine tragende Rolle zu. Die Übereinstimmung mehrerer Beter ist eine wichtige Grundlage. Binden und lösen heißt:
Wir dürfen und sollen die Initiative ergreifen! Was durch uns hier auf der Erde gebunden und gelöst ist, wird gebunden und gelöst sein im Himmel!

Das heißt praktisch: Wenn Christen hier auf der Erde Entscheidungen gemäß dem Wort Gottes treffen, richtet sich der Himmel danach!

Das bedeutet, dass wir als Kinder Gottes eine Möglichkeit bekommen haben, aber auch ein Vorrecht, mit den Umständen unseres Lebens weise umzugehen; nicht auf das Sichtbare zu schauen, sondern auf das Unsichtbare.

...denn wir wandeln durch Glauben, nicht durch Schauen
2 Korinther 5, 7

Als ich vor ca. 11 Jahren zum Glauben an Jesus Christus kam, war mein Leben (sichtbar) die reinste Katastrophe. Wenn Gott mir damals nicht begegnet wäre, wüsste ich nicht, wo ich heute stehen würde.
Als meine Eltern sich scheiden ließen, war das für mich eine sehr schwere Situation. Dass sie geschieden und wirklich geschieden sind, habe ich erst mit ca. 22 Jahren realisiert.
Ich wollte das nie akzeptieren, obwohl das der reale Zustand war. Ich hatte immer eine gute Beziehung zu meinen Eltern und wusste zu 100 %, dass sie mich über alles liebten.
Dennoch hatte ich eine Zeit, die voll von Rebellion gegen meine Eltern war. Niemand - weder mein Vater noch meine Mutter - hatten mir noch etwas zu sagen. Für mich war die Tatsache, dass sie sich scheiden ließen, wie eine Scheidung zwischen mir und ihnen.

Meine Einstellung zu meinen Eltern war: Ihr habt mir nichts mehr zu sagen, ich mache, was ich will und wann ich will! Mein Leben war geprägt von Rebellion, Hass, Unvergebenheit und Gewalt. Alles, was sich während der Zeit, in der mein Vater und meine Mutter wieder einen neuen Partner gefunden hatten, angestaut hatte, habe ich an allen Menschen ausgelassen, die nicht so funktionierten, wie es meiner Vorstellung entsprach.

In der Schule hatte ich Probleme, mehrere Schlägereien und Anzeigen bis hin zu einem Schulverbot. Die Lehrer dachten, ich wäre eine Gefahr für die anderen Mitschüler.

Ich bin sehr früh in Kontakt mit Alkohol und Zigaretten gekommen. Mit 14 Jahren war ich schon in damals angesagten Diskotheken unterwegs, in die man nur durch Vitamin B kam. Da ich immer mit

Leuten zusammen war, die um einiges älter waren als ich, war das kein Problem.

Mein Leben bestand dann genau aus Freunden, die keine richtigen Freunde waren und aus Wochenenden, an denen reichlich Alkohol floss. Ich habe sehr früh angefangen, schwarz zu fahren, das heißt, ohne Führerschein und manchmal auch unter Alkoholeinfluss.
Dass mir in dieser Zeit nichts passiert ist, ist schon ein Wunder.

Falsche Beziehungen, falsche Freunde, eine kaputte Familie. Innerlich war ich hart, wütend und immer auf der Suche nach einem innerlichen Ankommen, dem Sinn des Lebens. Ich stürzte mich in alle Facetten der Esoterik und dachte, ich würde das, was ich suchte, im Übernatürlichen finden. Ich ging so weit, dass ich mir selbst fast täglich die Karten legte, um zu sehen, was der Tag so bringen würde. Mein täglich Brot waren, Horoskope, Wahrsagerbesuche und Kaffeesatz lesen mit Freundinnen.

Unbewusst gab ich dem Teufel ein legales Recht, in mein Leben zu treten und mich zu drangsalieren. Ein Albtraum von schlaflosen Nächten und Angstzuständen begann für eine lange Zeit. Es gab Zeiten, da habe ich nicht einmal mehr einschlafen wollen, weil ich große Angst vor den Träumen in der Nacht hatte.

Doch dann kam Jesus in mein Leben. Ich erlebte, wie das Wort Gottes mein Leben transformierte. Durch einige Menschen, die Gott - Gott sei Dank - in mein Leben brachte, konnte ich erkennen, dass es einen Gott gab, der sich für mich interessierte und mir helfen konnte, diesem schrecklichen Zustand, in dem ich mich innerlich befand, zu entkommen.

Um zum Hauptpunkt zu kommen: **Ich erkannte, dass ich ohne Jesus verloren ginge und dass ich ihn brauchte, um wirklich leben zu können.**
Man hatte mir beigebracht, dass es nur eines gibt auf dieser Welt, was tiefe und wahre Veränderung hervorbringen könnte: Eine hingegebene Beziehung zu dem lebendigen Gott und das ausgesprochene Wort Gottes!

Um wieder auf den Bibelvers einzugehen:

Ich war gebunden durch Menschenfurcht.
Ich war gebunden durch Unvergebenheit.
Ich war gebunden in Hass.
Ich war gebunden in Angst bzw.Verlustangst.
Ich war gebunden in unkontrolliertem Zorn und Wutausbrüchen.

Ich habe Buße getan und mich von allen Dingen losgesagt, von denen ich wusste, dass sie mich gefangen hielten. Dies waren unter anderem auch Alkohol, Zigaretten und Unvergebenheit in der Familie. Auch da habe ich Vergebung ausgesprochen und alle Menschen, die mir je etwas in meinem Leben angetan hatten, losgelassen und freigegeben.

Das waren die ersten Bibelstellen, die ich mir zu Herzen nahm.

...und uns errettet aus der Macht der Finsternis und versetzt in das Reich des Sohnes seiner Liebe.
Kolosser 1, 13

Daher, wenn jemand in Christus ist, so ist er eine neue Schöpfung; das Alte ist vergangen, siehe, Neues ist geworden.
2. Korinther 5, 17

Denn Gott hat uns nicht einen Geist der Furchtsamkeit gegeben, sondern der Kraft und der Liebe und der Zucht.
2.Timotheus 1, 7

Nach und nach lernte ich täglich Worte auszusprechen, die ich auswählte, um den damaligen Umstand bzw. Zustand, in dem ich mich befand, zu verändern.

Ich verstand, dass Worte eine entscheidende Auswirkung auf mein Leben hatten. Ich hatte immer gesprochen, was mir so in den Sinn kam. Da ich auch meine Muttersprache (kroatisch) gut beherrschte, war jedes zweite Wort ein Fluchwort. Es ist in Kroatien ganz normal, dass man in einem Satz 2-3 sehr schlechte Worte mit einbaut. Auf dem Gebiet war ich sehr gut und das war dann auch eines der ersten Dinge, auf die der Heilige Geist seinen Finger gelegt hatte.

Kein faules Wort komme aus eurem Mund, sondern nur eins, das gut ist zur notwendigen Erbauung, damit es dem Hörenden Gnade gebe. Und betrübt nicht den Heiligen Geist Gottes, mit dem ihr versiegelt worden seid auf den Tag der
Erlösung hin.
Epheser 4, 29-30

Tod und Leben sind in der Gewalt der Zunge, und wer sie liebt, wird ihre Frucht essen.
Sprüche 18, 21

Sprüche 6, 2 sagt, dass man durch die Worte seines Mundes gebunden ist wie beispielsweise: „Ich kann nicht, ... ich werde nie dies und jenes können...."

Mein Verlangen war, endlich wieder richtig schlafen zu können, ohne Angst vor den Nächten haben zu müssen. Mein Leben war das reinste Durcheinander. Ich hatte eine gute Arbeitsstelle, wo ich auch als Kauffrau im Einzelhandel sehr geschätzt wurde. Ich kündigte jedoch, weil ich dachte, ich könnte ja auch jobben, ohne fest irgendwo angestellt zu sein. So hätte ich mehr Freiheiten, dachte ich. Dadurch hatte ich keine Krankenversicherung, und auch sonst bestand mein Leben einfach nur aus Chaos.

Trotz dieser Realität gab ich Gott alles hin. Durch die Proklamation des Wortes bekam ich eine tiefe innerliche Überzeugung, dass Gott sich um mich kümmert, wenn ich bereit bin und neue **Entscheidungen** für mein Leben treffe.
Das ist ein entscheidender Punkt. Da kommt nämlich dieses „Zusammenspiel" zwischen dem, was das Wort sagt und dem Zustand, in dem man sich befindet. Ich wusste, dass ich nicht mehr so wie bisher leben wollte und ich wusste auch, dass es an der Zeit war, andere, neue Entscheidungen zu treffen, um andere Resultate zu bekommen. Meine erste und wichtigste Entscheidung war: Ich will alles tun, was nötig ist und mich von allem lossagen, was mich hält, um ein Leben zu führen, das Gott gefällt.

Gott segnete mich mit einem geistigen Vater, der mich lehrte und mir beibrachte, mich so zu sehen, wie Gott mich sieht. Das Interessante war, dass er mich nie dahin bringen wollte, dass ich von ihm oder seinen Gebeten abhängig werden könnte. Sondern sein Ziel war immer, mich ans Herz Jesu zu führen und mich **von Jesus abhängig** zu machen. Er lehrte mich, Gott bei seinem Wort zu nehmen in allen, noch so schwierigen Situationen. Gleichzeitig fing Gott an, mein Herz in Bezug auf meinen Vater zu heilen.

Ich habe ihm einmal folgende Fragen gestellt, die mein ganzes Denken über Gottes Wort verändert hatten. „Wie soll das alles anders werden? Wie soll ich das alles schaffen? Warum sehe ich noch keine Veränderung???" Er antwortete: „Es tut mir leid, ich kann dir nicht sagen, wie und wann, aber ich kann dir gewiss sagen, dass das Wort Gottes funktioniert, und die Verheißung zur richtigen Zeit zustande kommen wird." Ich war so baff über diese Glaubensaussage.

Während dieser Zeit begann der größte Kampf. Umso mehr ich mich nach dem Wort ausstreckte, desto schlimmer wurden die Nächte. Am Anfang waren es nur Worte, die sich jedoch nach einiger Zeit für mich zur absoluten Realität und Wahrheit veränderten.
Mein Gefühls- und Gedankenzustand am Anfang war: Du fühlst nicht, dass sich etwas ändert und du siehst nicht, dass sich etwas ändert. Wie kannst Du nur denken, dass du diese Worte einfach sprichst und alles wird gut?

Folgendes ist wichtig! **Diese Worte sind nicht nur Worte, sondern Worte, die direkt von Gott kommen!** Worte sind Samen, die gesät werden und sie werden früher oder später aufgehen. Ganz klar ist, dass der Same aufgehen wird, weil das Wort sagt in **Jesaja:**

So wird mein Wort sein, das aus meinem Mund hervorgeht. Es wird nicht leer zu mir zurückkehren, sondern es wird bewirken, was mir gefällt, und ausführen, wozu ich es gesandt habe.
Jesaja 55, 11

Ich sprach das Wort über mehrere Monate aus. Ich gebot dem Teufel laut, aus meinem Leben zu verschwinden. Ich erklärte ihm täglich seine Stellung, nämlich dass er ein besiegter Feind sei und unter meinen Füßen ist, dass Jesus ihm den Kopf zertreten und er kein Anrecht mehr an mir hat. Außerdem sagte ich ihm, dass Jesus auf Golgatha für mich alles vollbracht hat! Ich proklamierte den Sieg Jesu über meinem Leben und nahm sein Blut für mein Leben in Anspruch.
Mein geistiger Vater (Karl-Heinz) betete sehr viel für mich und auch viele andere Geschwister, die mir vertraut waren. Mein damaliger Pastor war auf diesem Gebiet, was Okkultismus anging, sehr bewandert und auch er half mir und betete für mich in dieser Zeit.

Es war ein Kampf, durch den ich, trotz aller Gebete anderer, allein gehen musste.
Es kam der Tag, an dem sich die Wahrheit Gottes in meinem Leben manifestiert hatte und ich frei wurde von Angst, Hass, Unvergebenheit, Verlustangst und unkontrollierten Wutausbrüchen. **Dieses Wort wurde in mir total lebendig und hat mich freigesetzt, weil es ein Teil von mir wurde.**

Und **2.Timotheus 1, 7** verheißt:
„Denn Gott hat mir nicht einen Geist der Furcht gegeben, sondern der Kraft und der Liebe und der Zucht, des klaren Verstandes."

Jesus ist derselbe gestern, heute und in alle Ewigkeiten. Er ist der Einzige, der die Fähigkeit und Macht hat, zu befreien. Wir sind seine Kinder, beauftragt, in seinem Namen Menschen freizusetzen und sie zu lehren, zu binden und zu lösen, dass sein Reich komme, sein Wille geschehe, wie im Himmel, so auf Erden.

Tag 26 - Glaube

Daniel Exler

Jesus aber sprach zu ihm: „Wenn du das kannst? Dem ***Glaubenden*** *ist* ***alles möglich****." Markus 9, 23*

Tatsächlich ist dem Glaubenden alles möglich. Und wenn Jesus ALLES sagt, dann ist auch alles gemeint. Ob etwas in unserem Leben zustande kommt oder nicht, liegt demnach nicht an einer Beschränkung von Gottes Möglichkeiten oder Kraft, sondern sehr oft an unserem Glauben.

Jesus beginnt sein irdisches Christuswerden mit der Botschaft an das Volk: *„Die Zeit ist erfüllt, und das* ***Reich Gottes*** *ist nahe gekommen. Tut Buße und* ***glaubt*** *an das Evangelium!" Markus 1, 15*

Das Reich Gottes und der Glaube sind ein Duo, das man kaum trennen kann. Erst der Glaube öffnet die Möglichkeiten Gottes, dass wir aus seinem himmlischen Schatz Dinge auf der Erde freisetzen können. Es geht im Reich Gottes nicht darum, etwas vom Himmel herunter zu holen, sondern darum, etwas aus seiner Fülle frei zu setzen *„Denn sehet, das Reich Gottes ist inwendig in euch." Lukas 17, 21 (Luther 1912).*

Was ist Glaube?

Der Glaube aber ist eine Verwirklichung dessen, was man hofft, ein Überführtsein von Dingen, die man nicht sieht.
Hebräer 11, 1

Demnach hat der Glaube einerseits etwas mit der Verwirklichung zu tun und andererseits mit der Überführung. Der Glaube ist eine Verwirklichung dessen, was wir hoffen. Das bedeutet, dass der Glaube eine Wirklichkeit auf einer ganz eigenen Ebene ist. Glaubende leben in der Wirklichkeit des Glaubens, d.h., sie haben eine Hoffnung, die auf der Grundlage der Bibel gegründet ist und nicht auf der Grundlage der Welt. In dieser Wirklichkeit leben sie, diese Grundlage haben sie und darauf hoffen sie. So zeigt uns diese

Bibelstelle, dass es beim Glauben darum geht, auf dieser Grundlage zu leben und genau zu wissen, dass die Hoffnung bereits Wirklichkeit ist.

Auf der anderen Seite ist sie eine Überführung von Dingen, die man nicht sieht. Das heißt so viel wie ein Nichtzweifeln an Dingen, die man nicht sieht. Glaubende leben in der Wirklichkeit der geistlichen Welt, in der alles möglich ist. Und dort halten sie Verheißungen im Glauben fest und zweifeln nicht an Dingen, die sie mit ihren physischen Augen (noch) nicht sehen. Der Schlüssel für Glaubende liegt hier in diesem Vers: Sie sehen mit ihren geistlichen Augen bereits die Erfüllung ihrer Verheißung, die sie mit ihren physischen Augen noch nicht sehen. Das ist Glaube.
Und ohne Glauben ist es unmöglich Gott wohlzugefallen (Hebräer 11, 6).

Woher kommt der Glaube?

Also ist der Glaube aus der Verkündigung, die Verkündigung aber durch das Wort Christi. Römer 10, 17

Der Glaube kommt wörtlich aus der „Verkündigung" oder aus dem „Hören, Gehör, Gehörten". Die Verkündigung jedoch durch das „Wort Christi" oder aus dem „Wort Gottes". Starker, überwindender und biblischer Glaube kommt demnach aus dem Hören des Wortes Gottes. Im Prinzip ist es sehr einfach:

Was du hörst, wirst du auch glauben.

Es ist so wichtig, dass wir darauf achten, was wir hören. Was hörst du den ganzen Tag? Wenn wir Sorgen, Ängste, Zweifel und Tatsachen der Welt hören, zerstört dies biblischen Glauben. Wenn wir allerdings das Wort Gottes hören, wird unser Glaube jedes Mal aufgebaut und gestärkt. Demnach ist Glaube kein Produkt einer großen Anstrengung, sondern eine bewusste Entscheidung, wem du zuhörst bzw. was du anhörst. Schon im Alten Testament (Sprüche 4, 20-22) sagt uns Gott, dass wir unser Ohr seinen Reden zuneigen sollen. Wir sollen diese im Inneren unserer Herzen bewahren. Darin liegt eine Verheißung des Lebens und der Heilung. Wenn wir

Glauben haben wollen, der Berge versetzt, der Kranke heilt, bei dem nichts unmöglich ist, müssen wir das Wort Gottes hören.

In meinem Leben musste ich lernen, wem ich zuhöre bzw. was ich anhöre. Die Medien, Freunde, Ärzte, Tatsachen, Umstände etc. sprechen zu dir. Die Verheißung des echten Lebens liegt jedoch alleine im Hören des Wortes Gottes!

Glaube und Liebe

Denn in Christus Jesus hat weder Beschneidung noch Unbeschnittensein irgendeine Kraft, sondern der durch Liebe wirksame Glaube.
Galater 5, 6

Glaube ohne Liebe ist nicht wirksam. Ein Glaube, der allerdings in Liebe vollbracht wird, ist eine sehr mächtige Waffe. Paulus erklärt in 1. Korinther 13, 2, dass er mit Glauben, aber ohne Liebe nichts wäre. Erst die Liebe zum Nächsten und zu Gott öffnet in der geistlichen Welt eine Möglichkeit, dass der Glaube zu seiner vollen Entfaltung und Wirkung kommen kann. Diese beiden gepaart mit Hoffnung, die nach Hebräer 11, 1 die Grundlage des Glaubens ist, haben einen Ewigkeitswert (1. Korinther 13, 13).

Glaube und Geduld

...damit ihr nicht träge werdet, sondern Nachahmer derer, die durch Glauben und Ausharren die Verheißungen erben.
Hebräer 6, 12

Nicht nur die Liebe und die Hoffnung sind beim Glauben entscheidend, sondern auch die Geduld. Wenn wir Verheißungen erben wollen, ist es unbedingt notwendig, dass wir im Glauben ausharren bzw. auf Gottes Zeitpunkt geduldig warten können.
Das Besondere beim Glauben ist, dass sobald ein Glaubender eine Verheißung empfängt und mit seinem geistlichen Auge sieht, er sie bereits hat. Auch wenn er sie noch nicht physisch sieht, hat er die Erfüllung jedoch innerlich bereits in seinem Herzen. Auf diese Weise

kann man sehr lange warten. Wenn eine Verheißung sichtbar wird, spricht man oft von einem Wunder.
Der Einzige, der in solchen Momenten nicht überrascht ist, ist der Glaubende selbst, denn er hat es schon seit Jahren im Herzen gesehen. Das Wunder war bereits reell in der geistlichen Welt vorhanden. Er hat durch Glauben und Geduld die Verheißung geerbt. Je mehr man auf die geistlichen Realitäten schaut, desto unwichtiger werden die physischen Tatsachen. Die Folge ist, dass die Geduld eine sehr leichte Nebenerscheinung des biblischen Glaubens wird. Die großen Glaubensmänner, die in Hebräer 11 erwähnt werden, hatten dieses Prinzip verstanden. Manche waren so stark im Ausharren und in der Geduld, dass sie es während ihrer eigenen Lebenszeit gar nicht mehr gesehen haben (Hebräer 11, 39-40). Diese Glaubensmänner glaubten in Geduld und erbten die Verheißung, jedoch nicht mehr in ihrem Leben, sondern sie wussten, dass Gott etwas Besseres für sie vorgesehen hat. Diese Glaubensmänner wussten, dass die geistlichen Wahrheiten wichtiger und realer waren als die physisch sichtbaren Tatsachen.

Der Glaube sieht und spricht

...wie geschrieben steht: "Ich habe dich zum Vater vieler Nationen gesetzt" -, vor dem Gott, dem er glaubte, der die Toten lebendig macht und das Nichtseiende ruft, wie wenn es da wäre;
Römer 4, 17

Abraham, der Vater des Glaubens, hat mit seinen geistlichen Augen gesehen, als ob es wäre und hat das (physisch bisher noch) Nichtseiende gerufen, als ob es wäre. Das ist ein wichtiger Schlüssel zum biblischen Glauben. Ein Glaubender sieht einerseits Dinge mit seinen geistlichen Augen, die er mit den physischen Augen noch nicht sieht (Hebräer 11, 1). Andererseits spricht der Glaubende Dinge aus der geistlichen Welt in die physische Welt hinein.

Als Jesus in Markus 5, 39 zu der verstorbenen Tochter von Jairus kommt, sieht er dieses Kind mit seinen geistlichen Augen bereits am Leben. Die Folge ist, dass er spricht. Er spricht aus, dass das Kind nicht gestorben ist und verändert demnach durch den Glauben die Tatsachen und Realitäten der Welt hin zu Gottes Willen und

Wahrheit. Demnach ist alles möglich für den, der da glaubt. Jesus ermutigt uns, die gleichen Dinge zu tun (Johannes 14, 12).

Erich Engler: „Wenn ich Jesus in seiner Gnade sehe, dann sieht Jesus meinen Glauben."
„Die Gerechtigkeit aus Glauben SPRICHT und Gerechtigkeit aus Werken TUT."

Durch das Wort Gottes, das die Wahrheit ist, können wir jede Realität auf dieser Erde verändern.

Alles, was nicht aus Glauben ist, ist Sünde (Römer 14, 23). Baue deinen Glauben bitte nicht auf Enttäuschungen, schlechter Erfahrung oder Menschenmeinungen auf, sondern baue deinen Glauben auf Gottes Wort auf. Denn der Gerechte wird aus Glauben leben (Galater 3, 10-14).

Die Umgebung des Glaubens

Glaubende schaffen eine Umgebung des Glaubens, in der andere in diesem Glauben
wachsen dürfen. Ich selber durfte als Sohn eines Glaubensmannes in dieser Umgebung des Glaubens aufwachsen. Das ist ein großes Privileg. Das ist wertvoller als vieles andere auf dieser Erde.

Jesus hat auch eine Umgebung des Glaubens geschaffen. In dieser Umgebung durften seine Jünger aufwachsen und sich zu Aposteln der weltweiten Gemeinde entwickeln. Diese Umgebung des Glaubens repräsentierte das Reich Gottes. Wo Jesus hinging, ging das Reich Gottes mit. In dieser Umgebung gab es keine Möglichkeit mehr für Tod, Krankheit, Besessenheit.

- Als Jesus alleine mit der Ehebrecherin dastand, war sie in seiner Umgebung und wurde vom Tod errettet.
- Als Jesus zur toten Tochter des Jairus kam, kam sie auch in seine Umgebung und der Tod verschwand.
- Als Kranke und Besessene in Jesu Umgebung kamen, wurden sie geheilt und frei.

Ich möchte dich ermutigen, dass du eine Umgebung des Glaubens aufbaust, in der andere Leute gesegnet und gerettet werden.
Dieser Glaube ist ein Segen über Generationen hinaus.

Glaube hat eine Verheißung

Darum sage ich euch: Alles, um was ihr auch betet und bittet, ***glaubt****, dass ihr es empfangen habt, und* ***es wird euch werden****.*
Markus 11, 24

Denn alles, was aus Gott geboren ist, überwindet die Welt; und dies ist der ***Sieg****, der die* ***Welt überwunden*** *hat: unser* ***Glaube****.*
1. Johannes 5, 4

Kinder Gottes, die im Glauben beten, empfangen, worum sie beten.
Ebenso setzt der Glaube eine Kraft frei, der die Welt überwunden hat.
Lasst uns glauben und das Reich Gottes ausbreiten, zu dem wir berufen sind.

Jesus aber sprach zu ihm: „Wenn du das kannst? Dem ***Glaubenden*** *ist* ***alles möglich****." Markus 9, 23*

Tag 27 - Die Schlüssel des Königreiches Gottes

Renuka Glöckner

Und ich werde dir die Schlüssel des Reiches der Himmel geben; und was immer du auf der Erde binden wirst, wird in den Himmeln gebunden sein, und was immer du auf der Erde lösen wirst, wird in den Himmeln gelöst sein.
Matthäus 16, 19

Schlüssel sind so ein kleiner Gegenstand, aber sie spielen eine wichtige Rolle in unserem Leben. Ich möchte hier ein kleines Beispiel aus unserer Familie erzählen.
Einmal fuhren wir zum Einkaufen. Ralph und ich ließen die Kinder im Auto, um nur ganz kurz in ein Geschäft zu gehen. Stefan, Natasha und Manuel saßen auf dem Rücksitz, Stefan jedoch kletterte nach vorne, um den Autoschlüssel zu holen und damit zu spielen. Als wir zurückkehrten, konnten wir das Auto nicht starten, weil der Schlüssel nicht mehr da war. Wir fragten Stephan, aber er konnte uns nicht sagen, wo er ihn hingelegt hatte. Jetzt hatten wir ein großes Problem! Wir suchten eine Stunde nach dem Schlüssel, konnten ihn aber nicht finden. Schließlich mussten wir zuhause anrufen und einen unserer Brüder bitten, den Ersatzschlüssel zu bringen. Obwohl der Autoschlüssel so klein war, konnten wir doch das große Auto nicht ohne ihn fortbewegen.

Jesus übergibt uns die Schlüssel für das Königreich des Himmels. Das ist etwas sehr Ernstes, das wir nicht auf die leichte Schulter nehmen dürfen. Diese Botschaft soll dazu dienen, unsere Aufgaben bezüglich des Königreiches der Himmel zu erkennen und zu verstehen, wie wir ein Teil davon werden können. Schlüssel sind ein Zeichen von Autorität. Wer immer den Schlüssel zu einem bestimmten Gegenstand hat, hat auch die Autorität, diesen Gegenstand zu besitzen oder zu gebrauchen. Du gibst deinen Hausschlüssel oder deinen Autoschlüssel auch nicht gerade irgendjemandem sondern nur einer Person deines Vertrauens. Du möchtest sicher sein, dass dein Vertrauen nicht missbraucht wird.

Schlüssel, die die Himmelstüren öffnen
Im o.g. Bibelvers übergab Jesus Petrus die Schlüssel, weil er ihm vertraute und er erklärte Petrus auch, wie man sie benutzte:

1. Das, was auf der Erde gebunden wurde, würde auch im Himmel gebunden sein,
2. und das, was auf der Erde gelöst wurde, würde auch im Himmel gelöst sein.

Und Petrus tat genau das.

Am Tage von Pfingsten kam der Heilige Geist auf 120 Menschen während sie im Obergemach waren. Sie begannen in Sprachen zu reden, die sie vorher nie gesprochen hatten. Eine große Menschenmenge versammelte sich, um zu sehen, was hier vorging.
Apostelgeschichte 2, 14 – Petrus stand auf, erhob seine Stimme und predigte das Wort. Daraus resultierte, dass 3000 Menschen Buße taten und im Namen Jesu getauft wurden zur Vergebung ihrer Sünden.
In **Apostelgeschichte 3** - gingen Petrus und Johannes in den Tempel, um zu beten. Bevor sie den Tempel betraten, heilten sie den verkrüppelten Mann und sofort bildete sich eine Menschenmenge um sie herum.
Petrus nahm die Gelegenheit wahr, um zu predigen, und machte somit erneuten Gebrauch von den Schlüsseln, die Jesus ihm übergeben hatte. Durch die Kühnheit von Petrus wuchs die Gemeinde nun zu mehr als 5000 Menschen an.

In **Apostelgeschichte 10** – wurde Petrus zum Hause eines römischen Hauptmanns geschickt, um seinem gesamten Hausstand zu predigen. Sie waren alle dort versammelt. Petrus und sein Freund, der mit ihm gekommen war, tauften jeden Einzelnen in diesem Hause.
Warum hatte Jesus Petrus die Schlüssel übergeben? Weil Petrus sie benutzen würde. Petrus war jedoch nicht der einzige Nachfolger Jesu, dem die Autorität übertragen wurde, zu binden und zu lösen.

In **Matthäus 18, 1** kamen die Jünger von Jesus zu ihm und fragten, wer wohl der Größte im Reich der Himmel sein würde. Sofort erklärte ihnen Jesus, um was es wirklich ging:
Im Königreich der Himmel geht es nicht darum, groß und mächtig zu sein. Es geht vielmehr darum, so demütig wie ein Kind zu sein (**Verse 2-10**). Das Königreich Gottes bedeutet nicht, seine eigene Autorität aufzubauen, sondern verlorene Schafe zum Hirten und zur Herde zurückzubringen (**Verse 11-14**).

Am Ende dieser Lehre sprach Jesus zu all seinen Nachfolgern und wiederholte die gleiche Zusage noch einmal: „Wahrlich, ich sage euch: Was immer ihr auf Erden binden werdet, soll auch im Himmel gebunden sein; und was immer ihr auf Erden lösen werdet, soll auch im Himmel gelöst sein." (Matthäus 18, 18). Das bedeutet, dass alle Jünger Jesu die Vollmacht empfangen hatten, diese Schlüssel zu gebrauchen. Und sie waren tatsächlich Apostel, die mächtige Taten für Gott vollbracht hatten.

- Philippus öffnete die Tür zur Errettung von Samarien
- Paulus, Barnabas, Silas und Timotheus öffneten die Tür zu Griechenland und der Türkei
- Matthäus öffnete die Tür zu Äthiopien, während Thomas die Tür zu Indien öffnete, wie uns die christliche Geschichte berichtet.

Seit diesem Tag sind bereits viele mutige Missionare in viele Nationen gereist, um die Tür für Millionen von Menschen zu öffnen, damit sie von der Liebe und Vergebung Gottes durch das Blut Jesu erfahren.

Die Schlüssel des Königreiches der Himmel besaßen nicht nur einige Menschen damals, sondern alle, die Jesus nachfolgen, besitzen diese Autorität. Wir haben die Macht, aufzuschließen oder zuzuschließen. Das bedeutet, dass wir die Macht haben, genauso wie Petrus und Johannes, die Tür für Menschen aufzuschließen, dass sie zu Jesus kommen können.
Wenn wir an Petrus und Johannes denken, denken wir an ihren großen Namen. Ihre Schlüssel aber waren nicht größer als unsere. Kurz bevor Jesus in den Himmel aufgefahren war, gab er den

Missionsbefehl, hinzugehen und alle Nationen zu Jüngern zu machen. (**Matthäus 28, 19-20**).

Gott hat uns Schlüssel gegeben, um die Tür aufzuschließen zur Rettung folgender Menschen:

- Die Menschen, mit denen du arbeitest
- Deine Verwandten
- Die Menschen, die in deiner Straße wohnen

Dein Job ist es, die Tür aufzuschließen. Danach ist es ihre Entscheidung, ob Sie durch diese Tür gehen möchten, um Jesus anzunehmen.

Nehmt jetzt bitte euren Schlüssel in die Hand und sprecht dieses Gebet:
Herr, du hast mir die Schlüssel des Königreiches gegeben. Schlüssel, die genau dort eingesetzt werden können, wo sie gebraucht werden. Herr, wenn ich diese Schlüssel in meiner Hand halte, möchte ich dir sagen, dass ich bereit bin, alles zu tun, worum du mich bittest und die Tür zu öffnen für die Verlorenen. Amen.

Wie man die Schlüssel benutzt, um die Fenster des Himmels zu öffnen

Nun, Jesus gibt uns nicht einfach einen Schlüssel. Im Wort steht *Schlüssel (Plural)*, um damit mehr als nur einen Zweck zu erfüllen. Wir haben einen Schlüssel gesehen, den Petrus und andere Apostel benutzten. Es gibt jedoch viele Schüssel, nicht nur einen. **Es gibt aber auch einen Generalschlüssel, und den hält nur Jesus in seiner Hand, nicht wir.**

Und ich werde den Schlüssel des Hauses David auf seine Schulter legen. Er wird öffnen, und niemand wird schließen, er wird schließen, und niemand wird öffnen.
Jesaja 22, 22

Wie gebrauchen wir die Schlüssel des Königreiches Gottes?

Jeder Gläubige hat diese Autorität bekommen, wenn er Jesus Christus nachfolgt, ob er es nun weiß oder nicht. Wir alle haben diese Schlüssel für das Königreich erhalten. Mit diesen Schlüsseln kann man verschiedene Türen öffnen. Mit diesen Schlüsseln sind wir in der Lage, verschiedene Dinge auf dieser Erde zu tun – im Namen Jesu. Diese Schlüssel geben uns die Freiheit. Wenn ich im Gefängnis bin und halte die Schlüssel in meiner Hand, was werde ich wohl damit machen? Soll ich im Gefängnis sitzen und mir selbst leidtun oder soll ich die Tür aufschließen und herauskommen aus Selbstmitleid und Traurigkeit? Es gibt viele Menschen, die den Schlüssel besitzen, aber nicht wissen, wie man davon Gebrauch macht.

Die Schlüssel sind in deinen Händen

Die Schlüssel zum Königreich des Himmels sind nicht bei Jesus sondern bei uns, weil er sie uns übergeben hat. Das ist unser Glaube; wenn wir noch in Depression sind, ist es unsere Schuld. Wenn wir noch in Traurigkeit sind oder uns wegen einer Krankheit hoffnungslos fühlen, sind wir ohne Glauben. Wenn wir zu Gott beten: „Herr, hilf mir, hole mich aus der Depression, aus Traurigkeit, aus meinen Eheproblemen…“ wird Gott antworten: „Meine Tochter/mein Sohn, die Schlüssel zu diesem Kerker sind in deiner Hand. Ich habe dir Macht über diese Dinge gegeben. Die Schlüssel sind in deiner Hand.“ Die Entscheidung liegt also bei uns, ob wir aus dem Gefängnis unserer Probleme herauskommen wollen oder nicht.

Der Schlüssel zum Erlauben oder zum Schelten

Das Wort sagt, was immer ihr auf Erden binden werdet, soll auch im Himmel gebunden sein und was immer ihr als gelöst proklamiert, soll auch im Himmel als gelöst proklamiert werden. Eine andere Übersetzung stellt diesen Bibelvers so dar: *Was immer ihr auf Erden erlauben werdet, soll auch im Himmel erlaubt sein.* Das bedeutet: Gott spricht, ich habe dir diese Autorität übertragen und was immer du erlaubst, dazu stehe ich auch. Wenn du den Satan schimpfst und wegjagst, werde ich das auch tun. In unserem Leben geschehen viele Dinge, negative und positive. Wir können uns für das Positive entscheiden. Wir müssen Verantwortung für unser Leben übernehmen und nicht Satan für alles Mögliche die Schuld geben.

Wieder eine andere Übersetzung drückt es so aus: *Wenn wir auf Erden nein sagen, wird es auch im Himmel ein Nein geben. Wenn wir*

auf Erden ja sagen, wird es auch im Himmel ein Ja sein. Wir brauchen nicht auf die falschen Dinge zu hören, die uns Satan einflüstern will. Im Gegenteil: Wenn Satan kommt und zu dir spricht: „Schau, was ich deiner Familie antue“ musst du ausrufen: „Nein, nein, du hast kein Recht, meine Familie anzufassen! Ich erlaube dir nicht, meinen Partner anzufassen!“ So wie Josua proklamierte: „Ich und mein Haus, wir werden dem Herrn dienen!“
Das sind die Schlüssel der Autorität: *Ich bin nicht unter Satans Wort, denn ich habe die Schlüssel des Königreiches Gottes.*

Die Schlüssel zum Erteilen von Befehlen
Matthäus 8, 7-10: Der Diener des Hauptmanns war krank. Er kam zu Jesus und bat: *Herr, sprich nur ein Wort.* An dieser Stelle können wir vom Hauptmann lernen, wie man die Autorität des Königreiches der Himmel benutzt. Jesus sagte daraufhin: *Bei keinem in Israel habe ich solch einen großen Glauben gefunden.* Wir besitzen die Autorität, Dinge zu stoppen, die nicht gut für uns und unsere Familie sind. Und Dinge, die gut für uns und unsere Familien sind, können wir herbeirufen; sie werden kommen, weil wir die Autorität haben, diesen Befehl zu erteilen. Es ist immer gut, für alles in unserem Leben zu beten. Wenn Gebet jedoch die Lösung für alles wäre, warum hat uns Gott dann diese Schlüssel übergeben? Gebet ist ein mächtiger Schlüssel, es ist aber nicht der einzige Schlüssel. Wir können nicht jede Tür damit aufschließen.

Der Schlüssel, zu Dingen zu sprechen
Sprich das Wort Gottes in deine Situation! So oft sprechen wir aus, was der Doktor gesagt hat oder wiederholen den medizinischen Bericht oder plappern nach, was im Fernsehen kam. Wir lassen uns von Menschen beeinflussen, die scheinbar mehr wissen als wir. Wir müssen jedoch das Wort Gottes und seine Verheißungen gebrauchen. Wir müssen das Wort Gottes sogar in unmögliche Situationen hineinsprechen! Das Aussprechen des Wortes Gottes ist unser Schlüssel. Sprich das Wort von Heilung, sprich das Wort von Frieden, das Wort von Wiederherstellung. Jesus sprach auch das Wort Gottes, sogar dann, als er zu Satan sprach. Er sagte, *es steht geschrieben...*

Der Schlüssel des Lobpreises

Apostelgeschichte 16, 25-32: Paulus und Silas hatten einen Schlüssel. Der Gefängniswärter wusste nicht, dass sie die Schlüssel des Lobpreises und der Anbetung besaßen. Paulus und Silas hatten nicht die Kerkerschlüssel, sondern die Schlüssel des Königreiches des Himmels. Mit diesem Schlüssel konnten sie jede Zelle aufschließen - und nicht nur das. Paulus besaß den Schlüssel, um das Herz des Kerkermeisters für die gute Nachricht von Jesus Christus zu öffnen.

Der Schlüssel zum Spenden

Vielleicht gehen wir durch finanzielle Schwierigkeiten. Wir denken, es gibt keinen Ausweg aus dieser schwierigen Lage, aber es gibt einen Ausweg – benutze den Schlüssel zum Spenden.

Bringt den ganzen Zehnten in das Vorratshaus...und prüft mich doch darin, spricht der Herr der Heerscharen, ob ich euch nicht die Fenster des Himmels öffnen und euch Segen ausgießen werde bis zum Übermaß!
Maleachi 3, 10

Wenn wir spenden, drücken wir unsere Dankbarkeit Gott gegenüber aus. Er ist ein gebender Gott und wir sollten gut daran tun, seinen Charakter anzunehmen, um gebende Menschen zu sein. Das ist ein geistliches Prinzip, das hier am Wirken ist.

Der Schlüssel der Ehrfurcht vor Gott

Es gibt göttliche Weisheit für alles, wofür wir Weisheit brauchen, sei es für ein Studium oder um Entscheidungen zu treffen. Wir benötigen sicher ganz viel Weisheit auf unserem Missionsfeld! Wie können wir Weisheit erlangen? Das Wort Gottes sagt uns: *Die Ehrfurcht vor Gott ist der Anfang aller Weisheit.* Die Ehrfurcht vor Gott bedeutet für uns zu allererst einmal: Wir kommen täglich vor den Herrn, sinnen über sein Wort nach, werfen alle unsere Sorgen auf ihn, bitten um seine Führung für die Arbeit, die an diesem Tag vor uns liegt und erheben seinen Namen über alle andere Namen. Das Resultat hiervon ist Weisheit, die strömt, zum Zeitpunkt und an dem Ort, wo wir sie brauchen.

Der Schlüssel aus Gebundenheiten zu befreien und Dämonen auszutreiben
Das ist der Schlüssel, um Menschen aus Gebundenheiten dämonischer Mächte im Namen Jesu zu befreien.
Wir werden mehr darüber in anderen Lektionen erfahren.

Zusammenfassung:
Ich habe nur einige Schlüssel erwähnt. Für jede Tür benötigt man einen speziellen Schlüssel, der passt. Das ist kein so großes Geheimnis. Wenn wir – mit der Hilfe des Heiligen Geistes - im Wort Gottes lesen und Predigten hören der Diener Gottes und gewillt sind, Täter des Wortes zu sein, werden wir ganz sicher die Anwendung jedes geistlichen Schlüssels lernen, den der Herr für uns hat, um ein erfolgreiches Leben, ein Leben voller Freude im Herrn zu führen. Amen.

Tag 28 - Das Gleichnis vom Senfkorn

Judith Tollot

Wenn wir in den Evangelien danach Ausschau halten, wie sich Jesus verhalten hat, dann entdecken wir einen Mann, der die meiste Zeit unter Menschen verbrachte. Kennzeichnend war seine große Freude am Kontakt mit vielen verschiedenen Menschen, verschieden in Bezug auf ihr Geschlecht, ihre Herkunft, ihren Status und ihr Alter. Jesus hatte großes Interesse an Menschen. Prof. Dr. Zimmer beschreibt das als die Zuwendungslust und –kraft Jesu[3]. Und er hat gerne und viele Geschichten erzählt, kurz und prägnant, mit dem stilistischen Mittel des Vergleichs. Seine Gleichnisse sind weltbekannt.

Der besagte Prof. Dr. Zimmer hat viele Gleichnisse Jesu ausgelegt. Er hat folgendes über Gleichnisse herausgefunden. Mit ganz wenigen Sätzen erzählt Jesus alles, was für das Verständnis der Geschichte notwendig ist. Das bedeutet auch, dass wir kein Wort weglassen können, jedes Wort ist wichtig. Andererseits lässt Jesus das weg, was sich Zuhörer denken können, er sagt nur das Entscheidende. Bei der Auslegung können wir deshalb vom Normalfall ausgehen und sollten keine Spekulationen anstellen. Beim Normalfall handelt es sich um die Inhalte, die 80-90% der Zuhörer Jesu problemlos verstehen können, da sie die lebensnahen Beispiele aus ihrer Umgebung des damaligen Palästina kennen. [4]

Brian McLaren, ein bekannter Pastor und Autor aus USA, hat in seinem Buch „Die geheime Botschaft von Jesus“ folgende Gemeinsamkeiten von Gleichnissen dargestellt:

- Viele Gleichnisse enden oder beginnen mit demselben Satz: „Wenn jemand Ohren hat und hören kann, dann höre er!“
- In jedem der Gleichnisse vom Reich Gottes (Markus 4, 1-34; Matthäus 13, 1-53) wird eine Sache erwähnt, die zunächst verborgen ist und dann schließlich ans Licht kommt.
- Jedes dieser Gleichnisse bietet eine Überraschung.

---

3 Prof. Dr. Siegfried Zimmer: Vortrag mit dem Titel „„Reich Gottes“ als zentrales Thema im öffentlichen Auftreten des Jesus aus Nazareth“ vom 18.06.2011 unter www.worthaus.org/mediathek; Link: http://worthaus.org/mediathek/1-3-2/ vom 24.02.2014

4 ebenda

Gleichnisse verbergen die Wahrheit, was bedeutet, dass der Zuhörer und/oder Leser mehr tun muss als bloßes „Hören mit den Ohren“ oder „Lesen mit den Augen“. Wir müssen uns selbst einbringen und nach dem Sinn suchen. So wird uns der Sinn überraschen, wenn wir ihn entdecken.
Die Jünger stellten folgende Frage an Jesus: „Warum verwendest du Gleichnisse, wenn du mit Menschen sprichst?“ (Matthäus 13, 10)
Brian McLaren glaubt, dass Gleichnisse den Hörer auf unbekanntes Terrain locken. Es ist eine Einladung zum Fragen stellen, und genau diese Fragen verweisen wieder auf den Lehrer – ohne ihn können wir seine Worte nicht verstehen.
In Matthäus 13, 11 antwortet Jesus auf die Frage der Jünger dann folgendes: „Euch hat Gott die Geheimnisse seines Planes erkennen lassen.“
Menschen, die die Gleichnisse nicht nur hören, sondern auch verstehen wollen, sind bereit, sich auf eine Vertrauensbeziehung mit dem Lehrer einzulassen. In dieser Beziehung offenbart der Lehrer seinen Jüngern das dahinterliegende Geheimnis.
Genauso behandelt ein Gleichnis seine Hörer wie Kinder. Was ist das Besondere an Kindern im Vergleich zu Erwachsenen?
Kinder sind abhängig von Erwachsenen, sie lernen durch Fragen an Menschen, denen sie vertrauen. Sie verfügen über einen großen Wissensdurst, welcher sich in Neugier und Forschungsdrang ausdrückt. Ich habe einmal gehört, dass das größte Kompliment an Gott die Neugier der Kinder sei. Zurück zu den Gleichnissen. Diese machen aus uns wieder Kinder, denen man etwas beibringen kann, weil sie uns dazu bringen, den Lehrer zu fragen und auf die Antwort zu warten.
In der Bibel werden verschiedene Reaktionen von Menschen auf die Gleichnisse geschildert: Manche stellen keine Fragen und machen sich nicht auf die Suche nach den Geheimnissen des Reiches Gottes. Andere dagegen haben Verständnis, sind aber wütend, weil sie sich angegriffen fühlen.
Herzen werden nicht durch Druck und Zwang gewonnen. Jesus lädt durch seine Gleichnisse ein; er lockt, fasziniert und fordert heraus.

Die Botschaft vom Reich Gottes ist als Geheimnis in Gleichnissen verborgen.[5]
So lasst uns in diesem Sinne, als neugierige Kinder, das Gleichnis vom Senfkorn anhören:

Und er sprach: Wie sollen wir das Reich Gottes vergleichen? Oder in welchem Gleichnis sollen wir es darstellen? Wie ein Senfkorn, das, wenn es auf die Erde gesät wird, kleiner als alle Arten von Samen, die auf der Erde sind; und wenn es gesät ist, geht es auf und wird größer als alle Kräuter, und es treibt große Zweige, so dass unter seinem Schatten die Vögel des Himmels nisten können.
Markus 4,30-32
(Parallelstellen: Lukas 13, 18-19 und Matthäus 13, 31-32)

Das Gleichnis vom Senfkorn kommt drei Mal in den vier Evangelien vor, jedoch mit kleineren Variationen. (Statt von Erde ist die Rede von Garten und Feld; der Superlativ - das kleinste, größer als alle anderen - findet sich in Markus und Matthäus. In Lukas ist von der Größe keine Rede; in Markus und Lukas stellt Jesus die Doppelfrage, in Matthäus findet sich keine Frage).
Bevor wir als Jünger die Frage stellen: „Jesus, welches Geheimnis verbirgt sich dahinter?", werfen wir einen genaueren Blick auf das Reich Gottes.

Im NT ist über 100mal die Rede vom Reich Gottes. Prof. Dr. Zimmer hat auch über das Reich Gottes referiert. Aus den Erwähnungen im NT schließt er, dass das Reich Gottes ein gerechtes Reich ist. Es stellt das Gebiet dar, wo Gottes Wille gilt und in die Tat umgesetzt wird. Die Bibel fordert uns auf, dass wir danach trachten sollen (Matthäus 6, 33). In der Bergpredigt verheißt Jesus den geistlich Armen und den um der Gerechtigkeit willen Verfolgten, dass ihnen das Reich Gottes gehört (Matthäus 5, 3+10). Außerdem verspricht er es den Kindern (Markus 10, 15) und fordert seine Zuhörer auf, das Reich Gottes wie Kinder zu empfangen (Lukas 18, 17). Der Begriff für das Reich Gottes ist im Urtext speziell jüdisch und somit nur im Judentum verständlich. Deshalb liefert Jesus seinen originären

5 Brian D. McLaren: *Die geheime Botschaft von Jesus* (Asslar, Gerth Medien, 2007), S. 60-67. Zugegebenermaßen ist Brian McLaren nicht unumstritten, doch was er in diesem Buch und speziell in dem o.g. Kapitel über Jesus schreibt, sie diesem ziemlich ähnlich.

Zuhörern keine Erklärung dafür, denn sie wissen, wovon er redet. Der Begriff wurde durch die Exil-Propheten wie beispielsweise Hesekiel als prophetischer Ausdruck zur Zeit des babylonischen Exils eingeführt. Als Hoffnungs- und Sehnsuchtsbegriff hat er die Juden ermutigt, sich nicht an die babylonische Kultur anzupassen, sondern auf die Erfüllung zu warten.
Betrachten wir damals wie heute die Reiche dieser Welt, dann entdecken wir darin Ungerechtigkeit, Korruption, Machtgier und einen Zustand der Zerstörung. Dieser Zustand der Unordnung ist nicht durch Menschen zu beheben. Kein Mensch kann dies wieder in Ordnung bringen. Darauf konnten die Zuhörer damals wie heute nicht ihre Hoffnung setzen. Das Reich Gottes wird als Alternativreich vorgestellt, fundamental anders, nicht wie Reiche dieser Welt. Es ist in erster Linie für Arme und Benachteiligte, die Verlierer der weltlichen Reiche da. Diese sollen sich im Reich Gottes wohlfühlen. Das Reich Gottes dient Verletzten. Sie erleben die große Wende zum Guten und dürfen sicher sein, dass ihnen das Reich Gottes keine neuen Wunden zufügen, sondern alle Wunden heilen wird.
Jesus sagt, dass das Reich Gottes mit ihm beginnt (Markus 1, 15). Wir können davon ausgehen, dass es danach kein neues Zeitalter mehr auf der Erde geben wird. Das Reich Gottes beginnt nicht erst mit dem Tod. Es hat auch das Potenzial, sichtbare Veränderungen in unserer Gesellschaft hervorzubringen. Anhand seines Verhaltens zeigt Jesus ganz praktisch, wie das Reich Gottes aussieht: Er selbst pflegt einen ganz anderen Umgang mit Frauen, Kindern, Aussätzigen und Ausgestoßenen aller Art.
Betrachten wir unseren Lebensalltag, dann können wir feststellen, dass auch heute tiefe Risse durch unsere Gesellschaft gehen. Diese stellen eine Belastung dar und führen dazu, dass bestimmte Personengruppen ausgeschlossen werden oder als weniger wert gelten. Es gibt beispielsweise Klüfte zwischen Armen und Reichen, zwischen Gesunden und Kranken, zwischen Ortsansässigen und Fremden, zwischen Kindern und Erwachsenen, zwischen Männern und Frauen, zwischen Anerkannten und Nicht-Anerkannten. Wie verhält sich Jesus in diesen Klüften, was lebt er uns vor?
Er wendet sich den Abgewerteten zu, hat Interesse an ihnen und tut Wunder für sie. Man kann sagen, bei ihnen lässt Jesus das Reich

Gottes sichtbar werden.[6] Sie spüren schon etwas von dem neuen Wind, von der Hoffnung, von der Heilung, von der großen Wende zum Guten, die mit Jesus begonnen hat, durch uns, seine Jünger weitergeht und in Zukunft vollkommen gemacht wird.

Zurück zum Gleichnis vom Senfkorn. Die Größe von Senfkörnern kennen wir aus Saure-Gurken-Gläsern. Die ausgewachsene Senfpflanze kann, je nach Sorte, bis zu 1,80 m hoch werden. Sie ist eine einjährige Pflanze, d.h. sie wächst in einer Saison, ca. 4-5 Monate von der Aussaat bis zur Ernte. Jesus vergleicht das Reich Gottes also mit dem Wachstum eines Senfkorns, das sehr klein und leicht zu verlieren ist. Interessant ist, dass der Mann, der aussät keine große Rolle spielt, er bekommt keinen Namen und keine Identität, wichtig ist die Handlung der Aussaat. Das Ergebnis von Saat und Wachstum ist eine große Pflanze, die nicht zu übersehen ist. Vögel können darin ihre Nester bauen, Eier legen und ihre Jungvögel darin aufziehen. Die Vögel bauen da ihr „Haus", wo sie sich wohlfühlen und dann entsteht neues Leben. Die Senfpflanze lebt nicht nur für sich, sie bringt Segen für andere hervor, denn vielfältiges Leben ist in ihr möglich.
Wenn das Reich Gottes also dieses Senfkorn darstellt und wir annehmen, dass das Reich Gottes mit Jesus begonnen hat, dann war es erst recht klein und unscheinbar, leicht zu übersehen und als Unsinn abzutun (1. Korinther 1, 21).
Damit die Botschaft vom Reich Gottes Wurzeln schlagen und ihr Potenzial entfalten konnte, musste sie scheinbar erst an Kraft verlieren, Jesus als das Haupt des Reiches Gottes ist gestorben.
Durch die anschließende Auferstehung und Pfingsten wurde die Kraft für das Wachstum des Erbes, welches in dem kleinen Samen lag, freigesetzt. Jetzt breitet sich das Reich Gottes auf der ganzen Erde aus (Matthäus 24, 14). Es wächst wie eine junge Senfpflanze voller Energie und mit einem Ziel: größer als alle anderen Gartenpflanzen zu werden.
Das Reich Gottes hat ganz klein begonnen, unscheinbar. Und nun wächst dieses gerechte Reich, dieses Friedensreich, über die ganze

6 Prof. Dr. Siegfried Zimmer: Vortrag mit dem Titel „„Reich Gottes" als zentrales Thema im öffentlichen Auftreten des Jesus aus Nazareth" vom 18.06.2011 unter www.worthaus.org/mediathek; Link: http://worthaus.org/mediathek/1-3-2/ vom 24.02.2014

Erdkugel. Es bringt unaufhaltsam Hoffnung und Gerechtigkeit denen, die sich verzweifelt danach sehnen.

Und das Beste kommt zum Schluss: Du und ich sind Teil dieser begeisternden einmaligen Sache, in deren Licht vieles im Leben einen tieferen Sinn ergibt!

Tag 29 - Das Abendmahl

Daniel Kosira

Das Thema „Abendmahl" ist unter den Christen kein unbekanntes Thema. Jeder weiß, Brot und Wein gehören dazu.
Als ich als Achtjähriger im Kommunionsunterricht der katholischen Kirche saß, begegnete mir das Abendmahl zum ersten Mal. Dort habe ich gelernt, dass das Brot, das während des Abendmahls gegessen wird, Jesus ist. Damit konnte ich als Achtjähriger natürlich nichts anfangen. Von meiner Mutter lernte ich, dass Jesus in meinem Herzen wohnt und ich seine Stimme hören kann und jetzt muss ich Ihn kauen und runterschlucken?! Das war sehr verwirrend für mich.
Als Teenager hörte ich dann oft und regelmäßig: „Denn wer isst und trinkt, isst und trinkt sich selbst Gericht, wenn er den Leib des Herrn nicht richtig beurteilt."
Das war's für mich. Ich dachte sehr lange „ich muss also Jesus essen und wenn ich es falsch mache, dann wird mich das Gericht Gottes in 1000 Stücke zerfetzen."
Also hatte ich jahrelang ein schlechtes Gewissen, wenn ich das Abendmahl im Gottesdienst zu mir nahm.
Aber Gott sah meine Verwirrung und klärte mich über die ganze Sache auf, was ich im Folgenden aufzeigen möchte.

Zu Beginn wollen wir folgende Bibelstelle betrachten:

Und er sprach zu ihnen: Mich hat herzlich verlangt, dies Passahlamm mit euch zu essen, ehe ich leide. Denn ich sage euch, dass ich es nicht mehr essen werde, bis es erfüllt wird im Reich Gottes. Und er nahm den Kelch, dankte und sprach: Nehmt ihn und teilt ihn unter euch; denn ich sage euch: Ich werde von nun an nicht trinken von dem Gewächs des Weinstocks, bis das Reich Gottes kommt. Und er nahm das Brot, dankte und brach's und gab's ihnen und sprach: Das ist mein Leib, der für euch gegeben wird; das tut zu meinem Gedächtnis. Desgleichen auch den Kelch nach dem Mahl und sprach: Dieser Kelch ist der neue Bund in meinem Blut, das für euch vergossen wird!
Lukas 22, 15-20 (Luther 1984)

Als Jesus sagt, dass es Ihn herzlich danach verlangte, dieses Passahlamm mit seinen Jüngern zu essen, da wussten seine Jünger, dass dieses kein gewöhnliches, sondern ein besonderes Passahmahl wird. Ich kann mir gut diese besondere Atmosphäre und die Stille unter den Jüngern vorstellen, als Jesus sprach: „Dies ist mein Leib, der für euch gegeben wird" und „dies ist der neue Bund in meinem Blut". Die Jünger wussten, dass dies ein heiliger Moment war. Das Abendmahl, das wir in der Gemeinde zu uns nehmen, ist ein Gedächtnismahl. Ja, es ist ein Gedächtnismahl (Vers 19), aber es ist noch viel mehr als *nur* das! Geschweige denn *nur* ein Symbol.

Hast du dich schon mal gefragt, warum keiner der Jünger Jesus fragte, was das zu bedeuten hat: „Bund in meinem Blut"? Nun ja, die Juden wussten sehr genau was ein Blutbund zu bedeuten hat, denn Abraham „schnitt den Bund" mit Gott. Bis heute werden in Afrika und Kleinasien Blutbünde geschnitten. Diese gelten sogar bis in die dritte und vierte Generation. Wird dieser Bund von jemandem gebrochen, so wird dieser getötet, weil er den Blutbund bricht. Bis heute existiert so etwas. Ein Blutbund ist der stärkste Bund, der zwischen Stämmen in Afrika eingegangen werden kann. Blutbünde von afrikanischen Stämmen unterscheiden sich im Detail, aber im Großen und Ganzen werden diese wie folgt „geschnitten":
Kommen zwei Stämme überein, einen Blutbund zu schließen, treffen sich die beiden Stammesführer und ein Schamane an einem vorher bestimmten Ort. Ein Becher wird mit Wein gefüllt und der Schamane schneidet die Handgelenke der beiden Blutbundpartner an, so dass das Blut der Beiden in den Becher mit Wein tropfen kann. Der Becher mit Blut und Wein wird umgerührt und Geschenke werden ausgetauscht. Dann verliest der Schamane Flüche, die denjenigen treffen, der den Blutbund bricht. Die beiden Blutbundpartner trinken jeweils aus dem Becher, bis er leer ist und reiben ihre Handgelenke aneinander, so dass sich das Blut vermischt. Nun sind sie Blutsbrüder. Auf ähnliche Art „schnitt" Abraham den Bund, was auch Blutvergießen mit einschloss. Ein Blutbund kann nicht einfach aufgelöst oder ungültig gemacht werden, denn diese Verträge werden mit Blut besiegelt.

Die Jünger wussten also über die Tragweite eines Blutbundes Bescheid und nun würde der Messias mit ihnen einen Blutbund eingehen. Was für ein Moment!
Zu gerne würde ich mich mit Johannes oder Petrus über dieses Abendmahl unterhalten. Denn wenn jemand etwas darüber sagen könnte, dann diejenigen, die dabei waren.
Einer der Jünger Jesu, Johannes („den Jesus lieb hatte" und der später die Offenbarung schrieb), hatte einen Schüler, den er lehrte. Sein Name ist *Ignatius von Antiochien,* der etwa drei Jahre, nachdem Jesus gekreuzigt wurde, zur Welt kam.
Er schrieb einmal etwas über das Abendmahl, das er höchstwahrscheinlich so von Johannes lernte.
Ignatius von Antiochien sagte über das Abendmahl: *„Es ist die Medizin der Unsterblichkeit und das Gegengift gegen den Tod."* (!)
Für 1500 Jahre war das Abendmahl das Zentrum der Gottesdienste. In der Apostelgeschichte Kapitel 2, Vers 42 lesen wir, dass sie beständig im Brotbrechen waren, genauso wie in der Lehre der Apostel und im Gebet. Diese Dinge werden in einem Atemzug erwähnt, was für mich heißt, diese Dinge gehören zu den Wichtigsten. Wie kam es also dazu, dass das Abendmahl an Wichtigkeit verlor? Die Reformation durch Martin Luther machte das Wort Gottes für alle in der eigenen Sprache zugänglich. Es wurde so wichtig, dass es zum Zentrum der Gottesdienste wurde. Es war eine gute Reformation. Dank sei Gott dafür! Aber sie bewirkte auch, dass beispielsweise das Gebet in den Hintergrund gedrängt wurde, genau wie das Abendmahl. Überlege einmal für dich selbst, wie viel Zeit du für Gebet und für intime Zeit mit Gott verwendest und wie viel Zeit du „totredest". Ich möchte dich dazu motivieren, die Bedeutung und die Wichtigkeit des Abendmahls und des Gebets wieder zu sehen und zu schätzen.
Aber nun zurück zur Aussage über das Abendmahl von *Ignatius von Antiochien.*
Ich möchte das nicht zu sehr hervorheben, aber dies zeigt mir eindeutig, dass das Abendmahl für die ersten Christen mehr war, als einfach nur eine Erinnerung an den Opfertod Jesu. Wir wollen nun betrachten, was Paulus über das Abendmahl sagt.

Denn ich habe von dem Herrn empfangen, was ich auch euch überliefert habe, dass der Herr Jesus in der Nacht, in der er überliefert

wurde, Brot nahm, und als er gedankt hatte, es brach und sprach: Dies ist mein Leib, der für euch ist; dies tut zu meinem Gedächtnis. Ebenso auch den Kelch nach dem Mahl und sprach: Dieser Kelch ist der neue Bund in meinem Blut, dies tut, sooft ihr trinkt, zu meinem Gedächtnis. Denn sooft ihr dieses Brot esst und den Kelch trinkt, verkündigt ihr den Tod des Herrn, bis er kommt. Wer also unwürdig das Brot isst oder den Kelch des Herrn trinkt, wird des Leibes und Blutes des Herrn schuldig sein. Der Mensch aber prüfe sich selbst, und so esse er von dem Brot und trinke von dem Kelch. Denn wer isst und trinkt, isst und trinkt sich selbst Gericht, wenn er den Leib des Herrn nicht richtig beurteilt.
Deshalb sind viele unter euch schwach und krank, und ein gut Teil sind entschlafen. Wenn wir uns aber selbst beurteilten, so würden wir nicht gerichtet. Wenn wir aber vom Herrn gerichtet werden, so werden wir gezüchtigt, damit wir nicht mit der Welt verurteilt werden.
1. Korinther 11, 23 - 32

Es gibt also die Möglichkeit, das Abendmahl unwürdig zu nehmen. Es ist für Gott okay, wenn wir Lobpreis in nicht angemessener Weise machen oder wenn wir falsch beten. Aber beim Abendmahl kannst du dir „selbst Gericht trinken", wenn du „den Leib des Herrn nicht richtig beurteilst"! Wenn ich ein Symbol, z.B. die deutsche Nationalflagge, missachte, dann werde ich mit Sicherheit deswegen nicht krank und schwach.
Wie nehme ich also das Abendmahl auf unwürdige Weise? Die Antwort ist teilweise einfach. Das Abendmahl soll z.B. nicht zu einem Saufgelage werden, denn immerhin wird Wein getrunken, aber es soll z.B. auch nicht in Völlerei münden. Du kannst das Abendmahl auch noch auf andere Weise unwürdig nehmen, indem du z.B. dein Leben noch nicht Jesus übergeben hast. Denn wie ein Kind es nicht beurteilen kann, was es für Konsequenzen nach sich zieht, wenn es eine heiße Herdplatte berührt oder, dass sich nur von Schokolade zu ernähren, nicht so eine gute Idee ist, so kann jemand der nicht zu Jesus gehört, den Leib des Herrn nicht richtig beurteilen (ohne göttliche Offenbarung = kein Verständnis). Dennoch gibt es auch viele Christen, die das Ausmaß und die Tiefe der Bedeutung des Opfertodes Jesu nicht für sich selbst verstanden haben. Aber Dank sei Gott, wir haben den Heiligen Geist, der uns in alle Wahrheit führt!

Also beurteile den Leib des Herrn richtig, indem du wirklich weißt und verstehst, was der Tod Jesu für dich persönlich zu bedeuten hat. Also was bedeutet nun der Tod Jesu am Kreuz für mich persönlich? Ein großer Teil der Christen sieht nur den Aspekt, dass Jesus für mich starb, um mich von Sünde reinzuwaschen, damit ich in den Himmel kann. Und das stimmt auch! Aber der Opfertod Jesu ist viel mehr als das! Oh, das Blut Jesu, was hat es Großes bewirkt! Dieser Tausch am Kreuz ist reine Gnade!

- Jesus wurde mit *unserer* Sündhaftigkeit zur **Sünde** gemacht, damit wir mit *seiner* **Gerechtigkeit** gerecht gemacht würden (2. Korinther 5, 21).
- Jesus trug unsere **Krankheit** und Schmerz, damit wir **Heilung** empfangen und in Gesundheit wandeln (Jesaja 53, 4)
- Die **Strafe,** die uns hätte treffen müssen, lag auf Ihm, damit wir **Frieden** mit Gott haben können (Jesaja 53, 5)
- Jesus wurde um meinetwillen **arm**, damit ich durch seine Armut materiellen **Überfluss** habe (2. Korinther 8, 9)
- Jesus wurde mit dem **Fluch**, den der Gesetzesbruch nach sich zieht, zum Fluch gemacht, damit wir den **Segen** empfangen würden, der dem Gehorsam verheißen ist. (Galater 3, 13)
- Jesus schmeckte den **Tod**, damit wir **Leben** haben würden. (Johannes 10, 11)

Als Jesus am Kreuz hing, hatte er nichts mehr, was er sein Eigen hätte nennen können. Das Letzte was er gegessen hatte, als er am Kreuz hing, war das Abendmahl mit seinen Jüngern, das über 24 Stunden her war. Jesus hatte am Kreuz Hunger, er hatte Durst (Johannes 19, 28) und er war nackt (Johannes 19, 23). Jesus wurde arm, damit ich reich bin! Jesus kam und starb, damit ich das Leben im Überfluss habe (Johannes 10, 11). Viele glauben, der Dienst Jesu wäre hiermit beendet. Aber man glaubt es kaum, da kommt noch mehr!

Jesus Christus ist der Mittler (Hebräer 9, 15) des neuen Bundes. Er ist der Hohepriester (Hebräer 6, 20) im Himmel, durch den wir zum Vater gelangen können. Jesus Christus ist nun unser Fürsprecher (1. Johannes 2, 1), der für uns vor dem Vater einsteht. Parakletos (griech.): das bedeutet Rechtsanwalt. Jesus ist dein und mein

Rechtsanwalt! Jesus vertritt uns vor dem Vater. Ist das nicht wunderbar? Wenn wir unsere Sünde bekennen, so vergibt er uns (1. Johannes 1, 9).
Jedes Mal wenn du also das Abendmahl nimmst, stimmst du dem gesamten Werk Jesu zu und du hast Teil am Werk und am Blute Jesu. Das alles steht dir zu und die Bibel sagt uns, dass das Abendmahl Teilhabe am Blute Jesu ist! Lasst uns lesen:

Der Kelch der Segnung, den wir segnen, ist er nicht [die] Gemeinschaft des Blutes des Christus? Das Brot, das wir brechen, ist es nicht [die] Gemeinschaft des Leibes des Christus? Denn ein Brot, ein Leib sind wir, die vielen, denn wir alle nehmen teil an dem einen Brot.
1. Korinther 10, 16-17

Das Abendmahl bedeutet also Gemeinschaft mit Jesus und untereinander, da wir sein Leib sind. Wie könnte ich angesichts dieser Dinge behaupten, dass Lobpreis eine geistige Auswirkung hat, Gebet eine geistige Auswirkung hat, ebenso das Predigen des Wortes Gottes, aber das Abendmahl nicht? Das wäre nicht richtig. Teilhabe am Blute Jesu bewirkt Leben in jeder Hinsicht in uns. Lasst uns lesen:

Da sprach Jesus zu ihnen: Wahrlich, wahrlich, ich sage euch: Wenn ihr nicht das Fleisch des Sohnes des Menschen esst und sein Blut trinkt, so habt ihr kein Leben in euch selbst. Wer mein Fleisch isst und mein Blut trinkt, hat ewiges Leben, und ich werde ihn auferwecken am letzten Tag; denn mein Fleisch ist wahre Speise, und mein Blut ist wahrer Trank. Wer mein Fleisch isst und mein Blut trinkt, bleibt in mir und ich in ihm.
Johannes 6, 53-56

Satan weiß sehr genau, was das Blut Jesu bewirkt. Nun versucht er mit allen Mitteln die Wichtigkeit des Abendmahls herunter zu spielen. Petrus wusste genau, wer er in Christus war und was sein Werk für Ihn bedeutete. Was tat er? Er stellte Jerusalem auf den Kopf. Paulus war sich derselben Sache bewusst und Gott tat große Zeichen durch ihn und durch ihn bekehrte sich ein Großteil der damals bekannten Welt. Lasst uns jeden Tag darüber nachdenken, welchen Sieg das Blut Jesu bewirkt.

Es gibt noch einen weiteren Punkt über das Abendmahl, der uns die Wichtigkeit desselben zu verstehen gibt. In der katholischen Kirche wird das Abendmahl auch Kommunion genannt. Es steckt etwas sehr Tiefes hinter dieser Namensgebung.
Das Wort Kommunion wird vom griechischen Wort *Koinonia* abgeleitet und bedeutet soviel wie *zusammenbringen zweier Dinge* oder *eins werden*.
Ich möchte *Koinonia* anhand eines Beispiels erklären. Wenn meine Ehefrau und ich gemeinsam *Koinonia* praktizieren, dann ist dies etwas Wunderbares und von Gott Gewolltes. Ohne, dass ich weiterhin Einfluss darauf nehme, entsteht aus dieser Zeit der *Koinonia* eine Frucht und meine Frau wird schwanger. Und heute haben meine Frau und ich eine Tochter. Was habe ich dafür getan? Ich wurde einfach eins mit meiner Ehefrau und sonst nichts.
Auf dieselbe Weise ist es mit Gott. Wenn ich mit Gott *Koinonia* habe, und damit meine ich Intimität oder auch eine intensive Zeit nur zu zweit, dann entsteht daraus Frucht. Im Johannes-Evangelium Kapitel 15, Verse 1 – 8 redet Jesus von genau dieser Sache.
Das bringt mir Gemeinschaft mit Gott, Anteil am Blute Jesu und ich binde mich an die Vorzüge des Bundes in Jesu Blut. Sei dir dessen bewusst!

Die Symbolik des Bechers, aus dem alle tranken, hat außerdem seinen Ursprung noch an einer anderen Stelle. Uns ist bekannt, dass Jesus immer wieder Bilder aus der jüdischen Hochzeit auf sich bezog. Z.B. ist er der Bräutigam und wir seine Braut. Ich bin davon überzeugt, dass dieser Becher, den Jesus seinen Jüngern gab, auch seinen Ursprung in der jüdischen Hochzeit hat. Während der Trauung eines jüdischen Hochzeitpaares gibt es diesen Becher, der mit Wein gefüllt ist, auch und den Jüngern war das natürlich bekannt. Das Paar nimmt dieses Gefäß mit Wein, beide trinken daraus und anschließend wird dieses Gefäß auf dem Boden kaputt gemacht. Das ist folgender Maßen zu deuten: Niemand wird so intime Gemeinschaft mit einem der Brautleute haben, wie das Brautpaar untereinander, deshalb wird das Trinkgefäß kurz nach dem Trinken kaputt gemacht. Lasst uns mit Jesus eine tiefe Beziehung und Gemeinschaft haben, noch tiefer als ein Ehepaar.
Manche Christen nehmen am Abendmahl in der Gemeinde nicht Teil, weil sie wissen, dass etwas in ihrem Leben nicht stimmt. Sie lieben

ihre Sünde mehr als Jesus. Ich möchte dich motivieren, die Sünde bei Jesus abzulegen und wieder am Abendmahl teilzunehmen. Es ist zu kraftvoll, als dass man sich das entgehen lassen sollte.

Lasst uns die Bedeutung und die Tiefe des Abendmals wieder richtig betrachten. Jesus hat sein Werk in seinem Tod vollendet. Er ist diesen neuen Bund mit uns eingegangen und sein Blut wurde für uns vergossen. Wir wollen das Abendmahl würdig nehmen und den Leib des Herrn richtig beurteilen. Die Kostbarkeit des Blutes Jesu ist unermesslich.

Wer mein Fleisch isst und mein Blut trinkt, der bleibt in mir und ich in ihm.
Johannes 6, 56

Jesus Christus ist Sieger! Amen.

Tag 30 - Der Dienst der Predigt

Ralph Glöckner

Und sandte sie, das Reich Gottes zu predigen
Lukas 9, 2

Wenn ihr aber hingeht, predigt und sprecht: Das Reich der Himmel ist nahe gekommen.
Matthäus 10, 7

Vor all den Diensten der neutestamentlichen Gemeinde nimmt der Dienst der Predigt eine Vorrangstellung ein. So fing der Dienst Jesu damit an, dass er vom Reich Gottes predigte. Diesen Auftrag gab er auch seinen Jüngern. Die Welt sollte das Evangelium hören. Nur durch die Predigt konnten und können Menschen das Wort aufnehmen und gerettet werden. Ist dieser Dienst nur für Propheten gedacht? Wer darf verkündigen? Ist es heute noch notwendig? Wir wollen uns mit Jesus hinein nehmen lassen in seine Welt, wo er mit seiner Kraft und dem Geist wirkt, ja mit Vollmacht predigt.

Jesus und das Himmelreich

Markus steigt in seinem Evangelium gleich mit dem Anfang des Dienstes Jesu ein. Die erste Botschaft des Herrn war: „Das Reich Gottes ist nahe herbeigekommen". Sofort war es den Zuhörern klar, was das Thema des neuen Predigers war, nämlich das Reich Gottes. Jedoch ging es dabei nicht nur um Aufschluss himmlischer Geheimnisse oder Einblicke in den Arbeitsbereich Gottes. Nein, Jesus forderte mehr: eine persönliche Antwort auf seine Herausforderungen, die das weltliche Leben der Menschen vor einen göttlichen Spiegel stellte. Sie sollten mit Buße und Glauben reagieren.

Doch Jesus wusste, wenn man Menschen nur mit ihrer Sündhaftigkeit konfrontierte, ohne ihnen Einblick und Hunger für ein anderes Leben zu geben, würden sie das Ziel nicht erreichen. Der Evangelist Matthäus beobachtete das Zusammenspiel der Taten Jesus mit seinen Worten. „Jesus zog umher, ... lehrte ... predigte ... und heilte ... " (Matthäus 4, 23). Jesus öffnete den Menschen die

Augen, damit sie den Segen und die Fülle des Reiches Gottes sehen konnten.
Bevor jemand eine Entscheidung für Gott treffen kann, muss er die Gnade und Barmherzigkeit Gottes „sehen" können. Er muss wissen, dass sich Gott unserer Nöte annimmt und dass er weiß, was wir brauchen. Jesus demonstriert bis heute mit Zeichen und Wundern seine Kraft, die aber nicht wahllos oder gar unnütz zum Einsatz kommt - im Gegenteil! Sein Wirken zeigt seine Absichten, damit wir seine Liebe, Fürsorge und auch seine Heiligkeit erkennen können.
Wenn sich dann Menschen öffnen und Interesse an Jesus sowie an seiner Botschaft gewinnen, dann war der Ruf zur Umkehr auch im richtigen Moment erklungen. Jesus lädt seine Zuhörer ununterbrochen ein, in sein Reich einzutreten. Jedoch fordert das nicht nur eine Kehrtwendung und einen Abschied vom sündhaften Leben im Reich der Finsternis, sondern auch einen neuen Glauben, der durch seinen Wahrheitsanspruch nur eine Richtung zulässt: „Ich bin der Weg, die Wahrheit, und das Leben; niemand kommt zum Vater, als durch mich." (Johannes 14, 6).

Jesus und das Manna vom Himmel

Das Johannesevangelium fängt ganz anders an als die anderen. Es geht um das WORT, das von Anfang an ist, und Gott ist. Da geht es um Jesus, den Sohn Gottes, der von Ewigkeit her ist, alles geschaffen hat, und dann Fleisch wurde. Jesus selbst ist das Wort, *Logos*, von Gott.
Es erstaunt den Leser des Evangeliums dann nicht mehr, wenn in Kapitel 6 sich Jesus als das Brot vom Himmel bezeichnet, das dem Glaubenden Leben gibt.
In Johannes 6, 32-35 geht Jesus auf die alttestamentliche Geschichte zur Zeit der Wüstenwanderung des Volkes Israels ein. Gott hatte sein Volk mit Manna, Brot vom Himmel, versorgt. Man kann über das Manna in 2.Mose 16, 4+31, sowie in 4.Mose 11, 7-9 Genaueres nachlesen. Dieses Brot hatte besondere Eigenschaften:
1. Es fiel über Nacht wie Tau und schmolz am Tage.
2. Eine Ration war nur für einen Tag haltbar. Die Ausnahme war am Sabbat, an dem es 2 Tage lang hielt.
3. Es hat Israel 40 Jahre lang mit allen Nährstoffen versorgt, die zu einem gesunden Leben notwendig waren.

4. Ab dem Tag der ersten Ernte nach dem Einzug ins verheißene Land gab es kein Manna mehr.
Jesus vergleicht sich selbst mit diesem Manna und bezeichnet sich als dieses Wunder Gottes, das vom Himmel kommt. Er selbst ist das Brot, das uns über unseren ganzen Lebensweg versorgt und erhält, bis wir in die Ewigkeit eintreten. Er will, dass wir täglich von ihm nehmen, denn „der Mensch lebt nicht vom Brot allein, sondern von einem jeden Wort, das aus dem Munde Gottes hervorgeht."
Wie können wir dieses Brot zu uns nehmen?
Kolosser 3, 16 sagt, dass das Wort Christi reichlich unter uns wohnen soll. Also Jesus soll unter uns, ja selbst in uns sein. Wir wollen sein kostbares Wort beherbergen, indem wir es hören und mit großem Hunger aufnehmen. Des Weiteren fordert uns Jesus auf, in ihm zu bleiben (Johannes 15, 5), um überhaupt ein fruchtbares Leben zu haben. Auch das Abendmahl wird angesprochen, wenn Jesus in Johannes 6, 54 von sich sagt: „Wer mein Fleisch isst und mein Blut trinkt, der hat das ewige Leben, ...". Dieser Akt tiefer Anbetung ist auch gleichzeitig eine Proklamation des Evangeliums vom Kreuz in der physischen so wie in der geistlichen Welt (1.Korinther 11, 26).

Jesus und die Überzeugung vom Himmel

Gesättigt mit Christus selbst können wir nun losziehen und uns in die Arbeit des Herrn stürzen. Doch Jesus weiß, dass es noch mehr braucht: nämlich die „himmlische Ausrüstung", den Heiligen Geist in all seiner Kraft. Jesus verspricht seinen Jüngern das Kommen und den Beistand des Parakleten für jeden von ihnen. Keiner muss sich ohne ihn wie ein Waise verlassen fühlen (siehe Johannes 14, 16-18). Im Epheserbrief wird dieser Heilige Geist als eine Versiegelung, eine Bestätigung von Gott sowie ein Pfand dessen, was noch alles kommen wird, beschrieben (Epheser 1, 13-14). Am geläufigsten ist uns die Verkündigung des Herrn bei seiner Himmelfahrt: „Und ihr werdet die Kraft des Geistes empfangen, der auf euch kommen wird." (Apostelgeschichte 1, 8). Damit hat uns Jesus die Ausrüstung zum Zeugendienst, zum Dienst des Predigens, bis ans Ende der Erde gegeben.
Bald schon nach Pfingsten zeichneten sich die Geisterfüllten als unerschrockene Prediger des Evangeliums vom auferstandenen Christus aus. Auch Verfolgung konnte den Freimut der Botschafter

nicht mehr eindämmen: „Wir können's ja nicht lassen, von dem zu reden, was wir gesehen und gehört haben," erklang es aus dem Mund des Petrus (Apostelgeschichte 4, 20). Es war so ansteckend, dass auch die ganze Gemeinde vom Geist erfüllt wurde und „das Wort Gottes mit Freimut redete" (Apostelgeschichte 4, 31).
Diese Ausrüstung steht auch heute noch jedem Christen zur Verfügung. Wir nennen es Taufe oder Erfüllung im Heiligen Geist. Diese hat mein Leben auf eine neue Stufe gehoben. Obwohl ich schon dem Herrn von Herzen diente, habe ich selbst erst im Alter von 19 die Geistestaufe empfangen.
Als ich erfüllt wurde und in Zungen zu reden begann, war eine neue Freiheit spürbar. Der Dienst schien nun einfacher. Es war, als würde es aus mir herausfließen. Meine Freude im Herrn war nun versiegelt, mein Verlangen, Zeuge Jesu zu sein, traf jetzt mit einer bisher unbekannten Überzeugungskraft zusammen. Ich musste beim Evangelisieren nicht mehr krampfhaft nach Worten suchen. Und dann zeichnete sich auch eine geistliche Autorität ab, die einen Einfluss auf die Ungläubigen vor mir hatte. Mit dem Geist Gottes sind wir stärker, und unsere Botschaft findet Bestätigung.

Jesus und die Dringlichkeit des Himmels

Mission steht auf dem Herzen Gottes. Jesus beschreibt es folgendermaßen: „So wie mich der Vater sandte, so sende ich euch." Jesus wusste, dass er eine begrenzte Zeit hatte. Er wollte seinem Auftrag der Verkündigung dem Hause Israel gegenüber gerecht werden, bevor er den Weg der Errettung durch seinen Kreuzestod vollendete. Wo immer Jesus mit Wort und Werk diente, kamen Menschenmengen zusammen. Ohne Zweifel waren seine Worte gespickt von wunderbaren Offenbarungen Gottes und tiefgründigen Beispielen, so dass die Menschen geradezu an seinen Lippen hingen. Viele ließen sich als Ausdruck ihrer Buße taufen. Und doch ließ sich Jesus an keinen Ort binden. Er wollte ständig weiterziehen, um dort zu predigen, wo man das Evangelium noch nicht gehört hatte. „Lasst uns woanders hingehen, in die nächsten Städte, dass ich auch dort predige; denn dazu bin ich gekommen." (Markus 1, 38).
Die Mission sollte fortgeführt werden und alle Welt erreichen. So befahl Jesus seinen Jüngern: „Gehet hin in alle Welt und predigt das Evangelium." (Markus 16, 15; Matthäus 28, 19-20). Jesus war darauf bedacht, dass Menschen sein Wort hören sollten. Deshalb bereitete

er seine Jünger mit aller Hingabe darauf vor. Zuerst lehrte er sie im Gehorsam seines Wortes zu leben. Ja, er bestand auf Gehorsam gegenüber jeder Anweisung, jedem Gebot, das er gesprochen hatte (Johannes 14, 15+21; Johannes 15, 10+14). Zudem ging Jesus selbst als Vorbild voran. Er war dem Vater völlig gehorsam in dem göttlichen Auftrag, zu dem er gesandt worden war (Johannes 15, 10). Dann nahm er seine auserwählten Apostel mit sich auf alle Diensteinsätze, damit sie von ihm lernen und ebenso in seinen Fußstapfen wandeln sollten (Johannes 14, 12).
Bald kam auch schon die Herausforderung für sie, selbst zu gehen, und Jesus wies sie als ein guter Mentor ein (Matthäus 10, 7-8). Dass die Predigt der guten Nachricht nicht überall willkommen war, wusste Jesus nur zu gut. Deshalb ist es auch heute noch wichtig, sich bei Ablehnung nicht enttäuschen zu lassen, sondern weiterzugehen - zu anderen Leuten, in andere Häuser. Ohne Zweifel gibt es Menschen, die ein offenes Herz haben, die nach Wahrheit suchen bzw. die göttliche Hilfe brauchen. Auch wenn viele die Türen verschließen, gibt es doch jene, die vom Herrn schon vorbestimmt sind, die förmlich darauf warten, dass sie Buße tun können. So wie es in Apostelgeschichte 13, 48 auch Paulus und Barnabas erlebten: „Und alle wurden gläubig, die zum ewigen Leben bestimmt waren."
Es war hauptsächlich Paulus, der als Apostel die Dringlichkeit des Auftrags Jesu mit Leib und Seele auslebte. „Wehe mir," so schrieb er, „wenn ich das Evangelium nicht predigte!" (1.Korinther 9, 16). Er war geradezu getrieben von einem Pflichtgefühl seiner Berufung heraus, das Evangelium dorthin zu bringen, wo man Christus noch nicht kannte. Mit seinen Worten: „Dabei habe ich meine Ehre darein gesetzt, das Evangelium zu predigen, wo Christi Name noch nicht bekannt war, ..." (Römer 15, 20). Er hatte jedoch auch immer ein Team bei sich gehabt, das von ihm lernen und sich anstecken lassen sollte. „Schäme dich nicht des Evangeliums!", rief er seinen geistlichen Söhnen und Mitarbeitern zu.
Bis heute ruft Jesus seine Jünger, seinen Herzschlag für die Errettung durch das gepredigte Wort aufzunehmen. „Wen soll ich senden, wer wird gehen? Denn wie sollen Menschen glauben, wenn sie nicht gehört haben, und wie sollen sie hören, wenn ihnen nicht gepredigt wird?" (siehe Römer 10, 14).

Jesus und der Friede des Himmels

Wir wollen uns noch einmal die Anweisungen Jesu anschauen, als er seine Jünger zum ersten Mal zum Predigen aussandte. In Matthäus 10, 12-13 heißt es: „Wenn ihr in ein Haus geht, so grüßt es; und wenn es das Haus wert ist, wird euer Friede auf sie kommen. ..." Jesus bringt Frieden, wenn er Menschen begegnet und wenn er in ein Haus tritt. Der Friede zeigt sich in Form von Heilung, Vergebung, Auferstehung, Wiederherstellung, Gemeinschaft und – über allem: LIEBE! Nichts anderes sollen wir erwarten, wenn wir geisterfüllt sind. In uns wohnt ein Geist des Friedens, der Kraft, der Liebe. Wir haben uns bekleidet mit der Natur Jesu, mit Gerechtigkeit und Güte. Wenn wir nun mit völligem Bewusstsein seiner göttlichen Gegenwart in eine Situation hineingehen, dann verändert sich die geistliche Atmosphäre. Wir bringen Shalom, den Frieden Gottes. Das Nächste, was wir zu tun haben, ist Segen zu sprechen, in Wahrheit zu reden, und gute Botschaft zu verkündigen. Das sind die Füße des Kriegers Gottes, die angetan sind mit Schuhen des Evangeliums.

Schlussfolgerung

Jesus sagte seinen Jüngern einmal: „Meine Speise ist die, dass ich den Willen meines Vaters tue." Ja, das soll auch unsere Quelle der Befriedigung sein, die unsere leiblichen Bedürfnisse weit überragt. Wir wollen uns laben an der Frucht, die durch die Predigt gebracht wird. Und das können wir auch, wenn uns der Vers in Römer 14, 17 in Fleisch und Blut übergegangen ist: „Das Reich Gottes ist nicht Essen und Trinken, sondern Gerechtigkeit und Friede und Freude im Heiligen Geist."

Tag 31 - Das erste Gebot

Olga Kosira

Und einer der Schriftgelehrten, der gehört hatte, wie sie miteinander stritten, trat hinzu, und da er wusste, dass er ihnen gut geantwortet hatte, fragte er ihn: Welches Gebot ist das erste von allen? Jesus antwortete ihm: Das erste ist: `Höre, Israel: Der Herr, unser Gott, ist allein Herr; und du sollst den Herrn, deinen Gott, lieben aus deinem ganzen Herzen und aus deiner ganzen Seele und aus deinem ganzen Verstand und aus deiner ganzen Kraft. Das zweite ist dies: `Du sollst deinen Nächsten lieben wie dich selbst. Größer als diese ist kein anderes Gebot. Und der Schriftgelehrte sprach zu ihm: Recht, Lehrer, du hast nach der Wahrheit geredet; denn er ist einer, und es ist kein anderer außer ihm; und ihn zu lieben aus ganzem Herzen und aus ganzem Verständnis und aus ganzer Seele und aus ganzer Kraft und den Nächsten zu lieben wie sich selbst, ist viel mehr als alle Brandopfer und Schlachtopfer. Und als Jesus sah, dass er verständig geantwortet hatte, sprach er zu ihm: Du bist nicht fern vom Reich Gottes. Und es wagte niemand mehr, ihn zu befragen.
Markus 12, 28-34

Was für eine Begegnung! Was für eine Offenbarung für den Schriftgelehrten!!
In der Zeit des alten Bundes war das Brandopfer der einzige Weg der Sühne. Einen anderen Weg kannte man damals nicht und der Schriftgelehrte sagt: Gott zu lieben mit dem ganzen Herzen, mit der ganzen Seele und mit dem ganzen Verstand und aller Kraft sowie den Nächsten lieben wie sich selbst, ist viel höher als alle Brandopfer und Schlachtopfer!

Der Schriftgelehrte hat die Wahrheit über das Reich Gottes erkannt! Jesus sagte: Du bist nicht fern! Diese Aussage Jesus finde ich kein zweites Mal in der Bibel.

Für jeden von uns ist es keine große Offenbarung. Es ist etwas, das wir Christen von vornherein kennen und bejahen. Wie viele Predigten haben wir über das erste Gebot und die Nächstenliebe gehört? In wie vielen Liedern singen wir, dass wir Gott von ganzem Herzen lieben?

Den Gott zu lieben, den wir nicht sehen, scheint uns ziemlich gut zu gelingen. Wir haben immer wieder nur etwas Schwierigkeiten mit der Nächstenliebe. Nicht wahr? Ich würde sogar sagen, dass dies das größte Problem aller Christen ist. „Deinen Nächsten lieben wie dich selbst". Wie viele Konflikte, Unvergebenheit, Neid, Eifersucht, Habgier, Rebellion, Kampf um Macht, Stolz, Unterdrückung usw. würden sich in Luft auflösen, hätten wir doch die Nächstenliebe! Stattdessen versinken wir in all dem wie im Treibsand! Warum? Wir lieben doch Gott, der unsichtbar ist. Wie schaffen wir es also diejenigen nicht zu lieben, die uns nah sind? Ich habe Aussagen gehört wie: „ah… wäre doch die Person weit weg von mir oder unsichtbar, dann könnte man sie lieben".

Die Bibel sagt etwas Interessantes dazu.

Wenn jemand sagt: Ich liebe Gott, und hasst seinen Bruder, ist er ein Lügner. Denn wer seinen Bruder nicht liebt, den er gesehen hat, kann nicht Gott lieben, den er nicht gesehen hat. Und dieses Gebot haben wir von ihm, dass, wer Gott liebt, auch seinen Bruder lieben soll.
1. Johannes 4, 20-21
Das bedeutet also, wenn wir unseren Bruder oder Schwester, die sichtbar sind, hassen, kann es uns auch nicht gelingen Gott zu lieben, der unsichtbar ist.

Das Wort wird noch schärfer: Jesus sagt in *Matthäus 25, 45:*

Dann wird er ihnen antworten und sagen: Wahrlich, ich sage euch, wenn ihr es einem dieser Geringsten nicht getan habt, habt ihr es auch mir nicht getan.
Matthäus 25, 45

Wenn ihr aber nicht vergebt, so wird euer Vater, der in den Himmeln ist, auch eure Übertretungen nicht vergeben.
Markus 11, 26

Natürlich ist es schwer jemandem zu vergeben, der uns verletzt, ausgenutzt oder missbraucht hat. Aber hat uns Gott nicht viel mehr vergeben? Wir denken nur an unseren Schmerz. Wir sollten aber daran denken, welchen Schmerz ER für uns getragen hat. Du wurdest abgelehnt und von deinen eigenen Freunden verraten? Denke daran: Jesus wurde es auch! Du wurdest nicht verstanden? Jesus ging es auch so! Du wurdest körperlich missbraucht? Denke daran: ER hat es zugelassen, geschlagen zu werden um deinetwillen. Und ignorieren ist übrigens keine Liebe und auch kein „ in Liebe ertragen“. Ich vergebe, aber will mit der Person nichts zu tun haben, ist kein biblisches Vergeben! Stell dir vor, du kommst zu Jesus und bittest ihn um Vergebung und er sagt: “Ich vergebe dir, aber ich will mit dir nichts mehr zu tun haben!“ Kann man das noch Vergebung nennen?

Natürlich ist es schwer. Aber welches Vergehen, das unvergeben bleibt, ist es wert, die Vergebung des Vaters nicht zu empfangen?!

Wir wollen, dass die Welt den Herrn erkennt und jeder errettet wird. Ein Weg, die Welt den Herrn erblicken zu lassen, ist unsere Liebe untereinander.

Daran werden alle erkennen, dass ihr meine Jünger seid, wenn ihr Liebe untereinander habt.
Johannes 13, 35

Wir denken oft: „Ah, die sehen doch dies oder jenes nicht.“ Glaubt mir, die sehen leider mehr, als uns lieb ist.

Ich möchte dazu gerne etwas aus meinem Leben erzählen.
Nach vielen Jahren des Kampfes mit dem Krebs starb meine Mutter als ich 8 Jahre alt war. Mein Vater war verzweifelt. Alleine mit 3 Kindern, ohne jemals den Haushalt gemacht zu haben, ohne viel zur Erziehung beigetragen zu haben... Denn dies war bis dahin die Aufgabe meiner Mutter. Also machte er sich sehr früh, während meine Mutter noch im Sterben lag, auf die Suche, wie er sagte „nach einer Mutter für uns“. Leider wurde daraus nichts „mit einer Mutter für uns“ - aber mit einer „Frau für ihn“ schon. Sehr schnell haben wir gemerkt, dass wir nicht mehr erwünscht waren. Mein Bruder war

mit 19 Jahren und meine Schwester mit 15 Jahren auf sich allein gestellt. Ich habe es bis 14 Jahre geschafft. Nach viel Unterdrückung und Erniedrigung von meiner Stiefmutter, sowie Schlägen meines Vaters, bin ich abgehauen. Die körperlichen Narben der Schläge meines Vaters habe ich immer noch. Aber die schlimmsten Narben waren die, die tief in mir drin waren und meinen Charakter, ja mein ganzes Wesen, beeinflusst haben. Viele Jahre hatte ich kein Zuhause. Ich war mal hier mal da. Obwohl meine Oma und meine Geschwister mich unterstützten wo sie konnten, war Hunger und Armut etwas, das ich gut kannte. Zur gleichen Zeit hatten meine zwei Stiefschwestern alles, was sie sich gewünscht haben, im Hause meines Vaters.
Viele Jahre hatten wir keinen Kontakt mit meinem Vater. Und dann plötzlich fand er mich über meine Schwester. Der Grund dafür war, dass er meine Hilfe brauchte. Ich habe sehr viel Verletzung, Ausnutzung und Ablehnung von meinem Vater erlebt. Als ich Vergebung meiner Sünden empfangen habe, war für mich klar, dass ich kein Recht habe, meinem Vater nicht zu vergeben. Meine Schwester und ich haben ihm vergeben und Kontakt zu ihm aufgenommen. Ich konnte ihm alles vergeben und die einzigen Narben sind jetzt die, die an meinem Körper sichtbar sind. Mein Herz ist geheilt und das Wichtigste ist: Der Herr ist dadurch verherrlicht! Die Tatsache, dass wir ihm alles vergeben konnten, ohne dass er um Vergebung gebeten hatte, hat ihn zu Jesus geführt. Seine Bekannten und seine Freunde sagten ihm: „Du hast es nicht verdient, dass deine Kinder sich um dich kümmern oder überhaupt Kontakt zu dir haben.“ Doch wir tun es trotzdem. So sind wir Zeugnis in seinem Umfeld, wo er immer wieder gerne erzählt, dass wir gläubig sind.

Wie gesagt, unsere Taten sind es bzw. unsere Liebe zu unseren Nächsten zeigt der Welt den Herrn.

Um ehrlich zu sein hat Gott mir viel mehr Vergehen vergeben, als ich es jemandem vergeben müsste. Er hat mir nicht nur vergeben, sondern ewiges Leben geschenkt! Ist das ewige Leben mit dem Herrn nicht wert, jemandem alles zu vergeben?! Und wenn es sein muss 7 mal 77 mal am Tag?!

Er hat uns zuerst vergeben und er hat uns zuerst geliebt, obwohl wir es nicht verdient haben. Dies ist allein seine Gnade!

Wenn ich an das erste Gebot denke, kann ich dieses von dem zweiten nicht trennen. Für mich sind sie eins.

Das zweite ist dies: `Du sollst deinen Nächsten lieben wie dich selbst. Größer als diese ist kein anderes Gebot.
Markus 12, 31

Also wenn ich Gott liebe, so sollte ich auch meinen Nächsten lieben. Anders wäre es eine Lüge und hat keinen Bestand.

Nun, unseren Nächsten sollten wir lieben wie uns selbst. Gott aber sollen wir mit unserem ganzen Herzen, von ganzer Seele, mit ganzem Verstand und aus aller Kraft lieben. Was bedeutet das? Das Herz wird in der heiligen Schrift oft als Sitz der Zuneigung und Leidenschaft oder auch als „das Zentrum des Wesens des Menschen" gesehen. *(1. Könige 3, 12)*. Die Seele sehen wir als den Sitz bzw. den Ausgangspunkt des Denkens, Fühlens, Wollens und der fünf Sinne des Menschen.
Was verlangt denn Gott da von uns?! Ihn zu lieben mit unserem ganzen Wesen. Alles was wir haben und was wir sind, soll Gott lieben. Ist das möglich? Ist es möglich, dass alle unsere Gedanken und unser Verstand, unsere Gefühle und unsere Leidenschaft, unser Wollen und Tun, sowie unsere fünf Sinne ihn lieben und ihn loben?!
Ich denke man kann es. Doch muss man es auf jeden Fall lernen! Wäre es unmöglich, hätte Gott es nicht von uns verlangt. Ich würde behaupten, dass das was Gott von uns verlangt, auch nicht mit „Verliebt sein" vergleichbar ist. Es ist viel mehr! Es ist eine tiefe, bedingungslose, über viele Jahre, „bis in den Tod" treue Liebe.

Wir leben in einer Zeit, in der die Menschen nicht bereit sind, für die Liebe zu kämpfen. Sie ersetzen den Partner lieber und geben auf. Dies funktioniert bei Gott nicht. Das ist keine Liebe, bei der man heute sagt, dass man Gott liebt und morgen sagt: „Weil Du mein Gebet nicht erhört hast, liebe ich Dich nicht mehr." Oder: „Heute liebe ich dich, weil es mir so gut geht und morgen liebe ich dich nicht, weil es mir nicht gut geht oder ich einfach zweifle." Das ist nicht die Liebe, die Gott von uns fordert! Das ist die Liebe, die wir aus der Welt kennen, eine launische Liebe.

Kennt ihr ein Ehepaar, das schon „ewig“ verheiratet ist, die Goldene Hochzeit gefeiert hat? Ein Paar, das trotz vieler gemeinsamer Jahre zueinander steht, sich liebt und einander respektiert? Sie kommen miteinander klar und reden immer gut übereinander. Das geht schon mal in die richtige Richtung!

Gott schwärmt nicht nur davon, wie sehr er uns liebt. Er hat uns seine Liebe bewiesen!

Denn so hat Gott die Welt geliebt, dass er seinen eingeborenen Sohn gab, damit jeder, der an ihn glaubt, nicht verloren gehe, sondern ewiges Leben habe.
Johannes 3, 16

Wie oft haben wir diese Bibelstelle gehört oder gelesen. Ich denke, dass jeder Christ diese Bibelstelle auswendig kennt. Aber haben wir wirklich die Tiefe seiner Liebe verstanden?! Gott hat mir gezeigt, dass Seine Liebe viel tiefer ist, als ich es erkannt habe. Und ich würde diese Erfahrung gerne mit euch teilen:
Mein Ehemann und ich hatten mit unserer Jugendleitung eine USA - Reise für August 2013 geplant. Nachdem wir die Flugtickets und mehrere Hotels/Ferienhäuser gebucht hatten, erfuhren wir, dass ich ein Kind erwarte. Das war ein wunderbares Geschenk Gottes! Da ich im August im 7./8. Monat schwanger wäre, machten ein paar Leute in der Jugend Witze in der Richtung: „Olga, das wäre doch cool, wenn du das Kind dort bekommen würdest.“ Oder: „Wenn du dort entbindest, wird er/sie eine doppelte Staatsangehörigkeit haben. Wäre das nicht cool für einen Dienst als Missionar?“ Diese Aussagen habe ich vergessen, aber nur für eine gewisse Zeit.
Ich hatte eine gesegnete Schwangerschaft ohne Beschwerden. Also entschied ich mich für die Reise. Es war eine wunderbare Reise. Wir haben viel gesehen und uns als Jugendleitung besser kennengelernt. Als wir in San Francisco ankamen, musste ich eine Erfahrung machen, die ich nicht vergessen werde. Die Architektur, sowie die Golden Gate Bridge waren sehr beeindruckend. Aber was mich überrascht hat, war die Sünde und Hoffnungslosigkeit der Stadt. Auf

den Gehsteigen saßen Drogenabhängige und Obdachlose. Wut und Hass hat man in den Gesichtern dieser Menschen gesehen. Blutverschmierte Spritzen lagen auf dem Boden. Da waren Leute mit Schildern, auf denen stand: „Bitte gebt mir Geld für meine Drogen". Vielleicht ist diese Szene für den einen oder anderen nichts Besonderes. Ich aber war schockiert. San Francisco ist eine sehr schöne Stadt. Aber die Atmosphäre dort hat mich so bedrückt, dass ich nicht lange bleiben wollte. Plötzlich bekam ich Schmerzen, die ich vorher nicht kannte: Wehen! Ich habe mich sehr erschrocken! Ich hatte solche Angst. Wir haben gebetet, dass es sich legt und dass die Wehen sich nicht verstärken.
Ich erinnerte mich an die „Witze" der Jugendlichen! Und mein Gebet war: „Herr, bitte, egal wo, aber nicht in dieser gottlosen Stadt! Bitte nicht hier! Auch wenn es evtl. gut für den Missionszweck wäre, bitte nicht hier und nicht mein Kind". Und Gott hat unser Gebet erhört, mir ging es sofort besser. In der gleichen Nacht bin ich aufgewacht und habe gemerkt, dass ich im Schlaf für diese Stadt gebetet habe. Gott sprach zu mir „Schau, du hast die Sünde dieser Stadt nur oberflächlich gesehen! Und du warst nicht bereit, in dieser Stadt dein Kind zu bekommen, auch wenn es ein Segen für die Stadt wäre. Ich sah die Sünde und ihr ganzes Ausmaß der ganzen Menschheit über Jahrtausende und ich habe trotzdem meinen Sohn auf diese Welt gesandt! Denn so sehr liebe ich jeden einzelnen. Kannst du meine Liebe und dieses Opfer jetzt besser verstehen?" Eine tiefe Ehrfurcht kam über mich. So oft habe ich es gelesen und gedacht, warum denn Sein Sohn? Warum nicht: „Ich, der Vater, gebe mein Leben für euch hin"? Ich habe erkannt, dass dieses Opfer viel größer ist. Denn ich bin bereit, dahin zu gehen, wo Gott mich haben will. Auch wenn das eine solche Stadt wäre. Aber mein Kind... dafür war ich nicht bereit. Was für eine Liebe?!
Gott schwärmt nicht, sondern bestätigte uns seine unfassbar große Liebe, indem er seinen Sohn für uns hingab!
Jetzt sind wir dran! Lasst uns nicht nur sagen, dass wir Gott lieben, sondern unsere Liebe beweisen. Wie beweisen wir ihm unsere Liebe? Die Antwort auf diese Frage gibt uns die Bibel:

„Wer meine Gebote hat und sie hält, der ist es, der mich liebt..."
Johannes 14, 21

Wenn wir seine unendliche Liebe begreifen, können wir nicht anders, als ihn zu lieben und seine Gebote zu halten. Und zwar lieben nicht mit einer launischen Liebe dieser Welt, sondern mit der Liebe, die bis in den Tod geht! Denn das ist wichtiger als jedes Opfer, das du geben kannst! Kein Dienst, kein Geld, kein Opfer, ist etwas wert, wenn wir Gott und unseren Nächsten nicht lieben.

Ich wünsche mir, dass jeder es neu erkennt und sich entscheidet, Gott zu lieben! Und zwar mehr als alles andere, mit dem ganzen Herzen, mit ganzer Seele, mit ganzem Verstand und mit der ganzen Kraft und seinen Nächsten wie sich selbst, bis der Herr kommt und uns nach Hause holt! Denn wer es begreift und danach lebt, ist nicht fern vom Reich Gottes! Amen.

Tag 32 - Leiden und Verfolgung

Simon Müller

Sie sind ein Anzeichen des gerechten Gerichts Gottes, dass ihr würdig geachtet werdet des Reiches Gottes, um dessentwillen ihr auch leidet,
2. Thessalonicher 1, 5

Glückselig die um Gerechtigkeit willen Verfolgten, denn ihrer ist das Reich der Himmel.
Matthäus 5, 10

Vorwort
Mein tiefster Wunsch ist, dass du dieses Kapitel nicht überspringst, kurz überfliegst oder einfach nur deswegen liest, damit du es hinter dir hast.

Ich bete, dass der Heilige Geist dir eine tiefe Gewissheit darüber gibt, dass Gott alles unter Kontrolle hat. Ich bete, dass deine Freude immer mehr zunimmt und du kein Risiko scheust, wenn es darum geht, Jesus als den zu bekennen, der er ist; unabhängig von den Umständen.

Auch bete ich, dass in dir Mitgefühl und Barmherzigkeit für deine Geschwister, die wegen ihres Bekenntnisses zu Jesus leiden müssen und verfolgt werden, in einem Maße zunehmen, das nur Gott geben kann; nämlich gerüttelt, geschüttelt und überfließend.

Gedenkt der Gefangenen als Mitgefangene; derer, die Ungemach leiden, als solche, die auch selbst im Leib sind.
Hebräer 13, 3

Uns geht es hier in unserem westlichen Kulturkreis über alle Maßen gut. Darüber vergessen wir oftmals, dass zur weltweiten Gemeinde Jesu auch noch andere gehören, die große Mühen und Kosten in Kauf nehmen, damit das Reich Gottes wächst.

Mein Anliegen ist es, dich zu ermutigen, dass du für die einstehst, die dir vielleicht Böses angetan haben. Sei es nun Hohn und Spott oder gar körperliche Gewalt, weil man dein Bekenntnis zu Jesus als lächerlich oder störend empfand.

Ich aber sage euch: Liebt eure Feinde, und betet für die, die euch verfolgen, damit ihr Söhne eures Vaters seid, der in den Himmeln ist.
Matthäus 5, 44-45a

Ich stimme mit Paulus ein und rufe dir zu, dass du dich allezeit freuen sollst, auch oder gerade, wenn du in Leid und Verfolgung gerätst oder dir gar der Tod droht, weil du Jesus als Gottes Sohn und alleinigen Retter bekennst.

Freut euch im Herrn allezeit! Wiederum will ich sagen: Freut euch!
Philipper 4, 4

Das Leben hier ist nur ein Abglanz dessen, was in Zukunft bei Gott sein wird.
Alles – wirklich ALLES – wird im Vergleich mit dem Reich Gottes mickrig und unbedeutend erscheinen, auch oder gerade jegliches Leid und jegliche Verfolgung um des Namens Jesu Willen.

Motivation

Wieso behandeln wir gerade diesen Aspekt? Warum soll man sich mit etwas so Negativem und Niederschmetterndem überhaupt befassen, wo es doch so viele andere, positivere Aspekte gibt, die einem Mut machen und erbaulicher sind?
Wir Menschen sind von Natur aus so, dass wir die Dinge, die uns gut schmecken bzw. die uns gut erscheinen, sehr gerne annehmen. Gerne zum wiederholten Male und immer wieder.

Dinge, die uns etwas kosten oder abverlangen, meiden wir lieber. Oder was sollte uns dazu bewegen, ein Leben in Leid und Verfolgung in Kauf zu nehmen? Was wären überhaupt Gründe dafür, dass irgendein Mensch freiwillig Schläge oder den Tod auf sich nimmt?
Ist es nicht völlig unnötig dies zu tun? Leben wir nicht in einem aufgeklärteren und toleranteren Zeitalter als unsere Vorgänger in der Nachfolge Jesu? Müssen wir uns allen Ernstes mit diesem Thema beschäftigen? Hat Jesus nicht eine siegreiche, triumphierende, weltweite Gemeinde verheißen, die nicht von den Pforten der Hölle überwunden werden wird (Matthäus 16, 18)?

Die einfache Antwort auf all diese und ähnliche Fragen ist:
Ja, es ist nötig. Es ist nötig und es lohnt sich, weil Jesus uns für das Leben in diesem Zeitalter und in dieser Welt neben vielen anderen Aspekten genau diesen sehr klar vorhergesagt hat. Wenn schon Jesus selbst diesen Aspekt hervorhebt, sollten wir umso achtsamer auf das hören, was Er uns sagt.

Es ist nötig, weil aktuelle Zahlen uns bestätigen, dass Verfolgung von Christen heute immer noch aktuell ist. Laut „Open Doors", einer überkonfessionellen Organisation, die versucht, verfolgte Christen weltweit zu unterstützen, hat sich die Zahl der Märtyrertode im Jahr 2013 im Vergleich zum vorigen Jahr fast verdoppelt (2123 Tode im Jahr 2013 gegenüber 1201 im Jahr 2012), wobei anzumerken ist, dass die Dunkelziffer höchstwahrscheinlich höher liegt.

Jesus

Jesus selbst wurde gehasst, geschlagen und getötet. In jeder Kultur, in die Jesus kommt, werden gewisse Widerstände und Schmerzen auf seine Nachfolger zukommen, weil Er selbst von Anbeginn seines irdischen Lebens Widerstände und Schmerzen erlebt hat. Angefangen von seiner Geburt und der Verfolgung durch Herodes, der Flucht nach Ägypten bis hin zu seinem brutalen Tod am Kreuz von Golgatha.

Die erste Kultur, die Jesus betrat, tötete Ihn. Kurz vor seinem Tod waren es wenige – genau genommen drei Menschen (seine Mutter Maria, Maria Magdalena und sein Jünger Johannes) - die noch zu ihm standen. Wenige Tage zuvor jubelten ihm die Menschenmassen zu. Die Jünger – allen voran Petrus - bekannten, mit ihm in den Tod gehen zu wollen.

Jesus tauschte den Gesang der Engel, die sangen: „Heilig! Heilig! Heilig!“, gegen das Geschrei der Menschen, die riefen: „Kreuzigt ihn! Kreuzigt ihn! Kreuzigt ihn!“.
Er hat verheißen, dass das Reich Gottes nahe gekommen ist. In seinem kurzen irdischen Wandel war er ständig von Leuten umgeben, die ihn ächteten oder seine Gottessohnschaft in Frage stellten.

Wenn wir uns bewusst machen, dass seither mit jedem vergangenen Tag das Reich Gottes ein weiteres Stück näher gekommen ist, sollte uns auch klar sein, dass die Dinge, die Jesus erlitt, uns ebenso blühen können. Jesus selbst belügt uns nicht und macht uns keine falschen Hoffnungen, wenn es um den Preis der Nachfolge geht.
Wir werden uns im Folgenden daher eine etwas längere Passage aus dem Matthäusevangelium anschauen (Matthäus 10, 16-42).

Siehe, ich sende euch wie Schafe mitten unter Wölfe; so seid nun klug wie die Schlangen und einfältig wie die Tauben. Hütet euch aber vor den Menschen; denn sie werden euch an Gerichte überliefern und in ihren Synagogen euch geißeln; und auch vor Statthalter und Könige werdet ihr geführt werden um meinetwillen, ihnen und den Nationen zum Zeugnis.
Matthäus 10, 16-18

Würden wir an dieser Stelle aufhören zu lesen, könnte uns Angst und Bange werden. Lesen wir allerdings weiter, so verwandelt sich lähmende Angst in Zuversicht und Mut, denn:

Wenn sie euch aber überliefern, so seid nicht besorgt, wie oder was ihr reden sollt; denn es wird euch in jener Stunde gegeben werden, was ihr reden sollt. Denn nicht ihr seid die Redenden, sondern der Geist eures Vaters, der in euch redet.
Matthäus 10, 19-20

Wir brauchen uns keine Sorgen zu machen, weil Gott treu zu uns stehen wird. Wir müssen uns keine komplizierten Reden aus den Ärmeln schütteln. Das, was wir den Menschen als Zeugnis geben, muss nicht mühsam erdacht und rhetorisch korrekt sein, weil der Heilige Geist in uns die richtigen Worte geben wird.

Für alle, die Harmonie und Frieden lieben, ist der folgende Vers zunächst harter Tobak.

Es wird aber der Bruder den Bruder zum Tode überliefern, und der Vater das Kind; und Kinder werden sich erheben gegen die Eltern und sie zu Tode bringen.
Matthäus 10, 21

Es sei die Frage erlaubt, ob Harmonie und Frieden innerhalb deiner Familie höher zu stellen sind als Jesus. Paulus selbst sagt, dass wir dem Frieden nachjagen sollen, aber nicht auf Kosten des Bekenntnisses zu Jesus.
Es ist nachvollziehbar, dass wir unserer Familie und denjenigen, denen wir nahe stehen, ungern gegen den Strich gehen wollen. Auf der anderen Seite macht Jesus deutlich, dass derjenige, der ihm nachfolgt, zuerst das Reich Gottes im Auge haben sollte.

Wenn sie euch aber verfolgen in dieser Stadt, so flieht in die andere; denn wahrlich, ich sage euch, ihr werdet mit den Städten Israels nicht zu Ende sein, bis der Sohn des Menschen gekommen sein wird.
Matthäus 10, 23

Es ist völlig in Ordnung vor Verfolgung zu fliehen. Gott erwartet von uns keine Menschenopfer, um gerecht zu werden, solange wir weiter für seine Sache kämpfen und die Prioritäten klar sind.

An einer anderen Stelle sagt Jesus zu seinen Jüngern, dass sie die Städte, die ihre Rede nicht hören wollen, verlassen und sich die Füße abklopfen sollen.

Ein Jünger ist nicht über dem Lehrer, und ein Sklave nicht über seinem Herrn. Es ist dem Jünger genug, dass er sei wie sein Lehrer und der Sklave wie sein Herr. Wenn sie den Hausherrn Beelzebub genannt haben, wie viel mehr seine Hausgenossen!
Matthäus 10, 24-25

Verfolgung oder Schmähung durch Mitmenschen in unserem Umfeld sollte uns nicht überraschen. Jesus selbst wurde geschmäht und gehasst. Manche beschimpften ihn gar als Besessenen oder als den Teufel persönlich.

Fürchtet euch nun nicht vor ihnen. Denn es ist nichts verdeckt, was nicht aufgedeckt, und nichts verborgen, was nicht erkannt werden wird. Was ich euch sage in der Finsternis, redet im Licht, und was ihr ins Ohr geflüstert hört, ruft aus auf den Dächern.
Matthäus 10, 26-27

Und fürchtet euch nicht vor denen, die den Leib töten, die Seele aber nicht zu töten vermögen; fürchtet aber vielmehr den, der sowohl Seele als Leib zu verderben vermag in der Hölle.
Matthäus 10, 28

Zweimal hintereinander gebietet uns Jesus uns nicht zu fürchten.

Werden nicht zwei Sperlinge für ein paar Pfennige verkauft? Und nicht einer von ihnen wird auf die Erde fallen ohne euren Vater. Bei euch aber sind selbst die Haare des Hauptes alle gezählt. Fürchtet euch nun nicht; ihr seid vorzüglicher als viele Sperlinge.
Matthäus 10, 29-31 (Luther 2009)

Wir sind kostbar. Gott kennt uns durch und durch und weiß, wen er sich erkauft hat.

Jeder nun, der mich vor den Menschen bekennen wird, den werde auch ich bekennen vor meinem Vater, der in den Himmeln ist. Wer aber mich vor den Menschen verleugnen wird, den werde auch ich verleugnen vor meinem Vater, der in den Himmeln ist.
Matthäus 10, 32-33

Meint nicht, dass ich gekommen sei, Frieden auf die Erde zu bringen; ich bin nicht gekommen, Frieden zu bringen, sondern das Schwert. Denn ich bin gekommen, den Menschen zu entzweien mit seinem Vater und die Tochter mit ihrer Mutter und die Schwiegertochter mit ihrer Schwiegermutter; und des Menschen Feinde [werden] seine eigenen Hausgenossen sein. Wer Vater oder Mutter mehr liebt als mich, ist meiner nicht würdig; und wer Sohn oder Tochter mehr liebt als mich, ist meiner nicht würdig;
Matthäus 10, 34-37

Beim ersten Lesen mag es so scheinen, als ob es Jesu Auftrag sei, Menschen voneinander zu trennen oder gar Streit und Abneigung zwischen Familienangehörigen zu schüren. Jesus meint an dieser Stelle jedoch, dass wir unsere Familie nicht über ihn stellen sollen („...wer...mehr liebt als mich, der ist meiner nicht wert.“)

..und wer nicht sein Kreuz aufnimmt und mir nachfolgt, ist meiner nicht würdig. Wer sein Leben findet, wird es verlieren, und wer sein Leben verliert um meinetwillen, wird es finden.
Matthäus 10, 38-39

Wer euch aufnimmt, nimmt mich auf, und wer mich aufnimmt, nimmt den auf, der mich gesandt hat. Wer einen Propheten aufnimmt in eines Propheten Namen, wird eines Propheten Lohn empfangen; und wer einen Gerechten aufnimmt in eines Gerechten Namen, wird eines Gerechten Lohn empfangen. Und wenn jemand einem dieser Geringen nur einen Becher kalten Wassers zu trinken gibt in eines Jüngers Namen, wahrlich, ich sage euch, er wird seinen Lohn nicht verlieren.
Matthäus 10, 40-42

Wir werden unsere Nachbarschaft, Netzwerke, Bekannten und die Nationen nicht für Jesus erreichen, wenn wir nicht bereit sind Risiken einzugehen. Die Sache ist doch die, dass wir keine Risiken eingehen, wenn wir wissen, dass am Ende nichts dabei herumkommt. Wie wunderbar ist die Verheißung Jesu, dass es einen Lohn geben wird für das, was wir erleiden!

Die Aussicht auf Leid oder den Tod mag uns unangenehm oder gar abschreckend erscheinen. Jedoch dürfen wir gewiss sein, dass es den Preis, den wir erringen – sei es durch eigenes Ausharren oder die Unterstützung von Geschwistern, die sich in solchen Situationen befinden – über alle Maßen wert sein wird.

Weitere Beispiele
Wenn wir uns die Geschichte der Apostel ansehen, finden wir weitere ermutigende Beispiele von Menschen, die bereit waren, alles für die Sache Jesus hinzulegen.
Jeder Einzelne von ihnen hat sich gefreut. Nicht weil sie die Schmerzen oder das Leid an sich gern hatten, sondern weil sie wussten, dass die Sache an sich es wert ist.

Egal, ob in vielem oder wenigem, ob in Verfolgung oder Frieden:

- Stephanus wurde gesteinigt und betete sogar im Angesicht des Todes, dass Gott seinen Peinigern die Sünde nicht anrechnen solle. (Apostelgeschichte 7, 59-60)

- Einige Gemeindemitglieder wurden auf Befehl von Herodes geschlagen. (Apostelgeschichte 12, 1)
- Johannes Bruder Jakobus wurde auf Herodes Befehl hin hingerichtet. (Apostelgeschichte 12, 2)
- Petrus wurde ins Gefängnis geworfen. (Apostelgeschichte 12, 3)
- Paulus wurde in Lystra gesteinigt. (Apostelgeschichte 14, 19)
- Paulus wurde zusammen mit Silas ins Gefängnis gesteckt. (Apostelgeschichte 16, 23ff.)
- Johannes wurde auf die karge felsige Insel Patmos verbannt.

Vor allem bei Paulus fällt auf, dass er trotz der schwierigen Umstände und der tödlichen Gefahr dennoch froh war, über das, was ihm widerfuhr. Er meckerte nicht darüber und äußerte keinerlei Angst. Im Gegenteil - er trifft Aussagen wie die folgenden:

Denn das Leben ist für mich Christus und das Sterben Gewinn.
Philipper 1, 21

Wenn ich aber auch als Trankopfer über das Opfer und den Dienst eures Glaubens gesprengt werde, so freue ich mich und freue mich mit euch allen.
Philipper 2, 17

Abschließende Worte

Manch einer mag beim Lesen der beiden Verse zu Beginn dieses Kapitels (2. Thessalonicher 1, 5; Matthäus 5, 10) zu der Ansicht kommen, dass wir uns durch Leiden und Verfolgung Erlösung erkaufen oder verdienen können.

Hierzu sei gesagt, dass die Bereitschaft für Jesus zu leiden eine Folge der Liebe ist, die wir Ihm gegenüber haben. Sie ist ein natürlicher, unverkrampfter Ausdruck dessen, was Gott in unserem Leben getan hat. Ein Widerhall der Liebe, die Gott uns durch seinen Sohn gegeben hat. Niemals sollten wir Leid oder Verfolgung suchen, um Gott quasi gnädig zu stimmen oder zufrieden zu stellen. In Jesus ist Gott zu einhundert Prozent mit uns zufrieden.

Rettung und Erlösung geschieht allein durch Gnade. Alles andere baut darauf auf und wird möglicherweise auf die Probe gestellt werden; ja, sogar durch Leid und Verfolgung.
Die Gemeinde als Leib Jesu hat in ihrer Geschichte immer wieder Phasen erlebt, in denen es Anfechtung und Verfolgung gab. Die Tatsache, dass Christen im westlichen Kulturkreis so gut wie gar nicht unter Verfolgung leiden, bedeutet nicht automatisch, dass sie nicht errettet sind.
Diese beiden Verse sollten uns jedoch zu denken geben und uns daran erinnern, keine Furcht zu haben und klar Stellung zu beziehen. Auf dass wir Salz sind, das würzt und konserviert. Ein Licht, das nicht unter dem Scheffel steht, sondern weit und breit für jeden sichtbar ist.

Schauen wir uns die Urgemeinde und die ersten Gemeinden an, so sehen wir, dass es sowohl Ortsgemeinden gab, die in den jeweiligen Städten angesehen und beliebt waren, als auch Ortsgemeinden, die verfolgt wurden oder geächtet waren. Paulus hebt in seinen Briefen weder die Gemeinden hervor, die unter Verfolgung leiden, noch die, die ein relativ normales, friedliches Leben führen konnten. Er ermahnt jedoch diejenigen, die in Frieden und Wohlstand leben, an die Geschwister zu denken, die unter Verfolgung oder Armut leiden. Dies schließt sowohl geistliche als auch materielle bzw. praktische Unterstützung ein.

Tag 33 - Austreibung von Dämonen

Renuka Glöckner

Wenn ich aber durch den Geist Gottes die Dämonen austreibe, so ist also das Reich Gottes zu euch gekommen.
Matthäus 12, 28

...durch den Finger Gottes die Dämonen austreibe,...
Lukas 11, 20

Als er aber die Zwölf zusammengerufen hatte, gab er ihnen Kraft und Vollmacht über alle Dämonen...
Lukas 9, 1

In dem Dienst unseres Herrn Jesus Christus werden wir ohne große Vorwarnung mit einer Kraft konfrontiert, die sowohl Kranke heilen, als auch Dämonen austreiben kann. Diese zwei Dienste laufen parallel mit seinem Dienst von Predigen und Lehren. Wir werden dabei nicht in eine Diskussion über Dämonen, ihre Existenz oder ihre Herkunft hineingezogen. Es wird schlicht und einfach angenommen, dass der Leser die Problemsituation kennt, dass Menschen von Dämonen geplagt, bzw. besessen sein können. Jesus war gekommen, um die Betroffenen davon zu befreien und sie wieder gesellschaftsfähig zu machen. Die Gesellschaft kann die Auswirkungen von Dämonenbesessenheit kaum tolerieren und erwartet eine Lösung, damit Frieden herrscht, sowie ein ungestörtes und harmonisches Miteinander. Dieser Erlöser, so Paulus im Römerbrief, kommt aus Zion, der Jakob befreien soll. (Siehe Römer 11, 26)

Die Autorität Jesu

Schon gleich zu Anfang seines öffentlichen Dienstes zeigte sich eine erstaunliche Autorität bei Jesus. Sein Wort war so stark, dass keiner, wer es auch wollte, ihn zu Fall bringen konnte. Er predigte mit Vollmacht. Diese Autorität demonstrierte er dann auch vor aller Augen, indem er Dämonen konfrontierte, die nichts anders als gehorchen mussten.

Lukas erzählt eine dieser Begebenheiten so:
Ein Mensch mit einem unreinen Geist saß in der Versammlung der Synagoge, wo auch Jesus war und diente. Der Besessene schrie: „Was willst du von uns, Jesus von Nazareth? Bist du gekommen, uns zu zerstören?" Der Geist lies darauf alle Zuhörer wissen, dass er Jesus kannte als den Heiligen Gottes. Jesus wandte sich sofort gegen ihn und befahl ihm zu schweigen und den Mann zu verlassen. Nach einem Kampf fuhr der Geist dann aus, wobei der Mann aber unversehrt blieb. Das Volk war von Furcht erfasst bei diesem Schauspiel:

Was ist das für ein Wort? Er gebietet mit Vollmacht und Gewalt den unreinen Geistern, und sie fahren aus.
Lukas 4, 36

Die Evangelisten berichten über mehrere solcher Konfrontationen in gewissen Details, um weitere Einblicke in das Auswirken dieser geistlichen Autorität zu zeigen. Doch Austreibungen waren wohl an der Tagesordnung, da sie immer im gleichen Atemzug mit Heilungen genannt werden (Lukas 4, 40-41).
Daraus sehen wir, dass dieser Dienst nicht in erster Linie als Kraftdemonstration gedacht ist, sondern zur Befreiung und Wiederherstellung der betroffenen Person. Auch wenn der Vorgang der Austreibung sich etwas hart und unsanft anhört, steht trotzdem die Person im Mittelpunkt, deren Seele eingenommen ist, bzw. kontrolliert wird von einem Dämon, bzw. einem bösen Geist. Nach dem Befreiungsdienst ist die Person wieder normal. Sie wird sich ganz normal verhalten können. Jedoch muss sie lernen, mit ihrer neugefundenen Freiheit umzugehen, und sie auch beizubehalten.

Jesus gibt seinen Jüngern Autorität

Er behält diese besonders anschauliche Kraft nicht für sich selbst. Nein, es geht Jesus überhaupt nicht um eine Selbstverherrlichung. Er möchte, dass Menschen von dem Griff Satans befreit werden. Denn mit jeder Austreibung hat der Feind weniger Angriffsfläche auf das Territorium. Das ist der Grund, warum Jesus seine Jünger diesen Dienst lehrte. Wenn er sie dann zum Predigen sandte, dann sollten sie sich nicht vor dämonischen Manifestationen fürchten. Denn

diese Konfrontationen sind unvermeidlich, wenn zwei Geister aufeinander treffen. Satan hasst das Evangelium, er hasst Jesus, er will alle in seiner Gewalt behalten. Doch böse Geister können die Gegenwart des Geistes Jesu nicht ertragen. Sie fangen an zu schreien und werfen eine Person umeinander. Die Person wird entweder aggressiv oder verstellt sich, verdreht sich, oder wirkt wie leblos.
Bei der ersten Aussendung der Jünger in die Mission bekamen sie den Auftrag, die Ankunft des Reiches Gottes zu verkündigen und ohne zu zögern böse Geister auszutreiben. (Matt.10,8) Dazu rüstete sie Jesus mit der notwendigen Gewalt und Macht aus. (Lukas 9, 1) Sicherlich war das für sie zuerst einmal unfassbar, dass es "ohne Jesus" funktionieren sollte. Doch bald hatten sie erkannt, dass der Geist Jesu mit ihnen war, wo immer sie auch in seinem Namen dienten. So konnten sie nicht nur den Krankheiten mit Mut in die Augen schauen, sondern auch den tobenden Geistern. Mit einem festen Befehl im Namen Jesu konnte jeder Jünger denselben Erfolg erleben. Mit Begeisterung kamen sie zurück und erzählten:

Herr, auch die Dämonen sind uns untertan in deinem Namen.
Lukas 10, 17

Mit dem Missionsbefehl nach Jesu Auferstehung gab Christus dann den Auftrag, der bis heute auch allen Nachfolgern Jesu, d.h. allen Christen gilt.

Und Jesus trat zu ihnen und redete mit ihnen und sprach: Mir ist alle Macht gegeben im Himmel und auf Erden. Geht nun hin und macht alle Nationen zu Jüngern, indem ihr diese tauft auf den Namen des Vaters und des Sohnes und des Heiligen Geistes, und sie lehrt alles zu bewahren, was ich euch geboten habe! Und siehe, ich bin bei euch alle Tage bis zur Vollendung des Zeitalters.
Matthäus 28, 18-20

Es ist eindeutig, dass es um denselben Auftrag geht, mit denselben Diensten des Reiches Gottes, die Jesus getan und gelehrt hatte. Er sagte zum Trost und zur Bestätigung: " *Mir ist alle Macht gegeben im Himmel und auf Erden. ... siehe, ich bin bei euch alle Tage bis zur Vollendung des Zeitalters.*" Das heißt also, dass die Kraft und Autorität den Jüngern immer zur Verfügung stehen werden, wenn sie sich im Namen Jesus um die Werke des Reiches Gottes kümmern. Er vermittelt ihnen eine solche Macht, dass er sagen kann:

Widersteht aber dem Teufel, und er wird von euch fliehen.
Jakobus 4, 7

Dämonenaustreibung in der Apostelgeschichte
Der gelehrte Lukas, der die Werke der Apostel dokumentierte, nimmt uns sofort hinein in die Kraftmanifestationen des Evangeliums. Sicherlich erstaunt uns sein Bericht kaum, denn wir erwarten ja, dass der Heilige Geist das Werk Jesu fortführt. Dazu ist der Geist ausgegossen worden, um Kraft zu geben, Zeugnis des Allmächtigen zu sein. Viele Wunder und Zeichen geschahen durch die Hände der Apostel. So heißt es besonders für Petrus:

Es kam aber auch die Menge aus den Städten um Jerusalem zusammen, und sie brachten Kranke und von unreinen Geistern Geplagte, die alle geheilt wurden.
Apostelgeschichte 5, 16

Die Salbung wurde weiter übertragen auf die neugewählten Leiter, die die diakonischen Dienste der Gemeinde übernehmen sollten. Philippus, einer von ihnen, kam nach Samarien und predigte das Evangelium. Er tat nun genau das, was er auch bei den anderen Aposteln schon in ihrem evangelistischen Dienst gesehen hatte:

Denn von vielen, die unreine Geister hatten, fuhren sie aus, mit lauter Stimme schreiend; und viele Gelähmte und Lahme wurden geheilt.
Apostelgeschichte 8, 7

Dann wechselt die Hauptperson des Geschichtsschreibers, und der Dienst des Paulus kommt ab Kapitel 13 in den Mittelpunkt. Auch Paulus hatte seine Geistestaufe empfangen, und zwar kurz nach seiner Bekehrung. Mittlerweile war er ein erfolgreicher Lehrer und Prediger des Wortes. Mit Barnabas sollte er nun auf Missionsreise gehen, um neues Land für Christus zu erobern. Kapitel 19 redet dann von seiner Pionierarbeit in Ephesus, wo er 3 Jahre verbrachte.

Und ungewöhnliche Wunderwerke tat Gott durch die Hände des Paulus, so daß man sogar Schweißtücher oder Schurze von seinem Leib weg auf die Kranken legte und die Krankheiten von ihnen wichen und die bösen Geister ausfuhren.
Apostelgeschichte 19, 11-12

Autorität für jeden Christen

Und wie soll die Geschichte weitergehen? Dämonen wird es geben, solange Satan noch nicht gebunden ist. Gott hat sein Volk zugerüstet mit der Kraft von oben, mit der Autorität Jesu, die auch heute mit jedem ernsthaften Nachfolger Christi gegenwärtig ist. Wir sind dazu berufen, Menschen in die Befreiung zu bringen, frei von bösen Geistern, ob sie durch Bindungen wirken, durch Bedrängen, oder gar Menschen in Besitz genommen haben. Jesus will sie freisetzen! Die Waffen sind in unserer Hand, so wie Jesus verheißt:

Diese Zeichen aber werden denen folgen, die glauben: In meinem Namen werden sie Dämonen austreiben...
Markus 16, 17

Schlüssel für Dämonenaustreibung

Der Name Jesu

Jeder von uns Gläubigen hat dieselbe Autorität verliehen bekommen. Nun müssen wir sie nur noch anwenden, indem wir den Dämonen mit einem Befehl gebieten, dass sie weichen sollen, bzw. aus einer Person herauskommen sollen - und das im Namen Jesus. Das Maß der Vollmacht steigert sich mit dem Maß des Glaubens. Wie schon erwähnt, hatten die Jünger auf ihrem ersten Missionseinsatz die Erfahrung gemacht, dass ihnen die Dämonen im Namen Jesus untertan waren. (Lukas 10, 7) So hatte auch Paulus immer sofortige Ergebnisse, wenn er wie in Apostelgeschichte 16, 18 handelte, wo er zu dem bösen Geist sprach: “Ich gebiete dir im Namen Jesu Christi, dass du von ihr ausfährst.” Ohne Zweifel ist der Name Jesus unsere Waffe, bzw. der Schlüssel für unsere geistliche Autorität. Satan kennt und respektiert diesen Namen voll. Wir erleben es immer wieder in unserem Dienst in Indien, wenn Ungläubige zu unseren Versammlungen kommen und um Hilfe bitten. Es ist einzig und allein der Name Jesu, dem die Dämonen weichen müssen, auch wenn sie sich für lange weigern wollen.

Das Blut Jesu und das Wort unseres Zeugnisses
In seiner Offenbarung schreibt Johannes:

Und sie haben ihn überwunden um des Blutes des Lammes und um des Wortes ihres Zeugnisses willen, und sie haben ihr Leben nicht geliebt bis zum Tod!
Offenbarung 12, 11

Hier lernen wir, dass auch das Blut Jesu eine Rolle spielt. Das heißt, wir sollen uns berufen auf das Blut Jesu in bedrängenden Situationen. Gleichzeitig müssen wir jedoch auch sehr aufpassen, welche Worte wir durch unseren Mund bekennen. Wir können nicht zur selben Zeit von Niederlage reden und Sieg erwarten. Lasst uns im Glauben stehen und nie aufgeben. Der Kampf mag wohl hart sein, der Sieg noch außer Sicht, aber wir wollen standhaft bleiben und nicht weichen.

Zieht die ganze Waffenrüstung Gottes an, damit ihr gegen die Listen des Teufels bestehen könnt.
Epheser 6, 11

In der Kraft des Geistes
Jesus erklärte, dass er die Dämonen in der Kraft des Geistes austrieb (Matthäus 12, 28). Jesus erkannte diese Salbung schon bald nach seiner Taufe. Er zitierte in der Synagoge die Schriftstelle aus Jesaja:

Der Geist des Herrn, HERRN, ist auf mir; denn der HERR hat mich gesalbt. Er hat mich gesandt, den Elenden frohe Botschaft zu bringen,... Freilassung auszurufen den Gefangenen.
Jesaja 61, 1

Und das ist das Zeugnis vom Dienst des Herrn:

Jesus von Nazareth, wie Gott ihn mit Heiligem Geist und mit Kraft gesalbt hat, der umherging und wohltat und alle heilte, die von dem Teufel überwältigt waren; denn Gott war mit ihm.
Apostelgeschichte 10, 38

Werde erfüllt mit dem Heiligen Geist, und so wirst auch du ohne Furcht dem Teufel, da wo er sich zeigt, widerstehen können. Und du wirst den Sieg haben!

Schlussfolgerung

Als Nachfolger Jesu haben wir von unserem Herrn Vollmacht bekommen. Mit dieser Macht können wir andere von Mächten der Finsternis befreien und uns selbst frei halten von jeglichen Bindungen. Wir wollen die Autorität anwenden, in dem wir direkt gegen diese Macht einen Befehl aussprechen, wie uns die Schrift es demonstriert hat.

Tag 34 - Berufung
Alexander Karcher

...der euch zu seinem Reich und seiner Herrlichkeit beruft.
1. Thessalonicher 2, 12b

Anders als Mose (2. Mose 33, 18), der Gott darum bat, Gottes Herrlichkeit - also „Ihn“ und sein Reich sehen bzw. erleben zu dürfen, ruft uns und bietet uns Gott sein Reich und seine Herrlichkeit an.

Durch Jesu Kreuzestod und seine Auferstehung ist dies möglich und in der sichtbaren und unsichtbaren Welt „in Existenz“ gebracht worden!

Das Wort „Berufung“ enthält das Wort der „Ruf“. Gott ruft uns, Teilhaber an seinem Reich zu sein. Ein „Ruf“ bedarf immer einer Antwort, sage ich „Nein“ oder „Ja“. Lasst uns ganz neu bewusst mit einer tief greifenden Entscheidung und mit der großen Sehnsucht eines Mose „Ja Herr, dein Wille geschehe,“ sagen. Ein „Ja“ zieht eine Aufgabe, eine Aktivität, sich Zeit zu nehmen, Einsatz zu bringen, gehorsam zu sein, die gegebenen Möglichkeiten zu nutzen, ein Ziel, einen Schwerpunkt zu haben und den Fokus mit Hingabe darauf zu richten, nach sich.

Nicht, dass ich es schon ergriffen habe oder schon vollendet bin; ich jage ihm aber nach, ob ich es auch ergreifen möge, weil ich auch von Christus Jesus ergriffen bin. Brüder, ich denke von mir selbst nicht, es ergriffen zu haben; eines aber tue ich: Ich vergesse, was dahinten, strecke mich aber aus nach dem, was vorn ist, und jage auf das Ziel zu, hin zu dem Kampfpreis der Berufung Gottes nach oben in Christus Jesus.
Philipper 3, 12-14

Die Formulierung, auf die ich uns aufmerksam machen möchte, ist die Aussage von Paulus, „...eines aber tue ich..." in Vers 13. Diese Worte erinnern an die Worte, die König David sprach: „Nach einer Sache habe ich Verlangen..." und an Jesus, der zu dem reichen Jüngling sagte: „ Eine Sache fehlt dir!" Ein weiteres Beispiel ist der von Geburt an blinde Mann, der von Jesus geheilt wurde. Als er deswegen gefragt wurde, sagte er: „Eines weiß ich: Ich war vorher blind und jetzt sehe ich." Jede dieser Aussagen, „ eine Sache tue ich, nach einer Sache verlange ich, eine Sache fehlt dir und eine Sache weiß ich", weist auf eine lebensnotwendige Sache hin, die wir brauchen, wenn wir in unserem geistlichen Leben wachsen wollen, den FOKUS. Das Problem ist sehr oft, dass wir viel zu zerstreut sind. Wir versuchen alles zu tun und alles zu sein, nämlich Alleskönner, die jedoch letztendlich in nichts meisterhaft sind.

Was ist die eine, wichtige Sache, die der FOKUS und Schwerpunkt unseres Lebens sein sollte? Wenn wir einmal vor Gott stehen, was wäre diese eine Sache, über die Gott mit uns reden würde? Paulus sagte: „Eine Sache tue ich." Was ist diese eine Sache für uns? Jesu Antwort in Matthäus 6, 33 lautet: „Trachtet aber zuerst nach dem *Reich Gottes*..."! Markus 16, 15 ergänzt: „Gehet hin in die ganze Welt und predigt das *Evangelium*...."!

Welches sind wichtige Voraussetzungen zur Erfüllung dieser Ziele?

A

Jesus aber sprach zu ihm: Niemand, der seine Hand an den Pflug gelegt hat und zurückblickt, ist tauglich für das Reich Gottes.
Lukas 9, 62

Brüder, ich denke von mir selbst nicht, es ergriffen zu haben; eines aber tue ich: Ich vergesse, was dahinten, strecke mich aber aus nach dem, was vorn ist,
Philipper 3, 13

Das Schlüsselwort ist „vergessen“. Wie oft kommen wir nicht vorwärts, weil wir zurückblicken und auf vergangene Sünden, Fehler, Erlebnisse, Versagen, Verletzungen usw. sehen. Gott will nicht, dass wir in der Vergangenheit leben, sondern uns nach vorne ausrichten! Folgendes Bild veranschaulicht diesen Sachverhalt: Wenn ein Diamant in einen Misthaufen fällt, verliert er nicht seinen Wert, wenn er wieder gereinigt wird.

B

und jage auf das Ziel zu, hin zu dem Kampfpreis der Berufung Gottes nach oben in Christus Jesus.
Philipper 3, 14

Paulus hatte ein klares Ziel vor Augen, er hatte ein Bewusstsein für seine Bestimmung bzw. Berufung. Er legte den FOKUS auf die Berufung Gottes und machte sie zu seiner eigenen.

C

Die Formulierung, „Ich jage auf das Ziel zu“, ist im Griechischen übersetzt mit „Ich laufe innerhalb der Linien“. Dies beschreibt das Bild eines Läufers, der in einer Bahn läuft und in seiner Spur bleibt. Er geht nicht über seine Grenzen hinaus und läuft nicht in der Bahn eines anderen. Wir dürfen uns nicht mit anderen vergleichen oder wetteifern. Jeder ist einmalig! Gott hat niemanden berufen, genau das zu tun, was du tust. Wir dürfen von anderen lernen, sie aber nicht kopieren. Laufe deine eigene Bahn!

und jage auf das Ziel zu, hin zu dem Kampfpreis der Berufung Gottes nach oben in Christus Jesus.
Philipper 3, 14

Es gibt einen Preis, einen Lohn. Das griechische Wort für „Kampfpreis" lautet wörtlich, „eine öffentlich ausgeteilte Belohnung“ für das Beenden unserer Berufung zu empfangen. Nicht der Start ist entscheidend, sondern das Ende. Das Wort „Kampfpreis“ zeigt, dass dieser Preis mit Kampf verbunden ist, aber es ist ein „guter Kampf", und er ist vor allem nicht umsonst:

Ich habe den guten Kampf gekämpft, ich habe den Lauf vollendet, ich habe den Glauben bewahrt; fortan liegt mir bereit der Siegeskranz der Gerechtigkeit, den der Herr, der gerechte Richter, mir als Belohnung geben wird an jenem Tag: nicht allein aber mir, sondern auch allen, die sein Erscheinen lieb gewonnen haben.
2. Timotheus 4, 7-8

An jenem Tag werden wir vor Gott stehen und Rechenschaft ablegen. Wir werden öffentlich belohnt werden, wenn wir unsere von Gott gestellte Berufung erfüllt haben und in den Linien unserer Möglichkeiten bzw. unserer Aufgabe(n) gelaufen sind. An jenem Tag wird jeder dabei sein, der den Lauf vollendet hat! König David, die Propheten Samuel, Elia, Jesaja, Mose, ..., die Apostel - jeder, der für Gott in jeder Generation seit der Auferstehung Christi für das „Reich Gottes" gewirkt hat. Welch ein Ziel für uns!

D

Noch eine sehr wichtige Voraussetzung zur Erfüllung unserer Ziele ist wahre Zufriedenheit! Dies ist kein Stolz! Wir müssen nur auf die beiden größten Beispiele für Misserfolg und Erfolg der Erfüllung der Berufung Gottes schauen und von ihnen lernen.

Lasst uns zuerst den größten Misserfolg betrachten: SATAN. Satan hatte eine prächtige Berufung im Reich Gottes.

Wie bist du vom Himmel gefallen, du Glanzstern, Sohn der Morgenröte! Wie bist du zu Boden geschmettert, Überwältiger der Nationen! Und du, du sagtest in deinem Herzen: «Zum Himmel will ich hinaufsteigen, hoch über den Sternen Gottes meinen Thron aufrichten und mich niedersetzen auf den Versammlungsberg im äußersten Norden. Ich will hinaufsteigen auf Wolkenhöhen, dem Höchsten mich gleich machen.» - Doch in den Scheol wirst du hinabgestürzt, in die tiefste Grube.

Jesaja 14, 12-15

In Jesaja 14, 12-15 lesen wir von seinem Versagen. Sein Problem war eindeutig der Stolz. Die Wurzel von Satans Stolz war seine Unzufriedenheit mit seinem Posten. Er dachte, er sei zu Höherem berufen. „Ich will, ich will... - ich werde Gott sein."

Jeder von uns hat seinen Einflussbereich, und wir alle haben unsere Gaben und Talente von Gott. Deine Gaben und dein Einflussbereich sind anders als meine und meine sind anders als deine. Wir werden nur dann zufrieden sein, wenn wir das entwickeln, was Gott in uns gelegt hat und es auf die höchst mögliche Ebene bringen. Dafür werden wir belohnt.

Hast du je die Tatsache bedacht, dass Gott von Ewigkeit her geplant hatte, dass wir samt aller Gläubigen sein Plan A sind, um seine Errettung der Menschheit zu bringen? Ist das nicht ein unglaublicher Gedanke? Darum ist meine Leidenschaft und Hingabe, zuerst danach zu trachten, einen lebendigen Jesus einer sterblichen Welt zu bringen, denn es gibt keinen Plan B. Es war die Liebe, die den Vater motivierte, seinen Sohn Jesus zu senden, um die Menschheit zu erlösen. Dieselbe Liebe wurde in das Herz jedes Gläubigen ausgegossen.

Gottes Liebe in uns ruft uns gemäß unserer BERUFUNG und drängt uns dazu, etwas gegen die Not verlorener Menschen zu unternehmen!

Denn die Liebe Christi drängt uns, da wir zu diesem Urteil gekommen sind, dass einer für alle gestorben ist und somit alle gestorben sind.
2. Korinther 5, 14

„Die Liebe Christi drängt uns"! Der Ruf mag von deiner Straße kommen oder aus der nächsten Reihe im Einkaufsladen, aus deiner Familie oder vom Arbeitsplatz: „Hilf mir, ich bin verloren, ich will Gott finden. Ist da draußen jemand mit Antworten?" Wer wird zu ihnen gehen, wenn nicht wir? Zu sagen, „ich fühle mich nicht berufen", ist vergleichbar mit einem starken Schwimmer, der am Ufer eines Sees steht und sagt, er fühle sich nicht berufen einen Mann zu retten, der vor seinen Augen ertrinkt.

Der größte Erfolg der Erfüllung der Berufung Gottes ist **JESUS!**

Und sie kommen an ein Gut mit Namen Gethsemane, und er spricht zu seinen Jüngern: Setzt euch hier, bis ich gebetet habe! Und er nimmt den Petrus und Jakobus und Johannes mit sich und fing an, sehr bestürzt und geängstigt zu werden. Und er spricht zu ihnen: Meine Seele ist sehr betrübt, bis zum Tod. Bleibt hier und wacht! Und er ging ein wenig weiter und fiel auf die Erde; und er betete, dass, wenn es möglich sei, die Stunde an ihm vorübergehe. Und er sprach: Abba, Vater, alles ist dir möglich. Nimm diesen Kelch von mir weg! Doch nicht, was ich will, sondern was du willst!
Markus 14, 32-36

In diesen Versen sehen wir, wie Jesus sich selbst dem Willen des Vaters weiht und hingibt. Er ist in Ängsten und Verzweiflung, aber dennoch trachtet er zuerst nach dem Reich Gottes. Es ist der Abend vor seiner Kreuzigung, als er sagt: „ Vater wenn wir die Menschheit auf eine andere Weise, nämlich nach Plan B, erlösen können, dann tue es bitte! Aber dein Wille ist, was zählt. Darum beuge ich mich und ordne mich deinem Willen unter, Vater." Dieses Gebet der Hingabe und der Weihe sollte jeder Gläubige beten!

Abschließend zurück zu 1.Thessalonicher 2, 12 . Wir sollen „ des Gottes würdig wandeln, der uns zu seinem Reich und seiner Herrlichkeit berufen hat." Das **Ziel**, das es hier auf Erden zu erreichen gilt, ist, das **Reich Gottes** mit zu bauen und Gottes Herrlichkeit schon hier auf Erden zu erleben.

Tag 35 - Das Gleichnis vom verlorenen Sohn

Elke Maisel

Jesus benutzte immer wieder Gleichnisse, um zu den Menschen zu sprechen. Er beschrieb Situationen, die ihnen aus dem Alltag bekannt waren. Daher konnten sie leichter verstehen, worauf es im Reich Gottes wirklich ankam, im Gegensatz zum Reich Gottes, welches sie von den Pharisäern gelehrt bekamen.

Anhand des Gleichnisses vom „Verlorenen Sohn", können wir einige Unterschiede erkennen.

Und er sprach: Ein Mensch hatte zwei Söhne. Und der jüngere von ihnen sprach zum Vater: Gib mir den Teil des Vermögens, der mir zufällt, Vater! Und er teilte ihnen das Gut. Und nicht lange danach packte der jüngere Sohn alles zusammen und reiste in ein fernes Land, und dort verschleuderte er sein Vermögen mit ausschweifendem Leben. Nachdem er aber alles aufgebraucht hatte, kam eine gewaltige Hungersnot über jenes Land, und auch er fing an, Mangel zu leiden. Da ging er hin und hängte sich an einen Bürger jenes Landes; der schickte ihn auf seine Äcker, die Schweine zu hüten. Und er begehrte, seinen Bauch zu füllen mit den Schoten, welche die Schweine fraßen; und niemand gab sie ihm. Er kam aber zu sich selbst und sprach: Wie viele Tagelöhner meines Vaters haben Brot im Überfluss, ich aber verderbe vor Hunger! Ich will mich aufmachen und zu meinem Vater gehen und zu ihm sagen: Vater, ich habe gesündigt gegen den Himmel und vor dir, und ich bin nicht mehr wert, dein Sohn zu heißen; mache mich zu einem deiner Tagelöhner! Und er machte sich auf und ging zu seinem Vater. Als er aber noch fern war, sah ihn sein Vater und hatte Erbarmen; und er lief, fiel ihm um den Hals und küsste ihn. Der Sohn aber sprach zu ihm: Vater, ich habe gesündigt gegen den Himmel und vor dir, und ich bin nicht mehr wert, dein Sohn zu heißen! Aber der Vater sprach zu seinen Knechten: Bringt das beste Festgewand her und zieht es ihm an, und gebt ihm einen Ring an seine Hand und

Schuhe an die Füße; und bringt das gemästete Kalb her und schlachtet es; und lasst uns essen und fröhlich sein! Denn dieser mein Sohn war tot und ist wieder lebendig geworden; und er war verloren und ist wiedergefunden worden. Und sie fingen an, fröhlich zu sein. Aber sein älterer Sohn war auf dem Feld; und als er heimkam und sich dem Haus näherte, hörte er Musik und Tanz. Und er rief einen der Knechte herbei und erkundigte sich, was das sei. Der sprach zu ihm: Dein Bruder ist gekommen, und dein Vater hat das gemästete Kalb geschlachtet, weil er ihn gesund wiedererhalten hat! Da wurde er zornig und wollte nicht hineingehen. Sein Vater nun ging hinaus und redete ihm zu. Er aber antwortete und sprach zum Vater: Siehe, so viele Jahre diene ich dir und habe nie dein Gebot übertreten; und mir hast du nie einen Bock gegeben, damit ich mit meinen Freunden fröhlich sein kann. Nun aber, da dieser dein Sohn gekommen ist, der dein Gut mit Huren vergeudet hat, hast du für ihn das gemästete Kalb geschlachtet! Er aber sprach zu ihm: Mein Sohn, du bist allezeit bei mir, und alles, was mein ist, das ist dein. Du solltest aber fröhlich sein und dich freuen; denn dieser dein Bruder war tot und ist wieder lebendig geworden, und er war verloren und ist wiedergefunden worden!
Lukas 15, 11-32
Wir haben hier zwei Söhne eines Vaters, der eine verlässt sein Zuhause und geht seinen eigenen Weg. Er geht in die Welt. Der andere bleibt beim Vater. Er wäre heute vielleicht ein Kirchen- oder Gemeindemitglied.

Geschwister sind trotz gleicher Erziehung häufig sehr unterschiedlich, besonders wenn es sich um einen Ältesten und einen Jüngsten handelt.

So auch hier:

Vers 12a: *Und der Jüngere von ihnen sprach zum Vater: Gib mir, Vater, den Teil des Vermögens, der mir zufällt!*

Jüngste tun sich leicht im Fordern, sie können verlangen, ohne ein schlechtes Gewissen zu haben. Ihnen gehört jedes Spielzeug, sie gehen auf den geebneten Bahnen der älteren Geschwister. Sie werden oft von den Eltern verwöhnt. Ihnen fällt es leicht, Beziehungen zu knüpfen und Freunde zu gewinnen, was sie aber auch für persönliche Evangelisation prädestiniert. Josef z.B. war 17 Jahre lang ein jüngstes Kind, David war ein Jüngster, der sogar vergessen wurde, als der Prophet Samuel kam.

Ganz anders ein Ältester, er hätte nie sein Erbe vom Vater gefordert, was nicht heißt, dass er nicht auch den Wunsch haben könnte. Älteste besitzen ein hohes Verantwortungsgefühl für die Familie und ihre Traditionen. Abraham war ein Ältester, er fühlte sich verantwortlich für seinen Neffen Lot. Er war tief mit der Familie verbunden.

Schön ist es zu sehen, dass die unterschiedlichen Lebensstile und Charaktere für Gott kein Problem darstellen. Er geht auf jeden ganz individuell ein und hat für jeden die passende Aufgabe. In der Gleichwertigkeit dürfen wir lernen, diese Unterschiede als Ergänzungen zu sehen und zu leben.

Vers 12b: ... *er teilte ihnen das Gut.*

Die Erbfolge war in 5.Mose 21, 17 klar geregelt. Der Älteste bekam den doppelten Anteil, um den Fortbestand des Besitzes zu sichern. Er trat an die Stelle des verstorbenen Vaters und hatte die Mutter zu versorgen.

Im Reich Gottes hingegen empfängt jeder denselben Anteil. Siehe auch das Gleichnis von den Arbeitern im Weinberg (Matthäus 20, 1-16). Der Vater folgt also der Bitte des Sohnes und teilt das Gut ohne Vorwürfe.

Wie konnte der Vater dies einfach tun?

Zur damaligen Zeit war es eine Schande, wenn ein Sohn vor dem Tod des Vaters sein Erbe verlangte. Er galt als missratener Sohn und der Vater verlor sein Ansehen im Rat der Ältesten. Die Schande war groß.

Im Reich Gottes ist und bleibt die Liebe das Höchste! Es geht nicht darum, Recht zu haben!

Die Liebe übt keinen Druck aus, macht keine Vorwürfe, sie überredet nicht, sie manipuliert nicht, sondern sie erträgt alles, sie glaubt alles, sie hofft alles, sie rechnet nicht zu ....(aus 1. Korinther 13, 4-8). Der Vater hätte alles Recht und alle Macht auf seiner Seite gehabt, die unverschämte Bitte des Sohnes abzulehnen. Aber er wusste, man kann auf der Ebene der Macht und des Rechtes gewinnen, doch auf der Ebene der Beziehung wird man dadurch immer verlieren. Und der größte Wunsch unseres Vaters im Himmel ist es, eine Liebesbeziehung mit uns zu haben: Liebe auf einer freiwilligen Basis. Das Herz, nicht nur der Verstand, muss diese Liebe erkennen, um sich freiwillig unterordnen zu können.

Indem der Vater so reagiert, hält er dem Sohn die Tür zur Umkehr weit offen. Das macht es ihm auch erheblich leichter, seine Fehler später einzugestehen und zurückzukehren. Im Reich Gottes ist es erlaubt, Fehler zu machen. - Gott sei Dank! -

Vers 13: *Und nicht lange danach packte der jüngere Sohn alles zusammen und reiste in ein fernes Land, und dort verschleuderte er sein Vermögen mit ausschweifendem Leben.*

Der Anteil des Jüngeren war ja nicht sofort in Geld verfügbar, so dass erst Vorkehrungen (z.B. Verkauf von Vieh und Land) getroffen werden mussten, bevor er den Vater verlassen und in ein fernes Land reisen konnte. Er sagt sich los vom Vater und bestimmt jetzt **selbst** über sein Leben.

Wir erinnern uns im Garten Eden: Adam und Eva aßen vom Baum der Erkenntnis des Guten und Bösen (1. Mose 3, 6). Sie entschieden sich, nicht mehr in der Unterordnung Gottes, sondern in der **Selbst**bestimmung zu leben. – „Ich entscheide **selbst,** was gut und was böse ist." „Ich entscheide **selbst,** wie ich mich schütze, verteidige, tröste, meine Bedürfnisse stille, was gut für mich ist"…..All diese **Durchsetzungsmuster** und **Verhaltensnotlösungen** lernen wir von Kindheit an. Vieles ist uns schon so vertraut, dass wir meinen, es gehört zu uns. „So sind wir halt". Selbstbestimmung führt immer in Knechtschaft. Römer 8, 15 spricht vom Geist der Knechtschaft und vom Geist der Sohnschaft.

Vers 15: *Da ging er hin und hängte sich an einen Bürger jenes Landes; der schickte ihn auf seine Äcker, die Schweine zu hüten.*

Er hängte sich……

Egal an was wir uns in der Welt **hängen**, wir geraten in eine **Abhängigkeit**, das bedeutet in eine Knechtschaft (Fremdbestimmung).

Im Gegensatz dazu führt uns die Abhängigkeit von Gott, Knechte Christi zu sein, in wahre Freiheit.

Alles hat zwei Seiten. Auch die Not hat eine positive Seite. Manche **Not** ist **notwendig,** damit wir **wendig** werden, d.h. alte Gedankenmuster loslassen, umdenken und so die **Wende** einleiten.

Schweine hüten war die schlimmste Schande für einen Juden, tiefer konnte man nicht sinken. Die Schweine galten als die unreinsten der unreinen Tiere. Er hoffte, sich vom Schweinefutter ernähren zu können, aber es bestand damals aus Johannisbrotbaumschoten, die für Menschen unverdaulich sind.

Vers 17-19: *Er kam aber zu sich selbst und sprach: … mache mich zu einem deiner Tagelöhner.*

Er ist am tiefsten Punkt angelangt und beginnt **in sich** zu gehen, für sich Verantwortung zu übernehmen, d.h. eigene Fehler zu erkennen. ICH war's, nicht die Anderen, oder die schlimme Kindheit, die Umstände…. Im Reich Gottes werden nur Sünden vergeben, keine Rechtfertigungen oder Entschuldigungen.

Er kehrt um, tut Buße, setzt sich ein neues Ziel und geht Schritt für Schritt darauf zu. D.h. zu handeln und nicht nur zu reden und das, einen Schritt nach dem anderen. Verändern kann man nämlich nur sich selbst.

Vers 20 + 21: *Und er machte sich auf und ging zu seinem Vater.... Ich bin nicht mehr wert dein Sohn zu heißen.*

Der Sohn kommt zurück als Knecht, aber es bewegt das Herz des Vaters. Er sieht ihn von fern, erkennt ihn vielleicht noch nicht am Gesicht, aber er kennt seine Bewegungen, seine Art zu gehen, sich zu bewegen. Der Vater läuft ihm entgegen, etwas Unvorstellbares in dieser Kultur. Niemals kommt ein Älterer aus dem Haus heraus und läuft einem Jüngeren entgegen. Auch läuft ein Älterer nie schnellen Schrittes.

Warum tut der Vater das alles, obwohl er weiß, dass man das nicht macht?

Er stellt sich vor den Sohn, lenkt die Schande auf sich, weg vom Sohn. Wie groß muss diese Liebe sein. Der Sohn kommt als Knecht zurück, er hat seinen Fehler erkannt, er will jetzt arbeiten. Er bekennt nicht nur die Schuld vor dem Vater, sondern auch die Schuld vor Gott. Doch der Vater geht gar nicht darauf ein. Kein einziger Vorwurf. Er fällt ihm um den Hals und küsst ihn. Nur einen Sohn begrüßt man so, keinen Knecht.

Im Reich Gottes bleibst du immer Sohn, nicht Knecht, nicht Versager, nicht schwarzes Schaf. Die Welt hat nichts Vergleichbares zu bieten. Sohn wird man nämlich auf Grund der Geburt und bleibt es ein Leben lang. -Gott sei Dank!-

Vers 22-24: *Aber der Vater sprach: ...er war verloren und ist wiedergefunden worden. Und sie fingen an, fröhlich zu sein.*

Obwohl der Sohn sein Erbe, seinen Ruf und seinen Stand in der Gemeinschaft verloren hat, nimmt der Vater ihn wieder als Sohn an.

Er gibt ihm das Festgewand, das dem Ehrengast vorbehalten war und den Ring, ein Symbol der Autorität, der ihn wieder befähigt, Geschäfte zu tätigen. Er bekommt Schuhe an die Füße, die ihn als Sohn auszeichnen, da Knechte in dieser Zeit keine Schuhe trugen. Mit beschuhten Füßen watet man nicht mehr im Dreck, ist man nicht mehr z.B. in schweinischen „Chatrooms“ unterwegs. Wir lernen, in Verantwortung mit unserem Erbe umzugehen.

Er lässt das gemästete Kalb schlachten, welches nur für ganz besondere Anlässe vorgesehen war. Alle sind zu diesem besonderen Freudenfest eingeladen.

Die Parallelen zum reichen Segen der Errettung eines Menschen aus der Welt durch Jesus Christus sind unübersehbar: Nach Sündenerkenntnis und Buße (Umkehr) empfangen wir das Kleid der Gerechtigkeit, welches uns allein aus Gnade und Glauben an den vollbrachten Sieg unseres Herrn als gerecht dastehen lässt. Wir empfangen den Siegelring, die Autorität im Namen Jesu zu handeln und die Schuhe der Bereitschaft, für das Evangelium einzutreten (Epheser 6, 15). Der ganze Himmel feiert ein Freudenfest über einen Sünder, der Buße tut (Lukas 15, 7 und Lukas 15, 10). Denn wir waren geistig tot und sind nun wieder lebendig geworden. D.h. es ist wieder Beziehung, Intimität mit dem Vater möglich. Darin darf ich zunehmen, vom Kleinkind bis zum gereiften Mannesalter. Jetzt gilt es, die Gedanken zu erneuern und zu lernen, was im Reich Gottes wichtig ist, um alte Gedankengebäude einzureißen, Gewohnheiten, die teilweise schon zu unserem Charakter geworden sind, abzulegen. Das bedeutet unser Erbe anzutreten, das der Vater uns gegeben hat.

Wie aber verhält es sich mit dem Sohn, der beim Vater geblieben ist, d.h. bei dem rein äußerlich alles in Ordnung zu sein scheint?

Vers 25-27: *Aber sein älterer Sohn war auf dem Feld... und dein Vater hat das gemästete Kalb geschlachtet, weil er ihn gesund wiedererhalten hat!*

Der ältere Sohn, fleißig, gehorsam, verantwortungsbewusst, kommt von der Arbeit heim und ist erstaunt über Musik und Tanz. Ausgelassene Freude ist ihm nicht vertraut, ja sogar verdächtig: Er geht nicht selbst ins Haus hinein, er traut der Sache nicht ganz.

Vers 28: *Da wurde er zornig und wollte nicht hineingehen. Sein Vater nun ging hinaus und redete ihm zu.*

Auch zu ihm geht der Vater hinaus. Der Ältere geht dem Jüngeren entgegen. Auch für ihn nimmt er die Schande auf sich und stellt sich schützend vor ihn. Er verliert kein Wort über den Zorn des Sohnes, sondern redet ihm gut zu.

Vers 29: *...und mir hast du nie einen Bock gegeben, damit ich mit meinen Freunden fröhlich sein kann.*

Jetzt offenbart sich, was im Herzen des Sohnes, oft unbewusst, noch verborgen ist. Er versucht immer noch, sich die Liebe und Anerkennung des Vaters zu verdienen. Wem dient er? Doch immer noch sich selbst, seiner alten Knechtsgesinnung! Selbstgerecht will er nicht vergeben; den anderen in der Schuld halten. Religion macht hartherzig. Er hat seinen Stand als Sohn noch gar nicht eingenommen!

Römer 8, 15: *Denn ihr habt nicht einen Geist der Knechtschaft empfangen, dass ihr euch wiederum fürchten müsst, sondern ihr habt den Geist der Sohnschaft empfangen, in dem wir rufen: Abba, Vater.*

Vers 30: *Nun aber, da dieser dein Sohn gekommen ist, der dein Gut mit Huren vergeudet hat, hast du für ihn das gemästete Kalb geschlachtet.*

Plötzlich ist es „dein Sohn“, nicht mehr „mein Bruder“, der alles mit Huren durchgebracht hat.

Woher will er das wissen?

Es hieß nur in Vers 13: Er verschleuderte sein Vermögen mit ausschweifendem Leben. Könnten es vielleicht die Gedanken,

Wünsche des älteren Bruders selbst gewesen sein, der aber neidisch war auf den jüngeren Bruder, der sich Dinge zu tun getraute, die sich der Ältere nie getraut hätte? - Aus der Fülle des Herzens redet der Mund (Lukas 6, 45). -

Vers 31: *...alles was mein ist, das ist dein.*

Aber auch hier geht der Vater nicht auf seine Worte ein, er rechnet nicht zu. Alles, was der Vater noch hatte, war doch bereits in den Besitz des älteren Sohnes übergegangen. Der Vater hatte doch nichts mehr, was er geben konnte. Der Sohn hatte sein Erbe noch gar nicht angenommen. Ihm war noch nicht bewusst, dass er nicht für den Vater arbeitete, sondern für sich selbst. Er hatte noch nicht umgedacht, noch nicht seine Gedanken erneuert.

Vers 32: *Du sollst aber fröhlich sein... er war verloren und ist wieder gefunden worden.*

Der Vater erinnert ihn, dass es sich doch um seinen Bruder handelt, möchte ihm sein Fehlverhalten, seine „Nicht-Liebe" bewusst machen. Und er zeigt ihm den Weg aus seinem Zorn und Unwillen, nämlich, indem er sich einfach dafür entscheidet, fröhlich zu sein und sich zu freuen, trotz völlig anderer Gefühle. Die Entscheidung: Ich will, auf dein Wort hin.

Auch hier ist Umkehr (Buße) zum Vater erforderlich. Liebe ist kein Gefühl, sondern eine Entscheidung, die Anweisungen des Vaters ***über*** die alten Prägungen zu stellen. Die Gefühle werden früher oder später nachkommen.

Gott sei Dank gehört zu diesem Gleichnis **noch** eine Person, nämlich die, die es erzählt – Jesus, auch ein Sohn des Vaters, der **Erst**geborene aus den Toten (Kolosser 1, 18). Er hat uns aus dieser Knechtschaft befreit, er hat den Preis bezahlt, uns den Weg bereitet. In seine Fußstapfen dürfen wir treten.

Jesus hatte den Geist der Sohnschaft, er hat es uns vorgelebt. Von ihm dürfen wir lernen, d.h. kennenlernen, auswendig lernen, umlernen etc. Das bedeutet, es ist ein **Muss,** Zeit mit ihm, dem Wort, zu verbringen - und das täglich! Wenn die Wahrheiten Gottes im Herzen erkannt sind, bringen sie uns die Reichtümer des Reiches Gottes. Dann treten wir unser Erbe als Kinder Gottes an. Nur der Herzensglaube empfängt. Verstehen des Wortes allein reicht nicht. Ja wir betrügen uns dadurch sogar selbst, wenn wir nicht danach handeln.

Es ist für alles gesorgt. Jesus sandte uns den Heiligen Geist, der uns in alle Wahrheit des Reiches Gottes führt und leitet. Weil **ER** überwunden hat, können und werden auch wir überwinden. **ER**, der Erstgeborene unter **vielen** Brüdern (Römer 8, 29).

Tag 36 - Frucht im Reich Gottes

Renate Kosira

Um die geistlichen Gesetze zu verstehen, die im Reich Gottes eine gute Frucht entstehen lassen, müssen wir zum Anfang gehen. Der Ursprung jeder Frucht ist der Same. Am dritten Tag der Schöpfung hat Gott, der HERR, ein physisches und geistliches Gesetz festgelegt. Er befahl, dass Bäume und Pflanzen auf der Erde wachsen sollten, jeder nach seiner Art, mit dem entsprechenden Samen in sich.

Und Gott sprach: Die Erde lasse Gras hervorsprossen, Kraut, das Samen hervorbringt, Fruchtbäume, die auf der Erde Früchte tragen nach ihrer Art, in denen ihr Same ist! Und es geschah so. Und die Erde brachte Gras hervor, Kraut, das Samen hervorbringt nach seiner Art, und Bäume, die Früchte tragen, in denen ihr Same ist nach ihrer Art. Und Gott sah, dass es gut war.
1. Mose 1, 11-12

Ein Same kann keine Frucht bringen, wenn er nicht zuerst gesät wird.
Als Adam und Eva von dem Baum der Erkenntnis gegessen hatten, brachte dieser in ihnen Frucht hervor. Die Konsequenz daraus war, dass der Tod sich über die ganze Menschheit ausbreitete. Doch Gott in seiner Gnade hatte beschlossen diesen Fehler zu beheben. Er erkaufte uns, damit ein anderer Same in uns leben könnte. Der Same aus dem Baum des Lebens – Jesus Christus.
Er ist ein geistlicher Same, gesät durch Gottes Geist. Kein Fleisch konnte ihn zeugen oder hervorbringen, aber alle Menschen können ihn empfangen.

Als Gott die Welt schuf, hat er das Licht entstehen lassen und sah, dass das Licht gut war. Als nächstes trennte Gott das Licht von der Finsternis. Er tut das auch heute noch. Wenn ein Mensch von neuem geboren wird (Johannes 3, 3), beginnt Gott sofort mit dieser Aufgabe. Er trennt das Licht von der Finsternis in uns, denn er weiß, dass sein Same nur unter bestimmten Bedingungen wächst – im Licht.

An den Äpfeln erkennt man einen Apfelbaum, an den Birnen einen Birnenbaum. So lehrte auch Jesus uns, die Menschen nach ihren Früchten zu unterscheiden. Doch dabei gilt es, genau hinzusehen: Ein Papagei beispielsweise kann lernen, Sprache nachzuahmen. Er ist aber dennoch kein Mensch. Die „Wölfe" kommen manchmal im „Schafspelz", werden dadurch aber keine „Schafe" (Matthäus 7, 15). Satan erscheint als „Engel des Lichts" (2. Korinther 11, 14) und er kennt die Bibel dem Buchstaben nach. Aber nur Jesus bringt die wahre Frucht und diese Frucht ist das Leben. Satan gelingt es oft, die Form zu kopieren; so wie ein Papagei Sprache kopiert. Er baut eine Fassade auf, aber niemals wird er die Frucht des Geistes vortäuschen können.

Denn der Buchstabe tötet, der Geist aber macht lebendig.
2. Korinther 3, 6b

Nur wenn wir Gottes Wort im Geist lesen, bezeugt uns die Schrift Jesus Christus. Der Heilige Geist ist gesandt worden, um uns in allen Aspekten unseres Lebens zu Christus zu führen. In die ganze Wahrheit.
Das Lesen der Bibel ohne den Geist Gottes bringt nur Wissen über das Gute und das Böse.
Menschen, die durch Religion beeinflusst werden, verändern ihr Verhalten nach außen hin. Doch nur der Heilige Geist ist fähig, das Herz des Menschen zu verändern.
Deshalb schaut der HERR auf das Herz und sucht in ihm das Herz seines Sohnes.
Jesus kam, um als Lamm Gottes für unsere Sünde und für unser Versagen zu bezahlen. Jesus ist auch der Eckstein, auf dem Gott sein Reich baut, und er ist zugleich die Eingangstür zu diesem Reich.

Ich bin die Tür, wenn jemand durch mich hineingeht, so wird er gerettet werden.
Johannes 10, 9a

Hört ein anderes Gleichnis: Es war ein Hausherr, der einen Weinberg pflanzte und einen Zaun darum setzte und eine Kelter darin grub und einen Turm baute; und er verpachtete ihn an Weingärtner und reiste außer Landes. ***Als aber die Zeit der Früchte nahte, sandte er seine***

Knechte zu den Weingärtnern, um seine Früchte zu empfangen. *Und die Weingärtner nahmen seine Knechte, einen schlugen sie, einen anderen töteten sie, einen anderen steinigten sie. Wiederum sandte er andere Knechte, mehr als die ersten; und sie taten ihnen ebenso.*
Matthäus 21, 33-36

Die Menschen, die Jesus hier „Winzer" nennt, dachten, dass sie keine Früchte ablieferten. Das war ein Irrtum, denn sie brachten sehr wohl Früchte hervor, nämlich: Rebellion, Untreue, Geiz, Hass, Gewalttätigkeit und Mord. Sie brachten die Frucht nach dem Samen, den sie aufgenommen hatten. Diese Früchte gehören zum Bereich der Finsternis.
Jesus sagt weiter, dass der Besitzer des Weinbergs das nicht dulden wird, sondern den „bösen Menschen ein böses Ende bereiten" wird. (Matthäus 21, 41)

Deswegen sage ich euch: Das Reich Gottes wird von euch weggenommen und einer Nation gegeben werden, die seine Früchte bringen wird.
Matthäus 21, 43

Gott möchte, dass wir Früchte bringen nach der Art des Baumes des Lebens.
In Psalm 1 wird uns ein Weg dorthin gezeigt.

Glücklich der Mann, der nicht folgt dem Rat der Gottlosen, den Weg der Sünder nicht betritt und nicht im Kreis der Spötter sitzt, sondern seine Lust hat am Gesetz des HERRN und über sein Gesetz sinnt Tag und Nacht! Er ist wie ein Baum, gepflanzt an Wasserbächen, der seine Frucht bringt zu seiner Zeit, und dessen Laub nicht verwelkt; alles was er tut, gelingt ihm.
Psalm 1, 1-3

In der physischen Welt ist wenig Bewegung im Leben eines Baumes. Er steht an ein und derselben Stelle. Seine Wurzeln sind in dem Boden, in dem er eingepflanzt ist, fest verwurzelt. In seinen Blättern findet Photosynthese statt. Dazu braucht der Baum Licht. Wir können viel lernen von einem Baum.

Gottes Reich ist der gute Boden, in den Gott dich eingepflanzt hat. Sei beständig und konstant dran, die „Weisung des Herrn" aufzunehmen und über sie nachzusinnen. Das bedeutet, sie zu verwerten und das Wort Gottes zum Bestandteil deines Wesens zu machen. So bleiben unsere „Blätter immer grün", denn das Leben, das von Gott kommt, fließt durch uns.
Alles, was wir tun, wird uns gelingen, weil wir nicht auf unsere eigene Weisheit bauen müssen, sondern zu jedem Zeitpunkt etwas von der Weisheit Gottes bekommen können.
Lösungen, auf die wir niemals kommen würden, fallen uns zu. Unser Charakter, unser Denken, Reden und Handeln wird zum Ebenbild von Christus verwandelt werden.
Weiter lesen wir eine Aussage, die uns hoffentlich überführt:

Nicht so die Gottlosen; sondern sie sind wie Spreu, die der Wind verweht. Darum bestehen Gottlose nicht im Gericht, noch Sünder in der Gemeinde der Gerechten.
Psalm 1, 4-5

Als ich das las, erinnerte ich mich an eine Begebenheit, die im fünften Kapitel im Buch Daniel beschrieben ist. Der Sohn vom König Nebukadnezar, Belsazar, gab ein Gastmahl für seine führenden Männer des Landes, seine Frauen und Nebenfrauen. In der Weinlaune ließ er die goldenen und silbernen Gefäße holen, die sein Vater aus dem Tempel in Jerusalem mitgenommen hatte. Nun wollte er mit seinen Gästen daraus trinken. Während sie das taten, erschienen die Finger einer Menschenhand und schrieben etwas auf die Wand des königlichen Palastes. Zunächst wusste niemand, was es bedeutet, bis der Prophet Daniel gerufen wurde und die Bedeutung der Botschaft erkannte.
Tekel - du bist auf der Waage gewogen und zu leicht befunden worden. (Daniel 5, 27)
In derselben Nacht wurde Belsazar getötet.

Im Reich Gottes weht ununterbrochen der Wind des Heiligen Geistes und alle, die kein Gewicht haben, die zu leicht sind, werden weggetragen. In Gottes Augen hat nur derjenige Gewicht, der Gottes Samen in sich trägt und dafür sorgt, dass der Samen keimt und

Frucht bringt. Alles, was die Welt als wichtig ansieht, wie Reichtum, Macht, Einfluss oder eine hohe Stellung in der Gesellschaft, ist in Gottes Augen leicht, nichts wert und wie Spreu, die der Wind wegweht.

Wenn ihr in mir bleibt und meine Worte in euch bleiben, so werdet ihr bitten, was ihr wollt, und es wird euch geschehen. Hierin wird mein Vater verherrlicht, dass ihr viel Frucht bringt und meine Jünger werdet.
Johannes 15, 7-8

Ein Jünger ist jemand, der bereit ist zu lernen von seinem Meister. Jesus sagt, dass wir Gott verherrlichen, wenn wir ihn ihm bleiben und reiche Frucht bringen. Das bedeutet, dass unser Leben das Leben von Christus wiederspiegeln soll.

Gott ist ehrlich und klar. Seine Aussagen sind scharf, aber dadurch eindeutig:

Ein guter Baum kann nicht schlechte Früchte bringen, noch ein fauler Baum gute Früchte. Jeder Baum, der nicht gute Frucht bringt, wird abgehauen und ins Feuer geworfen. Deshalb, an ihren Früchten werdet ihr sie erkennen.
Matthäus 7, 8-20

Hier gibt es keinen Spielraum für Unklarheiten. Die Verantwortung dafür, zu welchem Baum wir werden, liegt bei uns.
Der humanistische Geist sagt uns: „Mach dir keinen Druck, entdecke dich selbst, deine Bedürfnisse und stille deine Sehnsüchte. Du hast das Recht glücklich zu sein. Jetzt bist du mal dran. Und alles, was du willst, ist sehr gut, denn Gott hat dich so erschaffen."
Das ist eine Lüge, denn es beschreibt das Gegenteil dessen, was Jesus Christus uns vorgelebt hat. Er ist der gute Baum. Er ist der Baum des Lebens.

Ein Baum isst seine Früchte niemals selber. Er trägt sie für die Menschen um ihn herum.

Wie ist deine Frucht? Ist sie reif und süß? Wollen die Menschen, die dir begegnen, auch von deiner Frucht essen? Welche Spur hinterlässt du in ihrem Leben?
Finden sie in Zeiten der Hitze Schatten unter deinen Ästen?
Was bekommen sie zu trinken aus der Quelle, die aus dir hervorsprudelt? Ist sie süß oder bitter?
Wenn wir Antworten haben wollen auf all diese Fragen, dann reicht es aus, die Menschen zu beobachten, die mit dir zu tun hatten. Kommen sie wieder oder laufen sie von dir weg?
Im Natürlichen ist es so, dass jede reife Frucht einen Samen in sich trägt.
Zum Beispiel ein Apfel: In seinem Inneren hat er kleine, braune Samen, die das Potenzial und die genetische Information besitzen, dass aus ihnen ein Baum wachsen kann, der selbst viele Äpfel trägt.
In Bezug auf uns bedeutet das, dass die gute Frucht, die wir tragen, auf den guten Samen in uns hindeutet. Und dass diese Frucht auch in den Menschen um uns herum gute Frucht entstehen lässt.
Liebe, die von uns fließt, wird ihre Herzen heilen. Gottes Frieden wird sie zur Ruhe bringen. Gottes Weisheit, die in uns wohnt, wird ihnen helfen, auf den richtigen Weg zu kommen und auf ihm zu bleiben. Die Leidenschaft für Christus, die an unserem Leben sichtbar wird, wird sie anstecken. Sie werden brennen für Gott, wenn sie mit der heiligen Flamme, die in dir brennt, in Berührung kommen.

Wie in der natürlichen Welt braucht ein Baum Zeit, um zu wachsen und eine Frucht braucht Zeit, um zu reifen. So wird die Zeit entscheiden und zeigen, welche von den zwei Baumsorten du bist. Nur das Echte bleibt.

Ich möchte abschließen mit einer Aussage von Jesus:
Ihr habt nicht mich erwählt, sondern ich habe euch erwählt und euch gesetzt, dass ihr hingeht und Frucht bringt und eure Frucht bleibe.
Johannes 15, 16

Tag 37 - Berufung

Udo Wahl

...dass ihr wandeln solltet würdig des Gottes, der euch zu seinem eigenen Reiche und seiner eigenen Herrlichkeit beruft.
1. Thessalonicher 2, 12

...und dass wir euch ermahnt, ermutigt und beschworen haben so zu leben, dass es Gott Ehre macht; dem Gott, der euch dazu beruft, an seiner Herrschaft und an seiner Herrlichkeit teilzuhaben.
1. Thessalonicher 2, 12 (Neue Evangelische Übersetzung)

Ich ermahne euch nun, ich, der Gefangene im Herrn, dass ihr würdig wandelt der Berufung, mit welcher ihr berufen worden seid, mit aller Demut und Sanftmut, mit Langmut, einander ertragend in Liebe, euch befleißigend, die Einheit des Geistes zu bewahren in dem Bande des Friedens.
Epheser 4, 1-3

In diesen kurzen Schriftstellen geht es um die Berufung und um den Lebenswandel, der würdig dieser Berufung sein soll.

1. Jeder Christ ist berufen.

Martin Luther predigte anfänglich sehr klar über das allgemeine Priestertum der Gläubigen.

Ihr aber seid ein auserwähltes Geschlecht, ein königliches Priestertum, eine heilige Nation, ein Volk zum Besitztum, damit ihr die Tugenden dessen verkündigt, der euch berufen hat aus der Finsternis zu seinem wunderbaren Licht;
1. Petrus 2, 9

Gott beruft keine Gläubigen. ER beruft Jünger. ER beruft Priester - d.h. Menschen die Ihm dienen. Dies wird auch klar, wenn wir uns den großen Missionsbefehl Jesu im letzten Kapitel des Matthäusevangeliums genauer anschauen:

Gehet nun hin und machet alle Nationen zu Jüngern, und taufet sie auf den Namen des Vaters und des Sohnes und des Heiligen Geistes, und lehret sie, alles zu bewahren, was ich euch geboten habe. Und siehe, ich bin bei euch alle Tage bis zur Vollendung des Zeitalters.
Matthäus 28, 19-20

Jünger sind Nachfolger Jesu, die weitermachen in der Reichsgottesarbeit. Jeder Christ ist ein Jünger, der wiederum daran arbeitet, andere Menschen zu Jüngern Jesu zu machen. Es gibt nach dieser Bibelstelle keinen inaktiven Christen. Das ist ein Widerspruch an sich. Ein Christ ist immer im Dienst. Einige von Euch erinnern sich vielleicht noch an die Organisation CIA. Nein, nicht den amerikanischen Geheimdienst. Da waren vor einigen Jahren einige entschiedene Jugendliche im Enzkreis, die nannten sich CIA. Und das stand, soviel ich mich erinnere, für

C – Christen
I – in
A – Aktion

Also aktiv sein für Gott! Das ist wahres Christentum. Das ist Berufung.

Da kommen sicher jetzt Einwände wie

Aber ich kann nicht wie Du als Missionar nach Afrika gehen.
Aber ich bin doch zu jung.
Aber ich bin doch zu alt.
Aber ich bin zu ungebildet.
Aber ..., Aber ..., Aber ...

Und wenn sie nicht gestorben sind, dann suchen sie noch heute eine Entschuldigung.

Manch einer hat eine falsche Vorstellung von Berufung. Sie denken dabei an den fünffältigen Dienst wie er im ***Epheserbrief Kapitel 4 Vers 11*** aufgeführt ist:
der Apostel, der Prophet, der Evangelist, der Pastor, der Lehrer.

Und wenn sie daran denken, werden einige sehr schnell entmutigt, denn sie fühlen sich nicht zu diesen „großen" Ämtern berufen.

Kurzer Einwurf hier. Im Reich Gottes gibt es keine „großen" Ämter. Jeder ist berufen zu einem Amt und jedes Amt hat seine Bedeutung in den Augen Gottes. Darüber hinaus muss man beachten, dass gemäß ***Epheser 4, 12*** die Gaben dazu sind da, anderen zu dienen. Sie sind nicht da, um über andere zu herrschen oder den eigenen Status zu begründen oder zu untermauern.

Mit Berufung ist hier nicht der „vollzeitige Dienst" gemeint. Es ist damit gemeint, dass wir alle - vom Jüngsten bis zum Ältesten, vom Dünnsten bis zum Dicksten, vom Ärmsten bis zum Reichsten – JEDER von Gott zu einem Dienst für IHN in und an der Gemeinde oder der Welt berufen ist. Du bist, wie es der Apostel Paulus ausdrückt
„ein Botschafter (des Evangeliums)" (Epheser 6, 20, Schlachter).
Damit bist Du doch im vollzeitigen Dienst, denn wo immer Du gerade bist - am Arbeitsplatz, in der Schule, in der Nachbarschaft oder in der Disco - bist Du ein Repräsentant deines Königs Jesus Christus.

Deshalb müssen wir auch wissen, wer unser König ist, wie sein Königreich funktioniert und wir müssen sein „Grundgesetz", das ist die Bibel, kennen.

Der Apostel Petrus hat die Christen, und damit Dich und mich, dazu aufgefordert jederzeit bereit zu sein, zu erklären, warum man glaubt.

...sondern heiliget Christus, den Herrn, in euren Herzen. Seid aber jederzeit bereit zur Verantwortung gegen jeden, der Rechenschaft von euch fordert über die Hoffnung, die in euch ist, aber mit Sanftmut und Furcht;
1.Petrus 3, 15

Hier steht also in anderen Worten, dass wir allezeit Verteidiger des Glaubens sein sollen. Dazu musst Du aber schon etwas über Gottes

Reich wissen. Du solltest nicht nur einen Glaubensgrundkurs absolviert haben. Besser ist es noch eine Bibelschule zu besuchen. Schon höre ich wieder einen Einwand. Ich kann nicht auf die Vollzeit- oder Teilzeitbibelschule gehen. Wirklich? Und was ist mit einem Fernkurs per Post oder Internet? Geht das auch nicht?

Aber auch wenn Du eine Bibelschule absolviert hast, hört das Lernen nicht auf. Als Christen sind wir in der lebenslangen Schule des Heiligen Geistes. Als Christen können wir bis zum Ende unseres Lebens auf dieser von Gott geschaffenen Erde sein Wort studieren und immer wieder neue Schätze darin für uns finden.

Einige der erfolgreichsten Methoden oder Lügen die der Teufel anwendet um Christen am Wachstum zu hindern sind:

- Dass die Bibel ein langweiliges Buch ist.
- Dass die Bibel voller Fehler und Ungereimtheiten steckt.
- Dass die Bibel Menschenwerk ist.
- Dass die Bibel zu schwer zu verstehen ist.
- Dass man schon alles von der Bibel weiß.
- Usw., usw.

Lass mich nun zurückkommen zu Deinem Dienst. Wie oben erwähnt, hat jeder von uns, d.h. jeder Christ, einen Dienst gegenüber den Ungläubigen in dieser Welt.
Wir repräsentieren Jesus ihnen gegenüber.

Frage: Sehen die ungläubigen Menschen in Deiner Umgebung Jesus in Dir ?

Das solltest Du Dich ernsthaft fragen und Gott bitten, Dir zu helfen mehr und mehr wie Jesus zu werden.

Aber darüber hinaus, neben diesem allgemeinen Dienst, den jeder Christ hat, gibt es noch spezielle Dienste, auch geistliche Gaben oder auch Dienstgaben genannt.

Die bekanntesten Bibelstellen, die wir nicht im Einzelnen betrachten können sind

1. Korinther 12;
Epheser 4, 4-16;
Römer 12

Es gibt verschiedene Listen und manche Diskussion darüber, wie viele Dienst- oder Geistes- oder Gnadengaben es gibt. Ich habe schon eine Liste von über 30 und bin mir nicht sicher, ob diese nun „vollständig" ist. Eher nicht, würde ich sagen!

Eine der geistlichen Gaben, über die nicht viel gepredigt wird, findet sich im 1. Korintherbrief. Sie wird oft überlesen oder übersehen.

Und Gott hat gesetzt in der Gemeinde aufs erste die Apostel, aufs andre die Propheten, aufs dritte die Lehrer, darnach die Wundertäter, darnach die Gaben, gesund zu machen, Helfer, Regierer, mancherlei Sprachen.
1. Korinther 12, 28 (Lutherbibel)
Gott hat euch in den Leib Christi eingegliedert als Apostel, andere als Propheten, wieder andere als Lehrer, dann solche, die Wunder vollbringen, solche mit der Gabe der Heilung, solche, die anderen helfen, solche, die besondere Leitungsfähigkeiten haben und andere zur Zusammenarbeit bewegen, und solche, die in anderen Sprachen sprechen können.
1. Korinther 12, 28 (Neues Leben)

Es gibt einen Dienst des Helfens! Andere Übersetzungen sagen hier Hilfeleistungen. Schon mal gehört? Und dieser unscheinbare Dienst ist hier in einem Atemzug genannt mit den „großen" Diensten Apostel, Propheten, Lehrer, Wundertäter, ...

Wir können alle Helfer sein. Ich kann mir keinen Pastoren in Deutschland oder der ganzen Welt vorstellen, der ein Gemeindemitglied zurückweisen wird, das kommt und fragt, ob er oder sie irgendwo helfen kann – hey sei realistisch es gibt 1000 Dinge zu tun.

Wohl aber kann ich mir vorstellen, dass ein Pastor jemanden ablehnt, der zu ihm kommt und sagt, dass Gott ihn berufen hat, ein Lehrer oder ein Prophet zu sein, wenn er genau weiß, dass diese

Person noch nicht so weit ist oder aus fleischlicher Motivation eine Position sucht.

Als ich mich 1987 bekehrte, war ich gerade am Ende meiner 12jährigen Dienstzeit bei der Bundeswehr. Ich war Oberfeldwebel und Zugführer. Gerade hatte ich angefangen, an der Fachhochschule für Öffentliche Verwaltung meine Ausbildung zum „Diplombeamten" zu machen, als Gott sich mir offenbarte und ich nicht mehr „NEIN" sagen konnte. Als ich ein paar Wochen in der Gemeinde war, hatte ich das Bedürfnis „etwas für Gott zu tun". So ging ich zum Pastor und fragte ihn, was ich machen könnte. Der musste nicht zweimal überlegen und sagte: „Udo, uns fehlt noch jemand im Putzdienst, kannst Du jede Woche einmal kommen und mit dem Putzteam 2-3 Stunden sauber machen?" Das war ja nicht gerade das, womit ich gerechnet hatte. Aber ich hatte bei meiner Bekehrung auch meinen falschen Stolz abgelegt und war mir klar, dass wenn ich Gott dienen will, dann werde ich das tun, was man von mir verlangt. So wurde ich also Mitglied im Putzteam und später noch Chefkopierer für das Gemeindeblatt und Chefkaffeekocher am Kaffeetisch, bevor mich Gott, schön zurechtgestutzt nach seinem Plan, an die nächste Gemeinde weiterreichte. Und der Rest ist, wie man so schön sagt, Geschichte.

Da habe ich eine wichtige biblische Wahrheit erkannt: Sei treu im Kleinen und der Herr wird dich erhöhen!!!! **Nachzulesen im *Lukasevangelium Kapitel 19 Verse 17***.

Das heißt nicht, dass der Putzdienst eine unwichtige Arbeit ist. Ich freue mich jedes Mal, wenn ich in einer Gemeinde eine saubere Toilette vorfinde, denn ich weiß, dass ein Bruder oder eine Schwester hingebungsvoll diese Arbeit für den Herrn und für die Geschwister getan hat. Und ich weiß, dass dies kein einfacher und angenehmer Job ist. Glaub mir das.

Ich wollte hier klar machen, dass es für jeden Christen einen Job gibt, d.h. etwas zu tun, für das Gott Dich und mich berufen hat. Das kann auch die regelmäßige Fürbitte im stillen Kämmerlein sein, welche niemand sieht. Du solltest dies aber Deinem Pastor mitteilen, damit er weiß, an wen er sich wenden kann, wenn es aktuelle Gebetsanliegen gibt.

Fange an! Geh zu Deinem Pastor und frag ihn, was Du tun kannst. Und was immer er Dir sagt, tue es für Gott.

2. Wandle würdig Deiner Berufung.

Wir müssen verstehen, dass wir niemals aus uns heraus würdig wandeln können. Dazu sind wir als Menschen zu schwach.

Aber gerade diese Erkenntnis sollte uns dazu befähigen, würdig zu wandeln. Wenn ich nämlich weiß, dass ich etwas nicht aus eigener Kraft kann, dann suche ich mir doch Hilfe. Das gilt beim Tragen der Waschmaschine vom Auto in meine Wohnung in den 2. Stock genauso, wie wenn es um unseren würdigen Wandel geht.

Gott lässt uns nie allein. ER ist immer da, um uns zu helfen.

Das kann ein direktes Eingreifen von Gott durch ein Wunder oder eine Befreiung sein. Das kann aber auch durch Menschen geschehen, die ER uns zur Seite stellt.

Darum ist es auch so wichtig, dass wir uns verbindlich einer Gemeinde anschließen. Dort werden wir geschult und ausgebildet. In der Gemeinde ist der Platz, wo wir behütet geistlich wachsen und reif werden können.

Nicht umsonst spricht Paulus im 1. Korintherbrief Kapitel 12 davon, dass die Gemeinde Jesu ein Körper ist. Jeder Mensch, der Teil der Gemeinde ist, hat eine wichtige Funktion in diesem Körper, so dass er perfekt funktionieren kann.

Es muss unser Herzensanliegen sein, würdig unseres Gottes zu wandeln.

Es bringt großen Schaden für das Reich Gottes, wenn wir unwürdig wandeln.

Als ich Soldat war, wurden wir immer über folgendes belehrt: Wenn wir in Uniform nach Hause fuhren oder in die Stadt gingen, sollten wir uns absolut korrekt verhalten, andernfalls würde dies bestraft werden.

Später als ich im Bundespräsidialamt ein Praktikum ablegen durfte, wurde erwartet, dass man sich entsprechend des Amtes kleidete. Das bedeutete, dass man nicht mit Jeans und Turnschuhen im Büro erschien.

Ein Botschafter und sein Personal, das im Ausland Deutschland repräsentiert, haben ebenfalls die Auflage korrekt aufzutreten, d.h. keinen Anlass für Klagen zu bieten.

Wie viel mehr sollte dies unser Anliegen sein, da wir doch den König aller Könige repräsentieren. Ich werde hier keine „Kleiderordnung" anregen. Obwohl mir das auch manchmal unter dem Kittel brennt. Jeder von uns sollte sich vielmehr jeden Tag die Frage stellen, ob wir durch unser Auftreten, unser Reden, unsere Reaktionen, unser ganzes Sein unseren König würdig vertreten oder ob er sich unserer schämen muss.

Das musste ich mir in der Vergangenheit und auch heute noch immer wieder bewusst machen. Wenn es dann wirklich brenzlig wird, kann man immer schnell die Notrufnummer Gottes (***Psalm 50:15***) anrufen und ER wird uns helfen, damit wir in unserer Versuchung nicht fleischlich reagieren, sondern als ein reifer Christ.
Für mich war Wut ein sehr großes Problem. Ich konnte schnell wütend werden und „ausrasten". Und dann habe ich meine Worte nicht mehr unter Kontrolle gehabt. Manchmal hab ich dabei auch Dinge durch die Gegend geschleudert. Heute ist das Problem nicht völlig weg, aber es ist viel, sehr viel besser als vor 27 Jahren.
Wir alle müssen eingestehen, dass unser Charakter Schwächen aufzeigt, wenn wir uns mit dem Herrn Jesus Christus vergleichen. Er wandelte perfekt auf dieser Erde. Er wandelte würdig seinem Gott. Wenn wir uns das ehrlicherweise eingestehen, dass wir noch nicht völlig so sind wie Jesus, ist das der erste Schritt zur Besserung.

Die Bibel spricht im ***Galaterbrief Kapitel 5 Verse 16-26*** darüber, dass wir gemäß dem Fleisch oder gemäß dem Geist wandeln können. Die Entscheidung liegt bei jedem von uns. Paulus ermahnt uns hier eindeutig, dass wir ***„im Geist wandeln"*** sollen.

Wie sieht das praktisch aus? Hier ein kleines Beispiel wie ich das manchmal mit meiner Wut handhabe:

Wenn ich heute mit dem Auto in die Stadt fahre, kann ich beten:
„Lieber Heiliger Geist, hilf mir doch, 'mei Gosch' zu halte, wenn wieder so ein blöder Taxifahrer mich zur Weißglut bringen will. Gib mir die Gelassenheit mich nicht darüber aufzuregen."
Oder so ähnlich. Meistens klappt das auch!

Das ist nur ein Beispiel. Ich könnte noch ein paar Seiten mit meinen Charakterschwächen füllen und wie ich damit umgehe.

Das Prinzip ist, dass wir uns unserer Schwächen bewusst sind und den Willen haben diese abzubauen. Den Willen dazu bekommen wir, wenn wir die Bibel lesen und dem Heiligen Geist erlauben, durch sie zu uns zu sprechen. Er wird uns dann klar machen, wo wir Veränderungen benötigen. Manchmal wird Gott auch durch eine Predigt reden. Manchmal wird Er einen Bruder oder eine Schwester zu uns senden, die uns die Wahrheit ins Gesicht sagen, ob wir das schön und gut finden oder nicht. Sobald wir dann den Willen haben, Gott zu gefallen - oder anders ausgedrückt, würdig unserem Gott zu wandeln - wird ER uns helfen, diese Schwächen los zu werden. Manchmal geschieht dies augenblicklich, manchmal langsam wie im Schneckentempo – aber immer wird ER uns helfen! Das ist gewiss.

Ich bin ganz sicher, dass Gott das gute Werk, das er in euch angefangen hat, auch weiterführen und am Tag, an dem Christus wiederkommt, vollenden wird.
Philipper 1, 6 (Neue Evangelische Übers.)

Denn Gott bewirkt den Wunsch in euch, ihm zu gehorchen, und gibt euch auch die Kraft, zu tun, was ihm gefällt.
Philipper 2,13 (Neue Evangelische Übers.)

Zusammenfassung:

- Jeder Christ ist von Gott berufen, um für Ihn der Gemeinde und der Welt zu dienen. Es gibt keinen Christen, der keine Gaben oder Talente hat. Finde heraus, was Deine Berufung ist und stelle Dich Gott zur Verfügung. Du wirst Wunder erleben!
- Als Botschafter an Christi Statt müssen wir würdig unseres Königs wandeln und versuchen, nach besten Kräften Ihm keine Schande zu machen. Dazu brauchen wir die Hilfe Gottes durch den Heiligen Geist. Wenn Du Dich Gott hingibst und Ihn um Hilfe bittest, wird ER Deinen Charakter mehr und mehr in das Ebenbild seines Sohnes, unseres Heilands Jesus Christus, verändern.

Bücherempfehlung:

Buddy Bell: Der Dienst der Hilfeleistung, Artikel Nr. BB01, Shalom Verlag
Terry Nance: Gottes Waffenträger, Artikel Nr. ATN1, Shalom Verlag

Tag 38 – Das Reich Gottes aufnehmen wie ein Kind

Jochen Reuther

Es wurden auch Kinder zu Jesus gebracht; er sollte sie segnen. Aber die Jünger wiesen sie barsch ab. Als Jesus das sah, war er ungehalten. Lasst die Kinder zu mir kommen!, sagte er zu seinen Jüngern. Hindert sie nicht daran! Denn gerade für solche wie sie ist das Reich Gottes. Ich sage euch: Wer das Reich Gottes nicht wie ein Kind annimmt, wird nicht hineinkommen. Und er nahm die Kinder in die Arme, legte ihnen die Hände auf und segnete sie.
Markus 10, 13-16 (Neue Genfer Übersetzung)

Einstieg

Die Ausgangssituation: Jesus ärgert sich darüber, dass seine Jünger die Kinder nicht zu ihm lassen. Vielleicht hatten die Jünger ja ganz ehrenwerte Motive, beispielsweise, weil sie Jesus nicht mit ungeistlichen Dingen belasten wollten. Sie wussten, dass Jesus anstrengende Tage hinter und vor sich hatte und befürchteten, dass der straffe Zeitplan es nicht zuließe. Oder sie vermuteten, dass die Kinder Jesus einfach nur nerven könnten.
Am Verhalten der Jünger ist erkennbar, dass Kinder in der damaligen jüdischen Gesellschaft – ähnlich wie die Frauen – wenig Ansehen hatten (auch wenn sie als Geschenk Gottes galten). Dennoch hatten manche Eltern ihre Kinder mitgebracht, damit Jesus sie segnen sollte. Jesus befiehlt seinen Jüngern, dass sie die Kinder nicht daran hindern dürften, zu ihm zu kommen. Und er warnt sie förmlich: „Wenn ihr nicht wie die Kinder werdet ...", „wenn ihr nicht umkehrt ...".Es gibt also keine andere Option! Jesus lässt keine andere Möglichkeit offen, ins Reich Gottes zu kommen. Um die klare Ansage Jesu zu verstehen, sollten wir kurz einen Blick auf die Lebenswelt von Kindern und Erwachsenen werfen.
Es stellt sich die Frage, was für uns heutzutage die größte Errungenschaft des Erwachsenseins ist. Vielleicht die Freiheit der Selbstbestimmung? Jeden nur erdenklichen Weg einzuschlagen, ohne sich an äußere Normen halten zu müssen, wäre sicher das Höchste der Selbstbestimmung. Dies hieße, dass die größte Schwäche eines Kindes seine Abhängigkeit wäre. Das Kind benötigt

für das Überleben oder auch andere Handlungen jemanden, der über dem Kind steht, sich für das Kind verantwortlich fühlt und sich bereit erklärt hat, diesem zu helfen. Ohne diese Unterstützung wäre ein „Kind sein" nicht möglich.
Weitere Eigenschaften von Kindern und Erwachsenen möchte ich im Folgenden gegenüberstellen.

Eigenschaften eines Kindes (umso kleiner die Kinder sind, desto offensichtlicher sind die Ausprägungen):

hilflos, verletzlich, abhängig, ausgeliefert, unwissend, begeistert (mit offenem Mund staunen) blindes Vertrauen (von hoher Mauer springen → eine geistliche Stufe weiter: auf dem Wasser gehen), Glauben (der Berge versetzt), einfältig, naiv, aufrichtig („Kindermund tut Wahrheit kund"), sorglos, lebensfroh (Kind rennt auf heimkehrende(n) Mutter/Vater zu).

Eigenschaften eines Erwachsenen (umso einseitiger die Prägungen & Erfahrungen, desto schwieriger ein Wandel):

reif, mündig, selbstständig, Vernunft/Verstand (der sich von Gott unabhängig gemacht hat), wachsam, misstrauisch, vorsichtig (gegenüber anderen Menschen und Gott), sorgenvoll (was habe ich zum Essen, Anziehen und vieles mehr), bitter, ungläubig (kein Vertrauen und somit kein Glaube)

Die Grenzen des Erwachsenseins

Vielleicht haben wir noch die gut gemeinten Worte im Kopf: „Sei nicht kindisch!" oder „Werde doch endlich erwachsen!" Diese Gedanken haben uns von klein auf geprägt und der Teufel nutzt gerade auch menschliche Bedürfnisse wie das Streben nach Ehre, Ansehen und Macht, damit wir auf uns schauen und nicht darauf, was Gott schon längst alles für uns vorbereitet hat. Zum Beispiel Ansehen bei der Arbeit zu erlangen, ist in den meisten Fällen positiv. Wenn wir aber Scheu haben, unseren Kollegen von Jesus zu erzählen, weil uns der Verstand sagt, dass wir unsere gute Stellung (unser Ansehen) gefährden könnten, dann ist das vermutlich nicht im Sinne Gottes. Einem Kind wiederum wäre das Ansehen des Vaters wichtig. Die Vernunft hat noch nicht genügend „Einfluss" dem

Kind zu vermitteln, dass sein Ansehen bei wichtigen Geschäftsleuten etc. zukünftig auch hilfreich sein könnte...
Unsere Vernunft beeinflusst außerdem unsere Entscheidungen. Wir wägen ab, überlegen und machen uns Sorgen, welches die richtige Wahl der möglichen Optionen wäre. Oft vergessen wir dabei, Gott in unsere Überlegungen mit einzubeziehen. Kinder kennen diese Gedanken des täglichen Sorgens nicht. Sie werden (in der Regel) mit dem versorgt, was sie brauchen. Sie treffen ihre Entscheidungen spontan und impulsiv im Vertrauen auf ihren himmlischen Vater.
Wenn wir als Erwachsene kindlich nach Gottes Reden handeln wollen, kommen schnell die Gedanken: „Mensch, wie stehe ich denn da, wenn ...?" oder „Wenn die anderen mich jetzt so sehen, ...", oder „Ist es klug meine (weltlichen) Sicherheiten zu riskieren?"
Müssen wir denn kindisch werden? Aufhören zu denken? Den Verstand aufgeben? Sicherlich nicht, da Gott uns unseren Verstand gegeben hat, damit wir ihn benutzen. Es geht vermutlich um eine Frage der Prioritäten. Hat unser Verstand das Sagen in unserem Leben oder ordnet er sich Gottes Geist in uns unter? Vielleicht haben wir auch verlernt mit unserem Herz zu hören.
Gottes Stimme möchte zu unserem Herzen sprechen. Der Verstand und mein Gemüt (Sorge, Antriebslosigkeit) haben sich dem Herzen, der Stimme Gottes, unterzuordnen.

Vertraue auf den HERRN mit deinem ganzen Herzen und stütze dich nicht auf deinen Verstand; auf allen deinen Wegen erkenne nur ihn, dann ebnet er deine Pfade.
Sprüche 3, 5-6

Doch wohin mit meinen komplizierten, nicht ausblendbaren Sorgen, den Ängsten und der Engstirnigkeit?
Als Kind schienen mich die Sorgen und Gedanken der Erwachsenen nicht zu beeinflussen oder zu belasten. Wie schön wäre es doch, wieder in diese (kindliche) Unbeschwertheit zurückzukehren, also ohne die (erwachsenen) Lasten – gerade auch in der Nachfolge Jesu.
Wenn meinem Sohn etwas nicht vertraut ist oder er Angst hat, dann steht er ganz schnell vor mir mit ausgestreckten Armen und möchte auf den Arm genommen werden.
Wie ist es, wenn wir unsicher sind oder Angst haben? Wollen wir nahe bei Gott sein, auf Gottes Arm, auf seinen Schoß kommen?

„Back to the roots – zurück zu den Wurzeln" oder auch „der kindliche Weg zum himmlischen Vater"

So wie unsere Gesellschaft uns lehrt und prägt erwachsen zu werden, so können wir auch lernen wieder kindlich (nicht kindisch) im geistlichen Sinne zu werden. Dazu einige Vorschläge:

- in Aufrichtigkeit Gottes Geist um ein kindliches Herz bitten (Römer 8,16: „Der Geist bezeugt, dass wir Gottes Kinder sind.")
- mit Gott in Verbindung treten durch Nähe (regelmäßige Zeiten der Kommunikation z.B. durch Gebet, Bibellesen, Stille Zeit, Lobpreis etc.)
- Gott ohne Vorbehalte vertrauen (1. Mose 6, 22ff Noah baut die Arche)
- uns für den kindlichen Glauben oder die kindliche Freude nicht schämen zu müssen (2. Samuel 6, 14-22, David tanzt vor Bundeslade)
- Reinheit ist ein Wesenszug eines Kindes. Im Laufe des Erwachsenwerdens haben wir diese Reinheit verloren. Der Weg zurück zur Reinheit, der über Jesus geht, könnte wie folgt aussehen: Erkenntnis des Mangels (wo bin ich geistlich gesehen kein Kind) → Umkehr (der weit entfernteste Punkt ist erreicht) → Mauern abbauen (ich fange an die Dinge zu entfernen die mich abhalten) → Herz aufmachen (ich öffne mein Herz für das neue Kindliche und Gute) → neu vertrauen (lernen) (ich vertraue und glaube auch in anderen Dingen, dass Gottes kindlicher Weg der richtige ist)
- auf seine Stimme hören lernen (Johannes 10, 27 „Meine Schafe hören meine Stimme")

Wie Gott sich unser „Kind sein" vorstellt

Als Kinder Gottes haben wir Zugang zu Gottes Reich – es ist nicht an Leistungen oder Taten geknüpft. Folgende Aspekte können uns helfen in das „Kindsein" hineinzuwachsen.

Jedes Kind ist ein Individuum, deshalb ist auch hier keine abschließende und pauschale Auflistung möglich:

Vertrauen auf Gottes Allgegenwärtigkeit

Mein Sohn realisiert meistens nur das, was er zuvor mit seinen eigenen Augen gesehen hat (er sieht also, was es zu sehen gibt). So kann es sein, dass er ins Spielen vertieft ist und plötzlich panisch um sich schaut, wo Mama und/oder Papa geblieben sind, wenn er uns nicht unmittelbar sieht. Wir sind zwar ganz in der Nähe, er hat aber nicht wahrgenommen, dass wir uns etwas entfernt haben (er kann nicht sehen, was aber trotzdem Fakt ist). Es kann sein, dass er dann anfängt zu weinen, weil er denkt, dass wir weggegangen wären. Er hat das Gefühl allein gelassen zu sein, auch wenn wir gar nicht weit weg sind.

Geht es uns mit Gott nicht oft genau so? Wir haben erlebt, dass wir auf seine Gegenwart vertrauen können und trotzdem fühlen wir uns manchmal allein gelassen.

Wissen wir, dass Gott nahe ist, auch dann, wenn unsere Empfindungen und Fakten anders zu sein scheinen? Wie wohltuend sind die Worte Jesu, die immer Gültigkeit haben – egal, was wir empfinden:

„... ich bin bei euch alle Tage bis zur Vollendung des Zeitalters." (Matthäus 28, 20b)

Führung

Als mein Sohn noch nicht alleine laufen konnte und sich immer an Stühlen und Tischen hochziehen und entlang hangeln musste, ließ er sich sehr gerne an die Hand nehmen.

Wenn wir uns im Klaren darüber sind, dass wir Gottes Hilfestellung brauchen, sind wir dankbar dafür, wenn er uns an der Hand nimmt. Besonders in Situationen, in denen wir immer wieder mit unserem eigenen Versagen konfrontiert werden, kann es hilfreich sein, sich bewusst zu machen, dass wir an Gottes Hand laufen, dass er uns Halt und Orientierung geben möchte.

Nun weiß mein Sohn inzwischen, wie es ist, selbst zu stehen und zu gehen. Und doch ist es wichtig, dass er manchmal an unserer Hand läuft, beispielsweise an stark befahrenen Straßen. Nicht immer ist er aber dazu bereit.

Vielleicht kommt es auch bei uns manchmal vor, dass wir Gottes Hand loslassen und (sicher auch unbewusst) Dinge allein bewältigen wollen. Wie mein Sohn können wir jedoch oft die Gefahren des Lebens nicht richtig einschätzen. Wie oft ist uns unser himmlischer

Vater schon hinterhergerannt? Wir sind auf Gottes Führung angewiesen. Wir müssen bereit sein, an seiner Hand zu gehen, wenn er es sagt.
Umgekehrt gibt es Dinge, die uns Gott beigebracht oder uns dazu befähigt hat. Er vertraut uns Dinge an. Hier sollen wir in seinem Sinne handeln, ohne dass er uns an der Hand nehmen muss.

Gehorsam
Als Kind steht Vertrauen noch über dem Gedanken an die Folgen des Gehorsams. Wenn man Kinder auffordert, etwas zu tun, setzen sie dies in der Regel um, ohne über die möglichen Konsequenzen nachzudenken.
Gehorsam gegenüber Gott heißt, Dinge zu tun, die ich vielleicht nicht unbedingt logisch oder toll finde. Entscheidend ist, dass wir es tun:
Abraham bekommt von Gott zugesichert, dass seine Nachkommen ein großes Volk werden. Im hohen Alter bekommt er einen Sohn. Diesen soll er opfern (1. Mose 22,1-18). Macht das Sinn?
War es logisch, dass Petrus aus dem Boot auf das Wasser stieg (Matthäus 14, 28f)? Ist es sinnvoll, den Stürmen zu befehlen oder für (Tod-)Kranke zu beten/sie zu heilen? Ist es logisch -wie Gideon- seine eigene Armee zu verkleinern (Richter 7, 2 ff)?
Nein, logisch ist keiner der Schritte, aber wenn der Vater es von Dir fordert, dann tue es! Der Gehorsamsschritt verändert Dich, Deine Beziehung zu Gott und obendrein noch die Situation.

Freiheit durch Bindung
Wenn eine gute Beziehung zwischen Eltern und Kindern herrscht und die Eltern ihren Kindern vertrauen, werden sie ihren Kindern immer mehr Freiheit geben und ihnen Dinge zutrauen. Wenn die Kinder dann spüren, dass sie dieses Vertrauen genießen und dass dadurch noch mehr Freiheit entsteht, werden sie in den meisten Fällen (Pubertät ausgeschlossen ;-)) dieses nicht „überstrapazieren" und dankbar über die Bindung sein, die sie freisetzt.
Als Kinder Gottes stellen wir fest: Wenn wir uns auf diese Bindung einlassen, macht sie uns frei von allen anderen (negativen) Bindungen.

Gottes Gerechtigkeit

Unser Gerechtigkeitsverständnis ist stark davon geprägt, in welchem Umfeld wir aufgewachsen sind. Gottes Gerechtigkeit ist eine andere als unsere Gerechtigkeit.

Als Kind haben wir vielleicht manchmal die (gerechten) Entscheidungen unserer Eltern nicht verstanden, weil wir keinen Einblick in das gerechte Denken und die gerechten Handlungsweisen hatten. Gottes Gerechtigkeit ist noch höher und weiter – mit unserem menschlichen Verstand können wir sie nicht begreifen.

Hier beispielhaft die Kernaussagen von vier Bibelstellen, die Gottes Dimensionen seiner Gerechtigkeit aufzeigen:

Römer 3, 21-26: Der Opfertod Jesu ist die Offenbarung der Gerechtigkeit Gottes.

Römer 3, 27-31: Wir erhalten Zugang zur Gerechtigkeit Gottes nicht durch Leistung, sondern durch Glauben.

Matthäus 20, 1-16: Gleichnis von den Arbeitern im Weinberg: Jeder bekommt den gleichen Lohn.

Lukas 15, 11-32: Gleichnis vom verlorenen und wiedergefundenen Sohn.

Somit müssen wir als Kinder Gottes wieder lernen darauf zu vertrauen, dass Gottes Gerechtigkeit unfehlbar ist, auch wenn wir dies nicht immer so sehen und verstehen können. Kinder neigen schnell dazu, Entscheidungen oder Lebensumstände als unfair und ungerecht zu empfinden. Dies geht uns sicher auch in unserem geistlichen Leben so. Schon Asaf klagt in Psalm 73 darüber, dass es den Gottlosen so gut geht und dem Frommen so schlecht. Sind wir auch schnell dabei, auf das zu schauen, was andere bekommen? Oder können wir darauf vertrauen, dass Gott es mit jedem seiner Kinder gut meint und uns alles zum Besten dient?

Arbeit im Reich Gottes

Bei kleinen Kindern ist meist ein Wunsch vorhanden, mithelfen zu wollen. Als Kind wird uns aber manches nicht gelingen, vor allem nicht auf Anhieb. Wir müssen lernen.

Wenn ich Tätigkeiten im Haushalt mache oder mit Werkzeugen hantiere, will mein Sohn mit aller Begeisterung mithelfen. Er reißt

mir die Arbeitsmaterialien aus der Hand, stellt sich in den Weg oder macht noch mehr Durcheinander. Wenn ich es aber geschafft habe, ihm zu zeigen wie eine Tätigkeit sinnvoll ausgeführt werden kann, (beispielsweise das Aufräumen), ist er meist schnell am Ende mit seiner Motivation.
Ich glaube, dass Gott sich freut, wenn wir mit Begeisterung an seinem Reich arbeiten, wenn wir uns für ihn einsetzen. Er ist stolz auf das, was wir gelernt haben. Doch sollten wir Gott bei SEINER Arbeit an SEINEM Reich nicht im Weg stehen. Das Arbeiten im „Sinne Jesu" will gelernt sein. Purer Aktionismus oder einfach auch Desinteresse an seinem Reich bringen uns von dem segensreichen Plan des Vaters für unser Leben weg.

Wir haben uns jetzt damit beschäftigt, wie der Unterschied zwischen Kindern und Erwachsenen aussieht, wie wir wieder Kinder werden können, wie Gott sich unser „Kind sein" vorstellt. Nun wollen wir uns noch damit auseinandersetzen, was der Status „Kind sein" und „Elternschaft" für uns bedeutet:

Unser Stand (als Kinder Gottes)
Der größte und wichtigste Aspekt der Kindschaft ist die „Gnadentat Jesu", also das Geschenk, dass Jesus für unsere Schuld bezahlt hat. Es ermöglicht, dass wir Gottes Kinder sein können. Eine Beziehung zum Vater ist möglich.
Somit gibt es eine neue Stellung der erlösten Kinder Gottes (die vom Gesetz losgekauft wurden), welche durch die Erkenntnis des Heiligen Geistes Gott „Abba, lieber Vater" nennen können (Römer 8, 15 + Galater 4, 6). „Abba, lieber Vater" widerspiegelt unsere intime Beziehung zu dem großen Gott.
Wir sind als Familie nicht der orientalischen Sprache mächtig und doch sagt mein Sohn gerade „Baba" anstatt „Papa" zu mir. Familienmitglieder haben mich schon darauf angesprochen, weil es so „süß" klingt. Mich berührt dieses Wort „Baba" sehr – wie viel mehr berührt unser liebevolles „Abba" oder „Papa" unseren himmlischen Vater.
Jesus hat nicht nur unsere Errettung, sondern auch eine Adoption in die Königsfamilie ermöglicht. Diese Adoption beinhaltet dieselben Rechte, wie die eines eigenen Kindes.

Das Interessante an einer Adoption in Deutschland ist, dass die bisherigen Verwandtschaftsrechte erlöschen und neue Verwandtschaftsverhältnisse entstehen. Es bestehen keine alten Ansprüche mehr; ein neues Erbrecht entsteht. Diese bundesgesetzliche Regelung gilt auch für die „geistliche Adoption“: Als Kinder Gottes sind wir seine Erben und Miterben Christi. Das heißt, dass wir:

a) uns das Erbe teilen müssen mit Erben, die wir nicht bestimmen können und

b) an seinem ewigen Reichtum teilhaben werden (Römer 8, 17). Nicht unwesentlich ist dabei:

c) Satan hat keinen Anspruch mehr an uns.

Vielleicht sind wir uns als Kinder Gottes auch manchmal unserer Stellung gar nicht bewusst. Wir beschränken uns selbst.

Mir kommt eine Szene mit meinem Sohn in den Sinn, als er mit aufgesetzten Ohrschutzkopfhörern und einem Buch zu mir kommt und möchte, dass ich ihm vorlese. So sind unsere Ohren vielleicht, mehr oder weniger bewusst, verstopft mit dem Lärm dieser Welt, wir möchten aber gleichzeitig, dass Gott zu uns spricht.

Es drängt sich mir die Frage auf: Lebe ich nur in meiner kleinen Welt, mit meinen Beschränkungen oder baue ich schon am Reich Gottes mit seinen Dimensionen?

Bevollmächtigt heißt, die gleiche Macht zu haben, wie derjenige, der sie ausstellt. Dazu gehört die Macht, auf Schlangen und Skorpione zu treten (Lukas 10, 19), der Glaube, der Berge versetzt, (Matthäus 17, 20), Zeichen und Wunder (Apostelgeschichte 5, 12-16) ...

Exkurs: Elternschaft

Das Thema Kindschaft führt uns auch schnell zum Thema Elternschaft.

Wenn wir selbst schon das Privileg der Kindschaft Gottes genießen, so möchte ich unter uns jetzt speziell die geistlichen, aber auch leiblichen (Groß-)Mütter & (Groß-)Väter ansprechen, weil wir eine geistliche Verantwortung für unsere Kinder tragen:

Vorleben des Glaubens

Die Kinder werden das nachahmen, was sie vorgelebt bekommen. Wenn du zu deinem Kind sagst, es soll sich in der Not an Jesus wenden, du selbst rennst aber von einem Facharzt zum anderen,

könnte es deinem Kind schwer fallen, Jesus auch als Arzt zu erleben. Das Beispiel ist etwas überspitzt und soll nicht bedeuten, dass wir keine Ärzte brauchen, aber es soll die Frage aufwerfen, wohin wir uns wenden mit unserer Not.
Des Weiteren kannst du nicht erwarten, dass dein Kind mit dem Herzen glaubt, wenn du Gott nur mit dem Verstand bekennst. Ich bin überrascht, wenn mir Leute von Christen im Bekanntenkreis erzählen, bei denen sie nach mehrmonatiger Freundschaft erst herausgefunden haben, dass auch der andere Christ ist. Was prägt uns? Wie leben wir? Worüber sprechen wir?
Außerdem kann die Sonntagsschule oder die Jungscharstunde nicht deinen nicht-gelebten Glauben ersetzen.
Vielleicht müssen wir uns auch fragen, ob die Kinder unsere Gottesbeziehung verstehen können oder ob wir uns hinter einer frommen Sprache oder hinter Ritualen verstecken? Der christliche Glaube sollte doch eigentlich so einfach sein, dass es ein Kind verstehen kann – wir haben aber eine „Wissenschaft“ daraus gemacht.

Zucht

*Wenn ihr zehntausend Zuchtmeister in Christus hättet, so doch nicht **viele Väter**. 1.Korinther 4, 15*

Es scheint also einen Unterschied zwischen Zuchtmeistern und Vätern zu geben und von Letzteren einen Mangel.
Oft müssen wir auch bei (geistlichen) Kindern erzieherisch tätig werden und trotzdem geht es nicht nur darum sie zu „züchtigen“, sondern Gottes Beispiel als Vater zu folgen und sie wieder anzunehmen (in die Arme zu schließen), wenn sie umkehren. Da sollte uns der Vater im Gleichnis vom verlorenen Sohn ein Beispiel sein.
Persönlich kann ich nur sagen, dass jeder Wutausbruch in meinem Leben nicht unbedingt von der Leitung des Heiligen Geistes bestimmt war. Wenn wir „Dampf ablassen“, handeln wir in den meisten Fällen sicher nicht im Sinne Jesu. Im Nachhinein bereue ich jedes laute, nicht liebevolle Wort, jede Kontrolllosigkeit und schäme mich für die Entgleisung, die mich Gott nicht näher gebracht hat, selbst wenn ich mich im Recht gefühlt habe.

Das Maß an Korrektur und Zurechtweisung darf nicht unser Maß an Barmherzigkeit, Annahme und liebevoller Lehre übertreffen. Damit kommen wir in meinen Augen zum noch wichtigeren, nächsten Punkt.

Ermutigen und fördern

Selbst in unserer Gesellschaft wird bei Rückmeldungen zu einer erbrachten Leistung betont, dass man doppelt so viele positive Aspekte nennen sollte, wie negative.
Durch Jesus selbst haben wir erleben dürfen, was es heißt bedingungslos angenommen und geliebt zu sein. Und doch stehen wir in der Gefahr, die negativen Seiten bei „unseren Kindern" und Geschwistern überzubetonen.

Hütet Euch davor, einen dieser (Kinder, Naiven....) geringschätzig zu behandeln. (Matthäus 18, 6-7)
Spüren unsere Kinder unsere bedingungslose Liebe?
Lernen wir, sie mit den Augen Gottes zu sehen:

Ja, mit ewiger Liebe habe ich dich geliebt; darum habe ich dir meine Güte bewahrt.
Jeremia 31, 3

Meine Urform sahen deine Augen. Und in dein Buch waren sie alle eingeschrieben, die Tage die gebildet wurden, als noch keiner von ihnen da war. Psalm 139, 16

Was hat Euch in Eurem Leben mehr weitergebracht? Lob und Anerkennung oder Kritik und Zurechtweisung? Vermutlich können wir nicht genug ermutigen. Fangen wir also heute damit an!

Abschluss:

Wir stellen fest, dass der Aspekt „wie Kinder sein" sehr viele Facetten beinhaltet und eigentlich ganz einfach sein kann, wenn Gott zu unserem Herzen sprechen darf und wir uns durch seinen guten Geist verändern lassen.
Gott segne Euch dabei, Amen.

Tag 39 - Das Reich Gottes ist Kraft

Dietmar Sommer

Und er sprach zu ihnen: Wahrlich, ich sage euch: Es sind einige von denen, die hier stehen, die den Tod nicht schmecken werden, bis sie das Reich Gottes in Kraft haben kommen sehen.
Markus 9, 1

Denn das Reich Gottes besteht nicht im Wort, sondern in Kraft.
1. Korinther 4, 20

Und ich hörte eine laute Stimme im Himmel sagen: Nun ist das Heil und die Kraft und das Reich unseres Gottes und die Macht seines Christus gekommen; denn hinabgeworfen ist der Verkläger unserer Brüder, der sie Tag und Nacht vor unserem Gott verklagte.
Offenbarung 12, 10

Liest man alle drei Bibelstellen stechen die Worte Macht und Kraft in Verbindung mit dem Reich Gottes heraus. Sieht man sich die drei Textstellen etwas genauer an, wird einem klar, dass es sich hier um das Vergangene, das Gegenwärtige und das Zukünftige handelt. ER, der Herr Jesus; ER, der war, der ist und der wieder kommen wird. Und alles in Verbindung mit Macht und in Kraft. Darum geht es im Reich Gottes.

Ist es nicht wunderbar, dass der Herr selbst bewiesen hat, dass ER in Macht und Autorität gekommen ist und bis heute auf allen Kontinenten der Erde am Wirken ist? Durch IHN und mit IHM wurde alles erschaffen. ER ist die Kraft, die alles zusammenhält. Nichts geschieht ohne IHN.

Denn in ihm ist alles in den Himmeln und auf der Erde geschaffen worden, das Sichtbare und das Unsichtbare, es seien Throne oder Herrschaften oder Gewalten oder Mächte: alles ist durch ihn und für ihn geschaffen; und er vor allem, und alles besteht durch ihn.
Kolosser 1, 16-17

Glaubst Du das heute?

Der Herr allein ist in voller Kontrolle! Er hat die MACHT und die Kraft bis in alle EWIGKEIT- HALLELUJA!

Er lenkt die Dinge und ER spricht und es geschieht.
Gerade heute leben wir in einer sehr turbulenten Zeit. Auf einem Planeten, wo es überall Krieg und Unruhe gibt. In einem Deutschland, das für Millionen von Menschen den Tod bedeutete. Ein Volk, das das Heilige Volk Gottes, die Juden, fast ausgelöscht hat. Oder heute ganz aktuell, wo der neue Bildungsplan in BW diskutiert wird und in einem Europa, das für die Gleichstellung der Homoehen kämpft. Wo Menschen auf die Straßen gehen und gegen die Regierungen demonstrieren und andere, vielleicht noch schlimmere Herrscher, nur darauf warten, an die Macht zu kommen.

Trotzdem können wir sagen, dass der HERR GOTT ist. ER ist hoch erhaben und thront in aller Herrlichkeit. ER allein hält und lenkt die Dinge. ER allein hat die MACHT und die KRAFT in Ewigkeit.

Glaubst DU das?

Es ist so gut zum HERRN dazu zu gehören. Denn wir können wissen, dass wir hier keine bleibende noch zukünftige Stadt haben werden.

Heute darf ich als ein winzig kleiner Teil für seine Größe und Herrlichkeit davon zeugen, was Er an Wunderbarem in meinem Leben getan hat und auch weiter tun wird.

Im Markus Kapitel 9 Vers 1 erklärt Jesus seinen Jüngern genau das, was mit Ihnen passieren wird.

Es war eine Vorhersage, welche die Welt für immer verändert hat. Der Heilige Geist kam auf sie und sie haben die Kraft empfangen, die sie unbedingt für den Dienst, den Gott für sie vorherbestimmt hat, gebraucht haben.
Im vorherigen Kapitel 8 lesen wir, wie Jesus seine Macht schon offenbarte und viertausend Menschen mit Nahrung versorgte. In einer Welt, die schon damals Hunger leiden musste. Er erklärte ihnen das Sinnbild des Sauerteigs und warnte seine Jünger vor den

Schriftgelehrten. Genauso könnte ich euch heute vor so vielen theologischen Ansichten warnen.

Er heilt einen Blinden und fragte seine Jünger wer ER ist.
Auf wen schaust Du heute? Wer ist der HERR in deinem Leben? Was sagst Du über Jesus?

Der Herr Jesus prophezeite seinen eigenen Tod und seine Auferstehung. Anschließend musste ER Petrus zurechtweisen, weil dieser IHN tadelte.

Wir können nicht aufhalten, was sowieso passieren wird.

Der HERR kommt wieder in Macht und in KRAFT. HALLELUJA!

Jesus lehrte die Menschen auch, dass es einen Preis hat, IHM nachzufolgen.

Dann im Kapitel 9 erleben wir, wie Jesus seinen Jüngern prophezeite, dass sie den Tod nicht schmecken werden, bevor sie das Reich Gottes in Kraft haben kommen sehen. Und genau das passierte, als Jesus am Kreuz für unsere Sünden gestorben ist und nach drei Tagen wieder auferstand.

ER, der heilige Gott selbst, trug die Schuld für uns am Kreuz. Damit wir mit IHM, dem heiligen Vater, versöhnt sind. Dieser Akt der Versöhnung war und ist so mächtig und gewaltig, dass dies fortan für immer Bestand hat. Hätte man zu dieser Zeit die Möglichkeit gehabt, die Kraft zu messen, die damals zu Jesu Tod freigesetzt wurde, wäre es die größte bisher gemessene Kraft gewesen, die je auf diesem Planeten gemessen wurde.

Der HERR Jesus kam mit Macht und Kraft. Er ging in Macht und Kraft und ER kommt wieder in Macht und Kraft. Der Herr Jesus hat in alle Ewigkeit erfüllt, was kein Mensch hätte erfüllen können. Und dadurch ging eine unermessliche Kraft aus, die bis heute und in alle Ewigkeit hinaus am Wirken ist. Er ist die Basis, das Zentrum, das Fundament, auf dem alles steht und besteht.

Und ich frage dich nochmals. Glaubst DU das?

Sein heiliges Blut wurde vergossen, damit wir Zutritt haben dürfen zum Allerheiligsten. Wir dürfen mit Freimütigkeit und Zuversicht zum Thron der Gnade kommen und Barmherzigkeit empfangen. Was damals im Alten Testament nur den Priestern erlaubt war, einmal im Jahr nach einer langwierigen Reinigungsprozedur, dürfen wir nun alle. Die, die den HERRN kennen und IHN als Erlöser angenommen haben, dürfen freimütig in seine heilige Gegenwart kommen.

Das ist doch ein mächtiges HALLELUJA wert.
Nun stellt sich trotzdem die große Frage, für was wir denn die Kraft, Barmherzigkeit und Freimütigkeit empfangen sollen? Für nichts Anderes als sein Reich. Es geht immer darum. Um nichts Anderes!

Als Paulus im 1. Korinther 4, 20 sagt, dass das Reich Gottes nicht in Wort, sondern in Kraft besteht, meint er damit, dass wir unter Gottes Kraft, dem Heiligen Geist, der in uns wirkt, stehen. Er, der Heilige Geist, leitet und führt uns. Unter seiner Kraft müssen wir nun stehen.

In 1. Korinther 2, 4 sagt Paulus, dass seine Rede nicht mit seinen überredenden Worten, sondern in Erweisung und Kraft des Geistes besteht. Und wenn wir unter seiner Kraft stehen, d.h. wenn wir getauft sind im heiligen Geist und uns immer wieder von IHM füllen lassen, werden wir seine Werke tun. AMEN?

Der HERR will immer, dass wir IHN verherrlichen in allem was wir tun. Vielleicht sagst Du jetzt: „OK, aber was ist mit mir? Ich bin noch nicht da, wo ich glaube, dass ich hingehöre. Was soll ich tun?“ Dann sag ich dir, bleib ganz nah bei IHM und lass dich von IHM führen. Achte auf deine innere Verbundenheit mit dem HERRN. Baue IHM einen Altar in deinem Leben. Diene Ihm und suche die tägliche Begegnung mit Gott. Bete IHN, den allmächtigen Gott an, als das was ER ist.
Sag IHM: „Herr, zeige mir den Weg, den ich gehen soll - auf dich allein vertraue ich. Lehre mich zu tun nach deinem Wohlgefallen.“ Bitte den Heiligen Geist, dass ER dir den rechten Weg zeigt.

Wir müssen z.B. jeden Tag aufs Neue unsere Zähne putzen, weil sie sonst verfaulen würden. Isst man zu viel Süßigkeiten, muss man noch häufiger putzen. Der natürliche Schutz der Zähne geht verloren und die Zahnsubstanz wird angegriffen. Alle Zahnärzte und Zahnassistenten wissen, wenn man nichts dagegen tut, muss der Zahnarzt den Zahn aufbohren und manchmal sogar die Wurzel behandeln oder den Zahn sogar ganz ziehen.

Und so ähnlich ist es auch mit uns. Wir brauchen es, dass Gott uns täglich begegnet und uns reinigt durch sein Wort und uns überführt, wo wir Sünde in unserem Leben zugelassen haben. Und wisst ihr was das Schönste ist? Wenn wir mit aufrichtigem Herzen zu IHM kommen, wird ER uns vergeben und unserer Schuld nicht mehr gedenken. Er wäscht uns weiß wie Schnee. Wir können zuversichtlich kommen.

Diene IHM da, wo du gerade bist. Versuch dein Bestes zu geben für IHN. Nimm den Platz voll ein und verherrliche Gott in allem, was du tust. Mache IHM alle Ehre damit, wie du deine Entscheidungen triffst.
Liebe IHN und stelle IHN an die erste Stelle in deinem Leben und ich verspreche Dir, Du wirst die Kraft Gottes mächtig erleben in deinem Leben. Aber ich erinnere dich auch daran: Vergiss nicht, worum es geht. Es geht um sein Reich und seine Macht. ER wird verherrlicht und nicht Du oder Ich. Und ich glaube, genau das ist so oft das Problem. Das „Ich" will immer über uns herrschen. Lass es nicht zu, das du dich immer nur um dich selbst drehst. Hör auf, dich immer als das Wichtigste im Leben zu sehen. Fange an, anderen Menschen zu dienen. Und wenn Du jetzt sagst, „Aber wo kann ich das denn machen? Ich hab niemanden. Ich bin immer allein", dann sage ich Dir: Diene zuallererst da, wo Gott dir seine Gemeinde geschenkt hat. „Ok", sagst du jetzt, „aber ich hab keine Gemeinde." Dann sag ich Dir, suche Dir eine! Es gibt so viele! Lass dir von Gott zeigen, wo dein Platz sein soll. Diene in deiner Gemeinde aufopfernd. Nicht für den Pastor oder um gesehen zu werden. Für den HERRN allein. Ordne dich der Leitung unter, denn Gott hat sie in diesen Dienst berufen und nicht, wie manche glauben, Menschen. Es war Gott, der sie rief und befähigt hat zum Dienst. AMEN?

Das Reich Gottes ist Kraft und vom Reich Gottes geht auch Kraft aus, wenn wir da stehen, wo Gott uns hingestellt hat. Und das heißt nicht, dass wir immer sofort da sind, wo wir glauben hinzugehören. Gott führt jeden Einzelnen unterschiedlich. Er hat für jeden einen Platz in seinem Reich. Oft befinden wir uns auf halbem Weg und wir fangen an zu zweifeln, ob dies denn der Weg ist, den Gott für uns hat.

Ich kann sagen, dass ich damals so gesegnet wurde durch euch hier. Ich durfte in der Bibelschule mitmachen und in einen Hauskreis gehen. Am Wochenende war für mich klar, es geht zum Gottesdienst, nicht mehr in die Disco, wo ich vorher immer war. Der HERR hat mich damals in einer kleinen Pfingstgemeinde in Ostfriesland gerufen. Anschließend hat ER mich zu euch geschickt. Ich werde meine Anfangszeit mit dem HERRN nie vergessen. Es ist so viel passiert. Es war und ist auch immer noch so wunderbar, mit Gott zu gehen. Und IHR wurdet mir ein so großer Segen, für den ich sehr dankbar bin. Ihr nahmt mich auf und habt mir ein geistliches Zuhause geschenkt. Ich durfte ein Teil eurer Gemeinschaft sein. Ihr habt mich geliebt und auch geduldet, wenn meine Zeugnisse, die ich euch immer erzählen wollte, mal länger als 10 Minuten gebraucht haben. Ihr habt mich wachsen lassen und mir mit Handauflegung und Gebet gedient. Ihr habt über mich geweissagt und mir auf meinem Weg geholfen. Ihr seid ein Segen und genau das ist es, wozu Gott uns Kraft und Macht verleiht: Ihr sollt ein SEGEN sein.

Als die Zeit kam, habt ihr mich wieder gehen lassen.

Wisst ihr, es war der HERR, der mich geführt hat und immer noch führt. Er hat mir eine große, schöne Familie geschenkt, der ich dienen darf. Eine Gemeinde, die ich mit leiten darf, in der es viele Dienste gibt, um Menschen zu dienen und Gemeinschaft mit anderen Christen zu haben.

Und Er führt mich bis heute noch. Ich bin jeden Tag gespannt darauf, was ER noch alles für uns bereitet hat. Ich kann nur bestätigen, dass es nicht immer in meinem Leben so war, wie ich es mir vorgestellt habe. Als wir uns damals entschieden haben, nach Afrika zu gehen, um dort in der Mission zu helfen, wussten wir, dass Gott uns dazu berufen hat. Doch wir wussten nicht, wie Gott uns führen würde. Es

mussten so viele Dinge im Voraus geklärt werden, durch die Gott uns Schritt für Schritt half.
Wir erlebten Gottes Führung so mächtig in dieser Zeit und ER hat sich uns als treuer und liebender Vater erwiesen.
Außerdem hatte ich gerade erst die Ausbildung beendet und die finanzielle Situation war sehr bescheiden. Also vertrauten wir auch da ganz dem HERRN und ER half uns mit mächtiger Hand. Wir erlebten wie ER Dinge möglich machte, die vorher unmöglich schienen. ER half uns immer und hat uns immer versorgt. Einmal wurde ich sogar in Namibia, mitten auf einer belebten Straße, morgens um halb neun ausgeraubt. Ich parkte kurz am Straßenrand, um nach einer Adresse zu schauen, die sich auf einem Feuerlöscher befand, der natürlich im Anhänger stand. Also stieg ich aus dem Auto, schaute kurz auf die Adresse und stieg wieder ein. Ich bemerkte sofort, dass etwas nicht stimmte und stellte fest, dass meine Tasche durchwühlt und mein Geldbeutel verschwunden war. Darin befanden sich alle wichtigen Bankkarten und mein Pass. Ich schaute mich um und sah ein paar Meter vor mir vier Personen, die mich mit verdächtigen Blicken anschauten. Ich wusste sofort, dass sie mich ausgeraubt hatten. Also drückte ich das Gaspedal voll durch und fuhr den Männern hinterher. Diese rannten so schnell sie konnten davon und ich fuhr Ihnen hinterher, quer über eine stark befahrene Kreuzung. Als ich sie fast erreicht hatte, stieg ich aus dem Auto und versuchte sie zu stellen. Doch sie rannten viel zu schnell. Ich rief laut „stehen bleiben" und hoffte innerlich, dass mir jemand zu Hilfe kam. Es gingen mir so viele Gedanken durch den Kopf. Was passiert hier? Gott, wo bist Du? Und ich traute meinen Augen kaum, als direkt hinter mir Polizisten in einem Polizeiauto mit Blaulicht angefahren kamen und direkt den Mann fassten, der meinen Geldbeutel hatte. Ich wusste echt nicht, woher das Polizeiauto kam. Aber es erschien mir fast wie Engel, die gekommen sind, um mir zu helfen. Als die Polizisten mir meinen Geldbeutel zurückgaben, befand sich noch fast alles darin. Es fehlten lediglich umgerechnet 5 Euro an Bargeld. Es war ein Wunder. Gott half mir, als meine Kräfte am Ende waren. Er hat sich um mich gekümmert.

Ich weiß nicht, wo jeder Einzelne gerade in seinem Leben steht. Vielleicht bist Du heute hier und bist geistlich erschöpft. Dann möchte ich dich gerne mit einem Vers segnen, den ich damals selbst von euch bekam:

Aber die auf den HERRN hoffen, gewinnen neue Kraft: sie heben die Schwingen empor wie die Adler, sie laufen und ermatten nicht, sie gehen und ermüden nicht.
Jesaja 40, 31

Ist es nicht oft so, dass wir erschöpft sind vom Dienen? Aber denke daran, ob du erschöpft bist oder nicht, hängt immer davon ab, woher du deine Kraft nimmst.

Jesus sagte zu seinen Jüngern:

Aber ihr werdet Kraft empfangen, wenn der Heilige Geist auf euch gekommen ist;
Apostelgeschichte 1, 8a

Also woher nimmst Du Deine Kraft? Wir müssen uns unsere Kraft immer vom HERRN selbst holen und weitergeben.

Oswald Chambers, ein bekannter, einflussreicher Prediger Großbritanniens, drückte dies so aus:

Wir müssen wie gebrochenes Brot und ausgeschenkter Wein sein für die Seelen, die Gott uns anvertraut.

Er geht noch weiter und sagt, dass die Menschen uns bis zum Grund ausschöpfen sollen. Doch wir sollen sorgfältig darauf bedacht sein, dass wir selber die nötige Zuwendung von Gott erhalten, bevor wir erschöpft sind.

Wir müssen in IHM bleiben. Wir sollen einander dienen und uns auferbauen, für einander da sein. Gott liebt seine Gemeinde und ER möchte, dass du ein aktiver Teil bist und dienst. Wir müssen unser Bestes für seine Schafe geben, genauso, als ob wir es für IHN selbst tun. Schau dir mal an, wie geduldig und aufopfernd Jesus damals mit seinen Jüngern war. Er ist es auch heute noch mit uns.

Hat dich der Weg, auf dem du gehst und Gott dienst, müde gemacht und erschöpft? Dann prüfe mal zuerst deine Neigungen. Von wo ist deine Arbeit für Gott ausgegangen? Von deiner eigenen Zuneigung zu den Menschen oder von der Basis, vom Boden der Erlösung, durch JESUS CHRISTUS und weil ER dich berufen hat? Wir müssen immer wieder zurück auf den Grund unserer Neigung und ehrlich mit uns selbst sein und uns fragen, wo unsere Kraftquelle liegt. Wir müssen unter seinem Machteinfluss stehen.

Eigentlich haben wir kein Recht zu sagen: O Herr, ich bin so erschöpft. Er befähigt dich doch zum Dienst. ER hat uns erlöst und geheiligt, um uns als sein Werkzeug in seinem Reich zu gebrauchen, welches die Kraft und Macht ist. Ein Werkzeug ist nur dann gut, wenn man es gebraucht.

Ich liebe es im Baumarkt einkaufen zu gehen! Die gut sortierten Regale und die vielen Werkzeuge beeindrucken mich einfach. Manchmal schaue ich mir die neuesten Werkzeuge nur an oder bewundere die guten, teuren Geräte, die ich mir nie leisten könnte und was man damit alles machen kann. Es fasziniert mich einfach, für was es alles das passende Werkzeug gibt. Und ja, ich habe nebenbei gesagt auch meine eigene kleine (mittlerweile) gut sortierte Werkstatt zu Hause.

Ein Handwerksmeister sagte mir mal, dass das richtige Werkzeug das A und O ist für jeden Handwerker. Ohne Werkzeug ist es fast unmöglich irgendetwas zu schaffen. Und Gott will, dass wir uns für IHN gebrauchen lassen, als sein Werkzeug in seiner Hand, zu dem Zweck, zu dem er dich berufen hat. Und ER ist die Kraft, die Hand, die das Werkzeug hält.

Ein Dachdecker kann wenig mit einem Pinsel anfangen. Genauso wenig kann ein Maler etwas mit Dachbalken oder einem Zimmermannshammer anfangen. Er kann ihn höchstens anstreichen.

Wir müssen uns so gebrauchen lassen, wie der HERR uns einsetzten möchte.

Wenn Du kein Pastor bist, versuch auch nicht einer zu sein. Wenn du kein Seelsorger bist, dann dränge dich auch nicht dahin, sondern lass es Gott bewirken, dich zu gebrauchen. Er wird dich führen. Wenn du ein Diener bist, dann sei ein Diener für den HERRN und kein Missionar.

Ok, du magst jetzt vielleicht sagen: „Aber wie finde ich es heraus, wozu Gott mich berufen hat?“ Diese große Frage hat schon sehr viele beschäftigt. Komisch finde ich an dieser Frage immer nur: „Was will Ich und wozu bin Ich?“
Anstatt sich besser zu fragen: „Was kann ich und wo befinde ich mich gerade? Wie kann ich meinem Umfeld ein Segen sein? Wo kann ich mich einbringen?“ Fang doch einfach mal an.

Ich von meiner Seite kann nur sagen, dass das, was Gott in mich hineingelegt hat, von anderen Menschen gesehen und bestätigt wurde. Und Gott selbst hat mich dahin gebracht, wo ich jetzt momentan dienen darf. Aber das ist nicht bei mir Zuhause auf meiner großen, bequemen Couch passiert.

Vielleicht führt mich der HERR eines Tages zurück in die Mission. Mein tiefster Wunsch wäre das. Aber ich weiß, das passiert nur dann, wenn man sich aufmacht und aktiv wird.

Es ist der HERR, der uns führt und gebraucht, wohin und wo ER will. Und Leute, nein, es ist nicht immer leicht, aber dafür spannend und aufregend zugleich. Niemand hat jemals gesagt, dass es leicht sein wird. Die Bibelstelle, dass wir seine Last auf uns nehmen sollen, denn sein Joch ist sanft und leicht, bedeutet nicht, dass wir uns in einem Wellnesshotel befinden. Es ist immer noch eine Last. Aber das Entscheidende an einem Joch ist die spezielle Maßanfertigung. Ein gutes Joch wird immer exakt für das Tier gemacht, welches es tragen soll. Der HERR Jesus meinte damit, dass wir uns von IHM einspannen lassen sollen. Er fertigt uns ein Joch an und das Gute daran ist, dass ER selber das zweite Joch auf sich nimmt und mit uns gemeinsam zieht. ER ist unsere KRAFT, wir müssen uns gehorsam und demütig zu IHM wenden. ER wird uns nicht zwingen. ER liebt uns wie sein Kind. Er weiß was es heißt, gedemütigt und gefoltert zu werden. ER hat Erbarmen mit uns. ER will Dich. ER liebt DICH. Doch

ER braucht Dein Einverständnis dazu. Er wird nichts gegen deinen Willen tun. Sei erschöpft für Gott, aber denke immer daran, dass die Stärkung von IHM allein kommt.

Alle meine frischen Quellen sind in Gott. Lasst uns nun direkt zu IHM gehen. ER will Dich heute füllen und Dir geben, was Du für Deinen Dienst benötigst. KOMM zu IHM, zur Quelle, zum frischen Wasser. Komm, ER wird dich niemals verstoßen. Lass Dich füllen von IHM, denn ER hat unendlich viel. ER gibt so gerne. ER segnet Dich. ER vergibt Dir. Und das Schönste ist, ER wartet immer auf Dich, jeden Tag, jede Stunde und jede Minute. ER freut sich immer, wenn Du zu IHM kommst. Er gibt Dir neue Kraft.

Also komm, spricht der HERR der Herrlichkeit, lass Dich erquicken. ER will Dir begegnen.

Damit wir jubeln können, wenn der Herr Jesus am Ende sein Königreich auf dieser Erde mit uns allen aufrichtet.

Tag 40 - Freude im Heiligen Geist

Monica Reissenweber

Denn das Reich Gottes ist nicht Essen und Trinken, sondern Gerechtigkeit und Friede und Freude in dem heiligen Geist.
Römer 14, 17

Die Fähigkeit Freude zu haben, sie zu empfinden und sie auch zu schenken ist eine der kostbarsten Gaben, die Gott uns Menschen gegeben hat. Sie tröstet und verbindet. Sie ist ein Zeichen des Glaubens und eine mächtige Waffe im geistlichen Kampf. Sie zu bewahren und zu erzeugen ist klug.

Ich komme aus einer Stadt, mit ca. **763** Favelas - Slums. Armut und Gewalt quälen sowohl die Reichen als auch die Armen. Die Letzteren entkommen jedoch nur selten diesem Schicksal. Trotzdem wurden die Menschen dort im Jahr 2012 von einem renommierten Forschungs-Institut zu den freundlichsten und glücklichsten City-Bewohnern der Erde erklärt. In ihrer Not haben sie gelernt, sich über die kleinen Dinge im Leben zu freuen. Über solche, die man nicht kaufen kann und die nicht für jeden von uns da sind.

Dankbarkeit ist der erste Schritt zur beständigen Freude. Ein dankbares Herz ist ein fröhliches Herz. Ein einfaches Lächeln spendet Trost und Geborgenheit. Es kann sowohl ermutigend als auch bestätigend wirken. Ich bin sicher, dass Jesus viel gelacht hat. Sein Humor ist sichtbar bei vielen Begegnungen, die berichtet wurden. Oft denke ich, er macht Scherze mit mir! Ja, unser Gott ist kein trauriger Gott. Auch wenn so viel Schlimmes getan wird, sieht er uns Menschen durch das erlösende Werk seines Sohnes. Er blickt auf uns und sieht Jesus, seinen geliebten Sohn. Wir lernen mit Ihm die Spuren dieser Liebe zu sehen und sie zu schätzen. Und wir lernen, sie weiterzugeben an die Menschen um uns herum.

Die Freude ist aber auch ein Glaubenszeichen. Nicht religiöse Werke drücken den Glauben eines Christen aus, vielmehr ist die Qualität der Beziehung, die er mit seinem Herrn hat, der Maßstab für sein Glaubensleben. Jesus selbst definiert die Freude als das Zeichen, dass wir ihn kennen, dass wir seine Freunde sind. Kurz vor seinem Tod redet er mit seinen Jüngern. Er öffnet ihnen sein Herz und gibt ihnen weiter, was er für das Allerwichtigste hielt:

> *Wenn ihr meine Gebote befolgt, dann bleibt ihr in meiner Liebe, so wie ich die Gebote meines Vaters befolgt habe und in seiner Liebe bleibe. Ich habe euch das gesagt, damit meine Freude euch erfüllt und an eurer Freude nichts mehr fehlt.*
> *Johannes 15, 10+11*

Ich bedauere es immer, wenn ich Menschen in der Gemeinde treffe, die traurig, bemitleidenswert oder gar verbittert herumstehen. Denn ich weiß, sie sind noch nicht von Neuem geboren. Sie kennen Jesus noch nicht. Sie wissen vielleicht, dass es ihn gibt, aber eine persönliche Begegnung mit ihm hat noch nicht stattgefunden. Gott lädt uns an seinen Tisch ein, breitet seine Pläne vor uns aus, nimmt uns als seine Kinder an. Und als Kinder dürfen wir das sein, was wir sind: bedürftig und verwundbar, unwissend und nicht vollkommen. Er gibt uns Zeit zu reifen und zu wachsen.
Was für eine Freude in so eine entspannte Beziehung hinein zu kommen! Sein Heiliger Geist wohnt in uns und bezeugt diese Wahrheit tief in unserem Herzen.

Aus dieser Position heraus können wir alles durchstehen, können wir viel mehr als nur Überwinder sein.

All die Herausforderungen und alle Widrigkeiten des Lebens werden aus der Nähe Gottes bekämpft. Unser Feind kann noch so stark und hinterlistig sein, so ausdauernd und brutal. Aber wir wissen: Gott ist mit uns!

Als ich die Nachricht bekam, dass mein ungeborenes Kind so missgebildet sei, dass es höchstwahrscheinlich nicht überleben würde, ist mein Leben ganz plötzlich völlig aus den Fugen geraten. Eine unbeschreibliche Traurigkeit überkam mich und ich verstand die Welt nicht mehr. Niemand konnte mir helfen, nur Gott.

Viele Tränen habe ich geweint ganz allein bei ihm. Diese Trauerzeit wurde mir gegönnt und sie war sehr wichtig. Ich lernte in seine

Ruhe zu kommen und von ihm getröstet zu werden. Ich lernte in seiner Gegenwart zu bleiben und mein ganzes Dasein ihm anzuvertrauen. Von Natur aus bin ich ein hyperaktiver erwachsener Mensch und gewohnt, die Dinge beim Schopf zu packen. Aber hier konnte ich nichts mehr tun. Ich war völlig machtlos.

Ich pflege zu lehren, dass egal in welcher Situation man sich gerade befindet, es in der Bibel immer jemanden gibt, der etwas Ähnliches empfunden oder erlebt hat wie wir. Und so machte ich mich auf den Weg, diese Person zu finden. In einem Lied von König David wurde ich fündig. In Psalm 16, 8-11 steht:

> *„Ich sehe immer auf den Herrn. Er steht mir zur Seite, damit ich nicht falle. Darüber freue ich mich so sehr, dass ich es nicht für mich behalten kann. Bei dir, Herr, bin ich in Sicherheit. Denn du wirst mich nicht dem Tod und der Verwesung überlassen, ich gehöre ja zu dir.*
> ***Du zeigst mir den Weg, der zum Leben führt. Du beschenkst mich mit Freude, denn du bist bei mir. Ich kann mein Glück nicht fassen, es hört nie auf.“***

Halleluja!
So traurig und hilflos ich vorher war, nachdem ich dies gelesen hatte, wurde alles anders. Mein ungeborenes Kind und ich gehörten dem Herrn und beim Ihm war Leben und Freude. Seit dieser Erfahrung weiß ich, dass meine Freude und die von uns allen einfach aus dieser Wahrheit allein besteht:

Gott liebt uns und ist immer bei uns, egal was geschehen mag.

Sein Heiliger Geist wirkt in uns und wo Trauer und Klage war, verwandelt Er es in Jubel und Freude. Das ist sein Werk, das Ergebnis seiner Liebe. Ich fand diese Liebe und tiefe Freude kehrte bei mir ein.

In solchen bösen Tagen wie diesen wird ein leises Lächeln zu einer mächtigen Kraft, die Festungen niederreißt und den Feind mit eisernen Fesseln bindet.

Diese Art von Freude, die im Leid entsteht, ist ein kostbares Geschenk, das unser Herr uns schenken kann. Mit meinen inneren Augen kann ich Paulus und Silas in einer kalten und dunklen Gefängniszelle sehen, wie sie ausgepeitscht und gedemütigt, aber voller Freude, ihren Herrn bezeugen zu können. Diese Art von Freude kommt einem Erdbeben gleich! Und ich wünsche mir, dass die Worte Davids die meinen werden, immer und ewig.
Und dass ich mit Paulus sagen kann: *Freut euch immerzu mit der Freude, die vom Herrn kommt! Und noch einmal sage ich: FREUT EUCH!*

Anhang I - Gottes Königreich

Mein Volk,
viele hier haben nur vom Hörensagen von mir vernommen,
eure Augen haben mich nicht gesehen.
Ich bin auf die Erde gekommen
und viele Wunder sind geschehen.
Ich habe euch Gottes Königreich gebracht,
euch meinen Vater im Himmel gezeigt.
Drum habt auf das, was bald geschehen wird, acht
und macht euch für Veränderung bereit.

Auf einer Hochzeit habe ich Wasser in Wein verwandelt,
bin vor den Augen der Jünger auf dem Wasser gewandelt.
Den Gerasener habe ich von der Legion befreit,
Blinde, Taube und Lahme geheilt.
Fünf Brote und zwei Fische habe ich für 5000 Mann vermehrt
und dadurch meine Jünger– und euch - gelehrt,
mir in allem zu vertrauen
und nicht auf Umstände zu schauen.

Mein Königreich zeigt sich in Kraft, die neues Leben schafft!

Mein Volk, auch ihr könnt das erleben!
Die Schlüssel meines Königreichs habe ich euch dazu gegeben,
drum wendet sie im Glauben an
und denkt daran,
in meiner ganzen Fülle will ich mich euch zeigen,
dass eure Augen mich sehen.
Seid bereit, euch vor mir zu verneigen
und Wege des Glaubens zu gehen, zu leben im Geist,
in meiner Dimension, die euch die Fülle verheißt
und mich ehrt als ewigen König auf dem Thron.

Wie ihr beten sollt, hab ich euch gelehrt,
indem ihr zuerst meinen Vater im Himmel verehrt
und dann mein Reich proklamiert,
damit, was im Himmel bereitet ist, auf Erden passiert.

Anhang II - Mein Reich

Mein Kind,
Was machst du dir Sorgen um morgen?
Bist du nicht fest in mir geborgen?

Du fragst:
Was werde ich essen, was trinken,
in Anbetracht der sich verändernden Zeit?
Was tun bei drohender Arbeitslosigkeit?
Du verzagst.
In deinem Herzen macht die Angst sich breit:
Werde ich ertrinken,
untergehen und versinken?

Mein Kind,
mein Reich ist nicht Essen und Trinken,
sondern Friede und Freude im Heiligen Geist.
Mein Kind, ich will, dass du dies weißt.
Was mein Wort verheißt
wird nie vergehen,
sondern bleibt für immer bestehen.
Ich habe dich aus der Macht der Finsternis errettet und dich in mein Reich versetzt.
Ich bin dein Schutz, dein Schild, deine Gerechtigkeit, damit der Feind dich nicht verletzt.
Sollte ich da nicht für dich sorgen
und mich kümmern um dein Morgen?
Habe ich dich nicht sorgfältig gemacht
und jeden Schritt in deinem Leben erdacht?

Drum trachte zuerst nach meinem Reich
und ich werde dich versorgen.
Mache dich der Welt nicht gleich,
denn das Kommende bleibt ihr verborgen.
Lerne mit den Augen des Herzens zu sehn,
das kann die Welt nicht verstehen
und ich will dir zeigen, was kein Aug´ hat je gesehen.

Himmlische Schau wird dich mit Frieden erfüllen,
der Duft zum Leben wird dich umhüllen,
denn mein Reich ist in dir.

Drum bleibe, mein Kind, in mir
und meine Freude wird deine Stärke sein.
Auch in stürmischen Zeiten bist du nicht allein.
Lass mich die Quelle deines Lebens sein
und Ströme lebendigen Wassers werden von dir fließen,
das andere trinken und genießen,
und so kommen auch sie in mein Reich hinein
und werden am Ende der Zeit errettet sein.

Predigerindex

Edmund Exler
Verheiratet, 7 Kinder, 13 Enkel, 4 Urenkel

Edmund ist Pastor und gründete 1986 das Missionswerk „Strahlen der Freude“ e.V. Das Missionswerk ist tätig in der Ukraine, Namibia und Indien.

Artur Schuh
Jahrgang 1966, verheiratet, viel Erfahrung mit Kindern und Pflegekindern ....

Nach einer Ausbildung zum Funkelektroniker übernahm er die Verwaltung des Missionswerkes und machte nebenberuflich seine Ausbildung zum Pastor beim BfP KdöR. In dieser Zeit sammelte er auch viel Erfahrung als Jugend- und Lobpreisleiter der Gemeinde. Als Leiter des Pastorenteams ist es jetzt sein Anliegen, eine junge Generation in die Verantwortung der Gemeindeleitung zu begleiten und ihnen eine gute Basis für ihren Dienst zu schaffen.
Nach seinem pastoralen Dienst und der Familie ist das Segeln seine große Leidenschaft geworden.
Sein liebstes Motto:
Was man in ein paar Sätzen nicht erklären kann, das wird man auch in einigen Stunden nicht verständlich machen.

Ralph Glöckner
Jahrgang 1967, verheiratet, 3 Kinder.

Ralph wurde mit seiner Frau Renuka im Jahr 1994 vom Missionswerk "Strahlen der Freude" e.V. nach Indien ausgesandt und dort waren sie 20 Jahre als Missionare tätig. Beide hatten schon sehr früh die Vision, Gemeinden in Indien zu bauen. Gemeinsam ist es ihnen ein Anliegen, Mitarbeiter und Leiter auszubilden, die

gesunde Gemeinden vor Ort bauen können. Um der Not der Kinder in Indien zu begegnen, haben sie auch Kinderheime gegründet und Stipendien-Programme ins Leben gerufen.
Ralph ist heute Pastor in der Gemeinde in Pforzheim sowie Missionsleiter im Missionswerk Strahlen der Freude e.V.

Renuka Glöckner
Jahrgang 1967, verheiratet, 3 Kinder.

Renuka wurde mit ihrem Mann Ralph im Jahr 1994 vom Missionswerk "Strahlen der Freude" e.V. nach Indien ausgesandt und dort waren sie 20 Jahre als Missionare tätig. Beide hatten schon sehr früh die Vision, Gemeinden in Indien zu bauen. Gemeinsam ist es ihnen ein Anliegen, Mitarbeiter und Leiter auszubilden, die gesunde Gemeinden vor Ort bauen können. Um der Not der Kinder in Indien zu begegnen, haben sie auch Kinderheime gegründet und Stipendien-Programme ins Leben gerufen.
Renuka ist heute Pastorin in der Gemeinde in Pforzheim und leitet die Frauenarbeit. Zusammen mit Ralph leitet sie das Missionsbüro des Missionswerks Strahlen der Freude e.V.

Udo Wahl
Der ehemalige Zeitsoldat und Beamte ist seit 1995 als Missionar in Namibia tätig.
Dort war er Gründer der Gospel Outreach Christian Leadership School, die er von 1996-2011 leitete. Seit 2012 beaufsichtigt er die Arbeit in 8 Bibelschulen in verschiedenen Teilen Namibias, sowie je einer in Angola und Sambia, die aus dieser Arbeit hervorgegangen sind. Er ist in der Lehre an den Bibelschulen an der Atlantikküste tätig und schult die Mitarbeiter aller Bibelschulen in Verwaltungsarbeiten. Udo und seine Frau Kathleen haben vielfach Gottes Wunder und Wirken erleben dürfen. Er und seine Ehefrau Kathleen leben mit ihrem Pflegekind in Swakopmund.

Kathleen Wahl
Die gebürtige Schottin und ehemalige Orchestermusikerin ist seit 1995 Missionarin in Namibia.
Mit ihrem Mann Udo bildet sie Leiter und Pastoren für Pfingstgemeinden aus. Sie ist ausgebildete Seelsorgerin und ist zuständig für die Unterstützung von Pflegefamilien. Weiterhin werden ehemalige Kinderheimkinder in Schule, Studium und Ausbildung unterstützt. Darüber hinaus ist sie als Diakonin einer deutschsprachigen Gemeinde für die Besuche und Betreuung alter und kranker Menschen zuständig. Sie und ihr Mann Udo leben mit ihrem Pflegekind in Swakopmund..

Daniel Exler
Daniel ist Pastor des Missionswerks „Strahlen der Freude“ in Pforzheim.

2001 erkrankte er an MS, Multiple Sklerose, einer an sich unheilbaren chronischen Krankheit. Doch er erlebte Heilung. Aus eigener Erfahrung ist Daniel davon überzeugt: Wunder sind Realität!
2013 wurde er erstmals in den Himmel entrückt. Er ist ein junger Prediger, der keine Angst vor dem Übernatürlichen und Prophetischen hat. Neben seinem Dienst als Pastor, Bibelschullehrer und Prediger, besucht er auch Gemeinden im In- und Ausland. Daniel steht neben der Gemeindearbeit als Dipl. Betriebswirt und Steuerberater voll im Berufsleben.

Ursula Scheible
47 Jahre mit Fritz verheiratet, verwitwet, 10 Enkel (2008 ging einer zum Herrn), 4 Urenkel.

Uschi war Geschäftsfrau und ist heute Hausfrau. Ihre Interessen liegen darin, Menschen von Jesu Liebe zu erzählen. Sie erlebt Gott auch in den heutigen Tagen als Heiler und Befreier (Hebräer 13, 8). Seit über 20

Jahren ist sie eine der Ältesten in der Gemeinde „ Strahlen der Freude".
Uschi ist mit 82 Jahren brennend im Heiligen Geist. Die Freude am Herrn ist ihre Kraft und aus seiner Gnade lebt sie.
Ihre Lieblingsbibelstelle ist Philipper 1, 21.

Ulrich Baumann
Jahrgang 1956, verheiratet, 3 erwachsene Kinder

Uli ist Ältester im Missionswerk "Strahlen der Freude" e.V. und dient seit vielen Jahren im Predigtdienst, Lehrdienst und der Hauskreisarbeit.

Frank Baumann:
Verheiratet, 3 Kinder, 5 Enkelkinder

Frank ist von Beruf Erzieher. Als Ältester dient er in der Leiterschaft des Missionswerks „Strahlen der Freude" e.V. Er betätigt sich im Predigtdienst, im Lehrdienst, in der Bibelschule und in der Hauskreisarbeit.

Manfred Freivogel
Jahrgang 1951, verheiratet mit Sylvia

Manfred lebt mit seiner Frau in der Nähe von Pforzheim. Er ist seit 1995 Mitglied des Missionswerks „Strahlen der Freude" e.V. und dient dort seit einigen Jahren als Ältester. Er leitet die Männer- und Israel-Arbeit der Gemeinde zusammen mit seinem Team. Außerdem arbeitet er mit großer Freude im Team der Bibelschullehrer der Gemeinde-Bibelschule sowie in der Ehe- und Familienarbeit mit.

Peter Rudolph
Verheiratet, Vater von 4 erwachsenen Kindern

Peter ist mit einem kleinen Handwerksbetrieb selbstständig und ist Diakon im Missionswerk. Zudem ist er Vorsitzender des Hilfsdiensts für Notleidende e.V. (HfN) und unternimmt regelmäßig praktische Einsätze in Afrika (bisher 20 Länder).

Erika Klepan
Jahrgang 1953

Erika und Edmund haben zu Zeiten der Sowjetunion bereits in Moldawien erfolgreich Gemeinde gebaut. Sie kam 1991 mit dem Verlangen nach Deutschland mit ihm weiter Reich Gottes zu bauen.
„Es fühlt sich gut an, das zu tun, was Gott für mich geplant hat. Ich wurde mit einem bestimmten Profil geschaffen und zwar, um Gott zu dienen. Nichts ist wichtiger als Gottes Ziele für mein Leben zu kennen und zu tun. Wenn ich will, dass mein Leben etwas bewirkt, dann konzentriere ich mich auf das Ziel.
Was ich aber habe, das gebe ich dir: Im Namen Jesus Christi, geh umher."

Rafael Janetzek

Rafael ist glücklich verheiratet und hat zwei Kinder.
Nachdem er in seinem Leben Gott als Retter, Heiler und Befreier erlebt hat, glaubt er an die vollkommenen Wunder Gottes.

Rolf Klingler
55 Jahre alt, verheiratet, 2 erwachsene Kinder

Rolf war Leiter des Kinderdienstes im Missionswerk „Strahlen der Freude" e.V. Diesen wertvollen Dienst hat seine Tochter Jessica nun übernommen. Beruflich ist er als Gesamtvertriebsleiter einer Firma tätig.

"Gott hat mich grundlegend verändert. Er kann aus Egoismus Nächstenliebe generieren. Aus Unsicherheit formte er in mir das Bewusstsein für den Sieger, der in mir wohnt. Die Erfahrung der Demut und die Erkenntnis darüber, dass der Status nicht wichtig ist, wurden mir sehr wertvoll. Egal was auch passiert ... alles wird mir zum Besten dienen. Jesus ist mein Begleiter."

Dagmar Lydtin-Halbrock

Dagmar ist verheiratet und arbeitet in einem sozialen Brennpunkt.

Im Missionswerk ist sie sowohl im Lobpreis als auch in der Bibelschule aktiv. Außerdem war sie schon öfters auf Missionseinsätzen.

Daniela Panzer
39 Verheiratet, 2 Kinder

Daniela erlebte im Jahr 2002 eine übernatürliche Bekehrung zu Jesus. Sie erfuhr wie das Wort Gottes ihr ganzes Leben transformierte.
Heute schlägt ihr Herz dafür, dass die Kraft Gottes in allen Bereichen der Gemeinde und ihrem Umfeld sichtbar wird und dass alles erlebbar wird, was im Wort Gottes enthalten ist (Befreiung, Dämonen-Austreibung, Kranken-Heilung,...).
Daniela ist Bibelschullehrerin und Frauen-Homebase-Gebetsleiterin. Daneben führt sie erfolgreich ein wachsendes Frauen-Fitnessstudio und hat so die Möglichkeit Beruf und Berufung zu leben.
Ihr Herz brennt dafür, dass Frauen die Gegenwart Gottes im Studio, in den Kursen und in den Coaching-Gesprächen spüren und Veränderung an Körper, Geist und Seele erleben.

Judith Tollot
Verheiratet, drei Töchter

Judith arbeitet in Teilzeit in einem IT-Unternehmen und hat berufsbegleitend einen Abschluss in Psychologie gemacht. Ihre ehrenamtlichen Tätigkeiten erstrecken sich vom Unterrichten in der Bibelschule über die Leitung einer Kleingruppe bis zur Mitarbeit in einem christlichen Indoor-Spielplatz mit Café. Ihren Ausgleich zwischen Arbeit, Kinderbetreuung/Haushalt und Ehrenamt findet sie beim „gärteln".

Olga und Daniel K.

Olga und Daniel sind seit 2011 verheiratet und haben 2 Kinder. Gemeinsam haben sie über 10 Jahre die Teenie- und Jugendarbeit geleitet und mitgearbeitet. Außerdem sind beide Bibelschullehrer an der Bibelschule des Missionswerks. Olga leitet die Arbeit mit jungen Erwachsenen und Daniel geht seiner Leidenschaft als Lobpreisleiter nach.

Simon Müller
Simon war viele Jahre lang Teil des Leitungskreises des Missionswerks "Strahlen der Freude" e.V. und hat dort als Jugendleiter und Diakon gedient.

Alex Karcher
Die große Liebe und Gnade von Jesus befreite ihn aus einer langjährigen und schweren Drogensucht und dem Reich Satans.
Dieselbe Liebe Christi (2. Korinther 5, 14) drängt ihn, verlorene Menschen aus dem Reich Satans in das Reich Gottes zu führen.

Elke Maisel
Elke ist seit 41 Jahren mit Thomas verheiratet. Sie haben 3 erwachsene Kinder und seit 2 Jahren einen Enkel.

Menschen zu ermutigen und zu unterstützen gesunde Beziehungen zu leben, liegen ihr am Herzen.

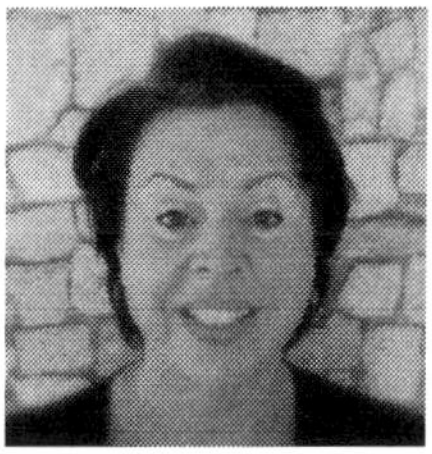

Renate Kosira
Renate ist verheiratet mit Peter und hat zwei erwachsene Kinder, eine Schwiegertochter, einen Schwiegersohn und zwei Enkelkinder.

Sie ist Leiterin von zwei Frauenhauskreisen und einer prophetischen Fürbitte-Gruppe des Missionswerks „Strahlen der Freude“ e.V.

"Was mir am Herzen liegt ist, dass Christen zur Reife in Christus gelangen und das Leben Christi widerspiegeln."

Michael Dreher
Michael ist es ein Herzensanliegen Menschen zu ermutigen, ihr persönliches Erbe in Christus Jesus zu ergreifen, in Partnerschaft mit dem Heiligen Geist zu leben und mit einer Vision für das Reich Gottes in der Gesellschaft zu wirken. Er selbst hat viele Jahre eine christliche Gemeinschaft geleitet, die Menschen darin ermutigt und trainiert hat, aber auch an Projekten und Veränderungsprozessen in der Gesellschaft mitgewirkt hat. Heute ist Michael leitender Angestellter eines Globalen IT – Unternehmens sowie Gründer und Gesellschafter eines Unternehmens.

Jochen Reuther

Jochen hat über 10 Jahre in der Medienbranche gearbeitet und unterstützt derzeit als Assistenz die Geschäftsleitung eines Pforzheimer Unternehmens. In seinen fast acht Jahren Eltern(voll)zeit hat er sehr viel Zeit mit seinen drei Kindern verbracht. Die berichteten Vater-Sohn-Erlebnisse haben sich ereignet, als der älteste Sohn damals ca. 2 Jahre alt gewesen ist. Jochen ist glücklich mit Birgit verheiratet, die ihm für die Aufgaben und Ideen in der EFG -Baptisten- Pforzheim den Rücken frei hält. Sein Herz schlägt für die Männerarbeit und für Prozessoptimierung, die Mensch & Gemeinde zur ihrer Bestimmung bringt.

Dietmar Sommer

Dietmar ist 42 Jahre alt, wuchs in einem christlichen Elternhaus auf und erlebte Gottes Gegenwart im Alter von 17 Jahren sehr stark. Er kehrte seinem damaligen Leben, das aus Schule schwänzen, Discogängen, Kriminalität, Drogen und Alkoholkonsum bestand, den Rücken. Er ist seit 1999 verheiratet und hat drei eigene und zwei Pflegekinder. Er durfte mehr als zwei Jahre mit seiner Familie im Kinderheim des Missionswerks "Strahlen der Freude" e.V. in Namibia dienen. Viele Jahre war er Gemeindeältester einer Freikirche in Heidelberg. Er arbeitet als Erzieher in einer Jugendhilfeeinrichtung im Bereich der Krisenintervention und hat einen kleinen Handwerksbetrieb gegründet.

Monica Reissenweber

Verheiratet, 4 Kinder, 3 Enkel

Monica ist in Rio de Janeiro (Brasilien) geboren und lebt seit vielen Jahren mit ihrem Mann im schönen Süden Deutschlands. Sie war Pastorin einer brasilianischen/internationalen Gemeinde in Pforzheim. In ihrem Leben hat sie schon viele Wunder Gottes erlebt und hilft so mit der Liebe Gottes den Schwachen, Hoffnungslosen und Verletzten der Gesellschaft.

Druck:
CPI Druckdienstleistungen GmbH
im Auftrag der
Zeitfracht GmbH
Ein Unternehmen der Zeitfracht - Gruppe
Ferdinand-Jühlke-Str. 7
99095 Erfurt